W0398719

Linux – kurz & gut

Die wichtigen Befehle

3. AUFLAGE

Linux – kurz & gut

Die wichtigen Befehle

Daniel J. Barrett

O'REILLY®

Daniel J. Barrett

Lektorat: Ariane Hesse
Korrektorat: Sibylle Feldmann
Satz: III-Satz, www.drei-satz.de
Herstellung: Susanne Bröckelmann
Umschlaggestaltung: Michael Oréal, www.oreal.de
Druck und Bindung: mediaprint solutions GmbH, 33100 Paderborn

Bibliografische Information der Deutschen Nationalbibliothek
Die Deutsche Nationalbibliothek verzeichnet diese Publikation in der Deutschen Nationalbibliografie; detaillierte bibliografische Daten sind im Internet über *http://dnb.d-nb.de* abrufbar.

ISBN:
Print 978-3-96009-034-2
PDF 978-3-96010-093-5
ePub 978-3-96010-094-2
mobi 978-3-96010-095-9

Dieses Buch erscheint in Kooperation mit O'Reilly Media, Inc. unter dem Imprint »O'REILLY«. O'REILLY ist ein Markenzeichen und eine eingetragene Marke von O'Reilly Media, Inc. und wird mit Einwilligung des Eigentümers verwendet.

3. Auflage

5 4 3 2

Inhalt

Linux – kurz & gut

Willkommen bei Linux! Falls Sie Linux-Einsteiger sind, kann dieses Buch Ihnen als Schnelleinstieg sowie als Referenz zu gebräuchlichen und praktischen Befehlen dienen. Haben Sie dagegen bereits Erfahrungen mit Linux, überspringen Sie die Einführung einfach.

Was erwartet Sie in diesem Buch?

Dieses Buch ist eine Kurzeinführung, *keine umfassende Referenz*. Wir behandeln wichtige, nützliche Aspekte von Linux, damit Sie produktiv arbeiten können. Wir stellen jedoch nicht jeden einzelnen Befehl und auch nicht die allerletzte Option vor (es tut uns leid, falls wir Ihren Liebling weggelassen haben) und verlieren uns auch nicht in den Details der Interna des Betriebssystems. Kurz und prägnant – das ist unser Motto.

Wir konzentrieren uns auf *Befehle*, diese nützlichen kleinen Wörter, die Sie auf einer Kommandozeile eingeben, um einem Linux-System mitzuteilen, was es tun soll. Hier ist z. B. ein Befehl, der die Textzeilen in einer Datei namens *meinedatei* zählt:

```
wc -l meinedatei
```

Wir behandeln die für den durchschnittlichen Nutzer wichtigsten Linux-Befehle, wie etwa `ls` (zum Auflisten von Dateien), `grep` (zum Suchen von Text), `mplayer` (zum Abspielen von Audio- und Videodateien) und `df` (zum Ermitteln des freien Plattenplatzes). Wir werden uns nur am Rande mit grafischen Fensterumgebungen befassen, wie GNOME und KDE, die jede für sich ein »kurz & gut« füllen könnten.

Für einen einfacheren Lernweg haben wir das Material nach Funktionen organisiert. Um Sie z. B. beim Betrachten des Inhalts einer Datei zu unterstützen, führen wir viele der dazu vorhandenen Befehle zusammen ein: `cat` für kurze Textdateien, `less` für längere, `od` für Binärdateien, `acroread` für PDF-Dateien und so weiter. Dann erläutern wir nacheinander die einzelnen Befehle und stellen kurz ihre gebräuchlichsten Einsatzfälle und Optionen vor.

Wir gehen davon aus, dass Sie Zugriff auf ein Linux-System haben und wissen, wie Sie sich mit Ihrem Benutzernamen und Ihrem Passwort dort anmelden. Falls nicht, organisieren Sie sich eine Linux-Live-DVD, wie zum Beispiel *Ubuntu (http://ubuntu.com/download)*, *Fedora (http://getfedora.org/de)* oder *Knoppix (http://www.knopper.net/knoppix/)*, die Sie auf den meisten Computern booten können, um dann mit Linux zu spielen.

Was ist neu in der 3. Auflage?

Neue Befehle
: Die Technologie schreitet schnell voran, und manche Befehle, die in den ersten beiden Auflagen noch gut aufgehoben waren, sind heutzutage kaum mehr im Einsatz. Wir haben sie durch solche ersetzt, die Sie auf einem modernen Linux-System deutlich sinnvoller finden werden.

Lauffähige Beispiele
: Sie können sich nun von *http://linuxpocketguide.com/* einen Satz Dateien herunterladen und die Beispiele aus dem (englischsprachigen) Buch nachstellen.

Ade, ihr GUI-Anwendungen
: Wir behandeln in diesem Buch keine Anwendungen mehr, die eine grafische Benutzeroberfläche haben, wie zum Beispiel Bildbearbeiter und Webbrowser. Stattdessen konzentrieren wir uns mehr auf die Befehle. Hilfe zu den grafischen Anwendungen finden Sie heutzutage leicht im Internet.

Was ist Linux?

Linux ist ein beliebtes Open-Source-Betriebssystem, das in direkter Konkurrenz zu Microsoft Windows und Mac OS X steht. Wie diese besitzt auch Linux eine grafische Benutzeroberfläche mit Fenstern, Symbolen und Mausbedienung. Aber um alle Möglichkeiten von Linux ausschöpfen zu können, brauchen Sie die Kommandozeilenschnittstelle – die sogenannte *Shell* – zum Eingeben und Ausführen von Befehlen wie dem oben gezeigten `wc`.

Auch Windows- und Mac OS X-Computer können über die Kommandozeile betrieben werden (Windows über seine `cmd`- und PowerShell-Befehlswerkzeuge und OS X über das Programm Terminal), die meisten ihrer Benutzer kommen jedoch auch ohne das Eingeben von Befehlen sehr gut klar. Unter Linux ist die Shell hingegen wichtig. Wenn Sie Linux ohne Shell benutzen, verpassen Sie etwas.

Was ist eine Distribution?

Linux ist außerordentlich konfigurierbar und umfasst Tausende von Programmen. Aus diesem Grund sind verschiedene Varianten von Linux entstanden, die unterschiedlichen Bedürfnissen und Geschmäckern dienen. Sie alle besitzen bestimmte identische Kernkomponenten, sehen aber möglicherweise unterschiedlich aus und enthalten unterschiedliche Programme und Dateien. Diese Varianten bezeichnet man jeweils als *Distribution*. Beliebte Distributionen sind Ubuntu Linux, OpenSUSE, Mint, Red Hat Enterprise Linux und andere. Dieses Buch behandelt Kernmaterial, das für alle Distributionen gelten sollte.

Was ist ein Befehl?

Ein Linux-Befehl besteht typischerweise aus einem **Programmnamen**, gefolgt von **Optionen** und **Argumenten**, die in einer Shell eingetippt werden, etwa so:

```
wc -l meinedatei
```

Der Programmname (`wc`, für »word count«) bezieht sich auf ein Programm, das sich irgendwo auf der Festplatte befindet und das von der Shell gesucht und ausgeführt wird. Optionen, die normalerweise mit einem Bindestrich beginnen, beeinflussen das Verhalten des Programms. Im vorangegangenen Befehl sagt die Option `-l` dem Programm `wc`, dass es Zeilen und nicht Wörter zählen soll. Das Argument `meinedatei` gibt die Datei an, die `wc` lesen und verarbeiten soll.

Befehle können mehrere Optionen und Argumente haben. Es ist möglich, Optionen einzeln anzugeben:

```
$ wc -l -w meinedatei              zwei einzelne Optionen
```

oder kombiniert hinter einem einzelnen Bindestrich:

```
$ wc -lw meinedatei                identisch mit -l -w
```

Allerdings erkennen manche Programme kombinierte Optionen nicht. Mehrere Argumente sind auch okay:

```
$ wc -l meinedatei1 meinedatei2    Zählt Zeilen in zwei Dateien.
```

Optionen sind nicht standardisiert. Sie können aus einem Bindestrich und einem Buchstaben (zum Beispiel `-l`) oder zwei Bindestrichen und einem Wort (`--lines`) bestehen oder auch ein ganz anderes Format besitzen. Der gleiche Optionsbuchstabe (etwa `-l`) kann in unterschiedlichen Programmen unterschiedliche Bedeutungen haben: In `wc` bedeutet `-l` »zähle die Textzeilen (lines)«, in `ls`steht `-l` für »erzeuge längere Ausgaben (long)«. Zwei Programme können auch unterschiedliche Optionen für dieselbe Sache verwenden, wie etwa das Ausführen ohne Ausgaben: `-q` und `-s` für »leise ausführen (run quietly bzw. run silently)«. Auf manche Optionen folgt ein Wert wie zum Beispiel `-s 10`, wobei das Leerzeichen dazwischen nicht immer erforderlich ist (`-s10`).

Genauso sind Argumente nicht standardisiert. Normalerweise repräsentieren sie Dateinamen zur Ein- oder Ausgabe, es kann sich aber auch um andere Dinge handeln, etwa um Verzeichnisnamen oder reguläre Ausdrücke.

Befehle können interessanter sein als ein einzelnes Programm mit Optionen:

- Befehle können mehrere Programme gleichzeitig ausführen, entweder der Reihe nach (ein Programm nach dem anderen) oder in einer *Pipeline*, bei der die Ausgabe eines Befehls zur Eingabe des nächsten wird. Linux-Experten nutzen ständig Pipelines.
- In die Linux-Kommandozeilenschnittstelle – der **Shell** – ist eine Programmiersprache eingebaut. Anstelle eines Befehls, der sagt: »Führe dieses Programm aus«, könnte sie sagen: »Führe dieses Programm aus, schreibe seine Ausgabe in eine Datei meiner Wahl, und wenn ein Fehler auftritt, schicke mir eine E-Mail mit dem Ergebnis.«

Shell-Prompts

Bevor Sie einen Befehl eingeben können, müssen Sie darauf warten, dass die Shell ein bestimmtes Symbol ausgibt – den **Prompt**. Ein Prompt bedeutet: »Ich warte auf deinen nächsten Befehl.« Prompts kann es in allen Formen und Farben geben, es hängt davon ab, wie Ihre Shell konfiguriert ist. Ihr Prompt kann ein Dollarzeichen sein:

```
$
```

Es kann sich ebenfalls um einen komplexen String handeln, in dem Computername, Benutzer und eventuell andere Informationen und Symbole enthalten sind:

```
myhost:~smith$
```

Der Prompt kann aber auch ganz anders aussehen. Allen ist gemein, dass die Shell nun auf Ihre Benutzereingabe wartet.

In diesem Buch werden wir für den Prompt das Symbol → (einen Pfeil) verwenden, damit Sie ihn nicht unabsichtlich als Teil eines Befehls missverstehen. So sieht der Prompt gefolgt von einem Befehl aus:

```
→ wc -l meinedatei
```

Manche Programme geben während ihrer Ausführung Text aus. Um Ihren (eigentippten) Befehl von der (nicht eingetippten) Ausgabe zu unterscheiden, werden wir ihn fett gedruckt anzeigen:

```
→ wc -l meinedatei   der von Ihnen eingegebene Befehl
18 meinedatei        die dadurch erzeugte Ausgabe
```

Manche Befehle in diesem Buch kann nur ein **Administrator** ausführen – ein besonderer Benutzer, der die Berechtigung hat, alles mit dem System zu machen. (Solch ein Benutzer wird auch als **Superuser** oder **root** bezeichnet.) In diesen Fällen schreiben wir vor den Befehl noch ein sudo:

```
→ sudo Hier steht der Superuser-Befehl
```

Wir werden sudo noch ausführlicher in »Administrator werden« auf Seite 169 behandeln. Aktuell müssen Sie nur wissen, dass sudo Sie sehr mächtig macht und manchmal nach Ihrem Passwort fragen wird. Um zum Beispiel die Anzahl der Zeilen in einer geschützten Datei namens */etc/shadow* mit und ohne sudo zu zählen, können Sie diesen Befehl verwenden:

```
→ wc -l /etc/shadow                  Das klappt nicht.
wc: /etc/shadow: Permission denied
→ sudo wc -l /etc/shadow             Jetzt mit sudo.
Password: ********
51 /etc/shadow                       Es klappt!
```

Warmlaufen für die Befehle

Um Ihnen ein Gespür für Linux zu geben, finden Sie hier zehn einfache Befehle, die Sie direkt ausprobieren können. Sie müssen sie ganz genau wie angegeben eintippen – einschließlich korrekter Groß- und Kleinschreibung, Leerzeichen und allen Symbolen nach dem Prompt.

Einen Kalender für den April 2017 anzeigen:

```
→ cal apr 2017
     April 2017
Su Mo Tu We Th Fr Sa
                   1
 2  3  4  5  6  7  8
 9 10 11 12 13 14 15
16 17 18 19 20 21 22
23 24 25 26 27 28 29
30
```

Den Inhalt des Verzeichnisses */bin* ausgeben (das viele Befehle enthält):

```
→ ls /bin
bash      less       rm
bunzip2   lessecho   rmdir
busybox   lessfile   rnano
...
```

Die Anzahl der sichtbaren Elemente in Ihrem Home-Verzeichnis ausgeben (das hier durch eine spezielle Variable `HOME` vertreten wird, auf die wir später noch eingehen):

```
→ ls $HOME | wc -l
8
```

Herausfinden, wie viel Platz auf einer Partition Ihrer Festplatte belegt ist:

```
→ df -h /
Filesystem  Size  Used Avail Use% Mounted on
/dev/sdb1    78G   30G   48G  61% /
```

Anzeigen, welche Prozesse auf Ihrem Computer laufen (mit »q« beenden Sie den Befehl wieder):

```
→ top -d1
```

Die Datei */etc/hosts* ausgeben, in der die Namen und Adressen von Computern zu finden sind, aber auch Ihr Standarddrucker, sofern Sie einen eingerichtet haben:

```
→ lpr /etc/hosts
```

Wie lange sind Sie schon angemeldet?

```
→ last -1 $USER
smith  pts/7 :0  Tue Nov 10 20:12  still logged in
```

Eine Datei *sample.pdf* von der Website dieses Buchs in Ihr aktuell genutztes Verzeichnis herunterladen, ohne einen Webbrowser dafür bemühen zu müssen:

```
→ wget http://linuxpocketguide.com/sample.pdf
```

Informationen über die IP-Adresse Ihres Computers anzeigen:

```
→ ip addr show eth0
...
inet 192.168.1.47
```

Herausfinden, wem der Domainname *oreilly.com* gehört (mit der Leertaste blättern Sie seitenweise weiter, mit »q« beenden Sie den Befehl):

```
→ whois oreilly.com | less
Domain Name: OREILLY.COM
Registrar: GODADDY.COM, LLC
...
```

Und schließlich noch den Inhalt des Fensters löschen:

```
→ clear
```

Okay, das waren mehr als zehn Befehle ... Aber herzlichen Glückwunsch: Sie sind nun ein Linux-Shell-Anwender!

Wie Sie dieses Buch lesen

Wir beschreiben in diesem Buch viele Linux-Befehle. Jede Beschreibung beginnt mit einer Standardüberschrift zu dem Befehl; Abbildung 1 zeigt eine für den `ls`-Befehl (Dateien auflisten). Diese Zeile demonstriert die allgemeine Benutzung in einem einfachen Format:

```
ls [optionen] [dateien]
```

Das bedeutet, Sie würden »ls« eintippen, wahlweise gefolgt von Optionen und dann von Dateinamen. Die eckigen Klammern [und] tippen Sie nicht ein: Diese deuten nur an, dass ihr Inhalt optional ist. Kursiv gesetzte Wörter bedeuten, dass Sie Ihre eigenen Werte einsetzen müssen, z. B. Namen von wirklichen Dateien. Wenn Sie einen senkrechten Strich zwischen Optionen oder Argumenten sehen, die möglicherweise in Klammern zusammengefasst sind, wie:

```
(datei | verzeichnis)
```

heißt das, dass Sie die Wahl haben: Sie können als Argument entweder einen Dateinamen oder einen Verzeichnisnamen angeben.

Die besondere Überschrift enthält darüber hinaus sechs Eigenschaften des Befehls, die schwarz (unterstützt) oder grau (nicht unterstützt) gedruckt sind:

ls	stdin	**stdout**	- datei	**-- opt**	**-- help**	**-- version**

`ls [optionen] [dateien]`

Abbildung 1: Standardbefehlsüberschrift

stdin
: Der Befehl liest normalerweise von der Standardeingabe, d.h. Ihrer Tastatur. Siehe »Eingaben und Ausgaben« auf Seite 22.

stdout
: Der Befehl schreibt normalerweise auf die Standardausgabe, d.h. Ihren Bildschirm. Siehe »Eingaben und Ausgaben« auf Seite 22.

- datei
: Wenn anstelle eines Eingabedateinamens ein Bindestrichargument (-) angegeben wird, liest der Befehl von der Standardeingabe; in gleicher Weise schreibt der Befehl auf die Standardausgabe, wenn der Bindestrich als Ausgabedateiname angegeben wird. So liest z. B. der folgende `wc`-Befehl die Dateien *datei1* und *datei2*, dann die Standardeingabe und dann *datei3*:

```
→ wc datei1 datei2 - datei3
```

-- opt
: Wenn Sie die Kommandozeilenoption `--` angeben, bedeutet das »Ende der Optionen«: Alles, was anschließend auf dieser Kommandozeile folgt, ist keine Option. Das ist manchmal nötig, wenn man mit einer Datei arbeitet, deren Name mit einem Bindestrich beginnt und die ansonsten fälschlicherweise als Option behandelt werden würde. Falls Sie z. B. eine Datei namens *-foo* haben, würde der Befehl `wc -foo` fehlschlagen, weil `-foo` als (ungültige) Option behandelt werden würde. `wc -- -foo` funktioniert. Falls ein Befehl `--` nicht unterstützt, können Sie dem Dateinamen den aktuellen Verzeichnispfad `./` voranstellen, damit der Bindestrich nicht mehr das erste Zeichen ist:

```
→ wc ./-foo
```

`--help`
: Die Option `--help` lässt den Befehl eine Hilfe ausgeben, die die korrekte Benutzung erläutert; anschließend wird der Befehl beendet.

`--version`
: Die Option `--version` lässt den Befehl seine Versionsinformationen ausgeben; anschließend wird der Befehl beendet.

Tastenkürzel

Im Laufe dieses Buchs benutzen wir bestimmte Symbole, um Tastenkürzel anzudeuten. Wie in vielen anderen Linux-Dokumenten verwenden wir das ^-Symbol für »Drücke und halte die Control- oder Steuerung-(Ctrl- bzw. Strg-)Taste«. So bedeutet z. B. `^D` (gesprochen »Control D«): »Drücke und halte die Control-Taste und tippe D.« Wir schreiben außerdem ESC für »Drücke die Escape-Taste«. Tasten wie Enter und die Leertaste sollten selbsterklärend sein.

Ihr Freund, der echo-Befehl

In vielen unserer Beispiele schreiben wir Informationen mit dem echo-Befehl auf den Bildschirm. Wir beschreiben diesen Befehl »offiziell« in »Bildschirmausgabe« auf Seite 200. echo ist einer der einfachsten Befehle: Er gibt lediglich seine Argumente auf der Standardausgabe aus, sobald diese Argumente von der Shell verarbeitet wurden.

```
→ echo Mein Hund hat einen Floh
Mein Hund hat einen Floh
→ echo Mein Name ist $USER                 Shell-Variable USER
Mein Name ist smith
```

Lange Befehlszeilen

Manchmal wird ein Befehl so lang sein, dass er im Buch nicht mehr in eine Zeile passt. In diesen Fällen werden wir ihn auf mehrere Zeilen aufteilen, die mit einem Backslash enden:

```
→ echo Dies ist ein langer Befehl, der nicht auf \
eine Zeile passt.
Dies ist ein langer Befehl, der nicht auf eine Zeile passt.
```

Das ist nicht nur ein Hilfskonstrukt für dieses schmale Büchlein – das Backslash-Zeichen dient in der Linux-Shell tatsächlich als »Befehlsfortsetzungszeichen«. Ist Ihr Terminalfenster breiter als diese Seite, können Sie den Backslash natürlich weglassen und den Befehl vollständig in einer Zeile eingeben.

Mit diesem Buch üben

Zu diesem Buch gehört ein Satz (englischsprachiger) Dateien, die Ihnen beim Üben mit Linux helfen können. Laden Sie sich diese herunter und installieren sie auf einem Linux-Rechner, können Sie die meisten der Beispielbefehle aus diesem Buch direkt ausprobieren. Wenn Sie sie erstmalig herunterladen wollen, führen Sie diese Befehle aus:[1]

```
→ cd
→ wget http://linuxpocketguide.com/LPG-stuff.tar.gz
→ tar -xf LPG-stuff.tar.gz
```

Mit diesen Befehlen wird in Ihrem Home-Verzeichnis ein neuer Ordner *linuxpocketguide* erzeugt. Immer dann, wenn Sie nun in diesem Buch einen Beispielbefehl sehen, suchen Sie dieses Verzeichnis auf:

```
→ cd ~/linuxpocketguide
```

und probieren den Befehl aus.

Sofern Sie fleißig mit den Dateien arbeiten, werden Sie sie eventuell neu herunterladen und installieren wollen (etwa wenn Sie etwas an den Dateien geändert haben und sie zurücksetzen möchten). Das brauchen Sie aber nicht, es reicht, das Skript `reset-lpg` im Verzeichnis *linuxpocketguide* auszuführen:

```
→ cd ~/linuxpocketguide
→ bash reset-lpg
```

Haben Sie die Dateien an einem anderen Ort als in Ihrem Home-Verzeichnis abgelegt (was wahrscheinlich bedeutet, dass Sie mit

1 Alternativ können Sie die Beispieldateien auch von *https://github.com/oreillymedia/linux_pocket_guide* laden.

Verzeichnissen in Linux schon Erfahrung haben), übergeben Sie diesen Verzeichnisnamen einfach als Argument an den Befehl `reset-lpg`:

```
→ bash reset-lpg /tmp/beispiele
```

Dieser Befehl erstellt die Beispiele im Verzeichnis */tmp/beispiele/linuxpocketguide* neu oder setzt sie zurück.

Hilfe erhalten

Sollten Sie mehr Informationen brauchen, als dieses Buch bietet, haben Sie verschiedene Möglichkeiten:

Den `man` *-Befehl ausführen*
: Der `man`-Befehl zeigt für ein bestimmtes Programm eine Handbuchseite oder **Manpage** an. Um z. B. mehr über das Zählen von Wörtern in einer Datei mit `wc` zu lernen, führen Sie

```
→ man wc
```

aus. Um anhand von Stichwörtern zu einem bestimmten Thema nach Manpages zu suchen, benutzen Sie die Option `-k`, gefolgt vom Stichwort (hier wird das Ergebnis noch an den Befehl `less` weitergegeben, um es seitenweise anzuzeigen – mit der Leertaste blättern Sie vorwärts, mit »q« beenden Sie den Befehl):

```
→ man -k database | less
```

Den `info` *-Befehl ausführen*
: Der `info`-Befehl ist ein erweitertes Hypertext-Hilfesystem, das viele Linux-Programme behandelt.

```
→ info ls
```

Es gibt für `info` einige nützliche Tastenkürzel:

- Um Hilfe zu erhalten, tippen Sie `h`.
- Zum Beenden tippen Sie `q`.
- Um seitenweise vorwärts oder zurückzublättern, nutzen Sie die Leertaste oder die Backspace-Taste.
- Um zwischen Hyperlinks zu springen, drücken Sie die Tab-Taste.
- Um einem Hyperlink zu folgen, drücken Sie Enter.

Sollte `info` keine Dokumentation zu einem Programm besitzen, zeigt es die Manpage des Programms an. Eine Auflistung der verfügbaren Dokumentationen erhalten Sie, wenn Sie `info` allein eintippen. Um zu lernen, wie Sie das Infosystem nutzen, geben Sie `info info` ein.

Die `--help` *-Option benutzen (falls vorhanden)*
Viele Linux-Befehle reagieren auf die Option `--help`, indem sie eine kurze Hilfemeldung ausgeben. Probieren Sie:

```
→ wc --help
```

Ist die Ausgabe länger als der Bildschirm, leiten Sie sie in das `less`-Programm weiter, um sie seitenweise anzuzeigen (drücken Sie `q` zum Beenden):

```
→ wc --help | less
```

Das Verzeichnis /usr/share/doc durchsuchen
Dieses Verzeichnis enthält unterstützende Dokumente für viele Programme, normalerweise organisiert nach Programmnamen und -version. So finden Sie z. B. Dateien für den Texteditor emacs, Version 24, vermutlich (je nach Distribution) in */usr/share/doc/emacs24*.

Distributionsspezifische Websites
Für die meisten Linux-Distributionen gibt es eine offizielle Website, die Dokumentationen, Diskussionsforen für Fragen und Antworten und andere Ressourcen umfasst. Geben Sie einfach den Namen der Distribution (z. B. »Ubuntu«) in Ihre Lieblingssuchmaschine ein, um die Website zu finden.

Linux-Hilfe-Sites
Auf vielen Websites werden Fragen zu Linux beantwortet, wie etwa auf *http://www.linuxquestions.org*, *http://unix.stackexchange.com*, *http://www.linuxhelp.net* und *http://www.linuxforums.org*.

Websuche
Um eine bestimmte Linux-Fehlermeldung zu entziffern, kopieren Sie diese Meldung und fügen sie in eine Suchmaschine im Web ein. Wahrscheinlich erhalten Sie viele hilfreiche Ergebnisse.

Linux: ein erster Überblick

Linux besitzt vier wesentliche Bestandteile:

Kernel
: Der Kernel ist das systemnahe Betriebssystem, das mit Dateien, Festplatten, dem Netzwerk und anderen notwendigen Elementen umgeht, die wir als gegeben hinnehmen. Die meisten Benutzer bemerken den Kernel gar nicht.

Mitgelieferte Programme
: Es gibt Tausende von Programmen für Dateimanipulationen, Textbearbeitung, Mathematik, das Surfen im Web, Audio, Video, Computerprogrammierung, Schriftsatz, Verschlüsselung, das Brennen von DVDs u. v. m.

Shell
: Die Shell ist eine Benutzerschnittstelle zum Eintippen und Ausführen von Befehlen und zum Anzeigen der Ergebnisse. Linux besitzt verschiedene Shells: die Bourne-Shell, die Korn-Shell, die C-Shell und andere. Dieses Buch konzentriert sich auf bash, die Bourne-Again Shell, die für Benutzerkonten oft als Standard-Shell agiert. All diese Shells verfügen jedoch über ähnliche Grundfunktionen.

X
: X ist ein grafisches System, das eine Mausunterstützung sowie Fenster, Menüs, Icons und andere vertraute grafische Elemente bereitstellt. Aufbauend auf X, gibt es komplexere grafische Umgebungen. Die beliebtesten sind KDE und GNOME. Wir werden nur einige wenige Programme betrachten, die bei der Ausführung X-Fenster öffnen.

Dieses Buch konzentriert sich auf den zweiten und den dritten Teil: auf mitgelieferte Programme und auf die Shell.

Eine Shell ausführen

Sind Sie über das Netzwerk mit einem Linux-Rechner verbunden, werden Sie sich einer Shell gegenübersehen, in die Sie Befehle eintippen können. Sitzen Sie hingegen direkt vor einem Linux-Rechner und melden sich an diesem an, werden Sie sehr wahrscheinlich von einem grafischen Desktop begrüßt, auf dem erst einmal keine Shell zu sehen ist. Für viele Anwender ist dies die bevorzugte Arbeitsumgebung, und die Icons und Menüs sind für einfache Aufgaben wie das Lesen von E-Mails oder das Browsen im Web völlig ausreichend. Aber um alles aus Linux herauszukitzeln, müssen Sie die grafische Oberfläche hinter sich lassen und zur Shell wechseln. Das mag zu Anfang schwieriger sein als all die bunten Icons, aber wenn Sie sich einmal daran gewöhnt haben, arbeitet es sich sehr angenehm mit der Shell und verschafft Ihnen *deutlich* mehr Macht.

Wie führen Sie nun eine Shell auf der grafischen Oberfläche aus? Nun, das kommt darauf an. Linux bietet viele verschiedene Oberflächen, von denen die bekanntesten GNOME und KDE sind, und in jedem Linux-System können sie anders zu konfigurieren sein. Es liegt an Ihnen, ein Icon oder einen Menüpunkt zu finden, mit dem Sie ein Shell-Fenster öffnen können. Suchen Sie im Haupt- oder Startmenü Ihres Systems nach einer Anwendung namens Terminal, Konsole, xterm, gnome-terminal, uxterm oder etwas Ähnlichem und starten Sie sie.

Das Fensterprogramm (Terminal, Konsole usw.) ist nicht die Shell. Es handelt sich dabei nur um ein grafisches Programm – eventuell mit eigenen, coolen Features –, in dem die Shell läuft. Und Letztere führt Ihre Befehle aus.

In Abbildung 2 ist dieser Unterschied dargestellt.

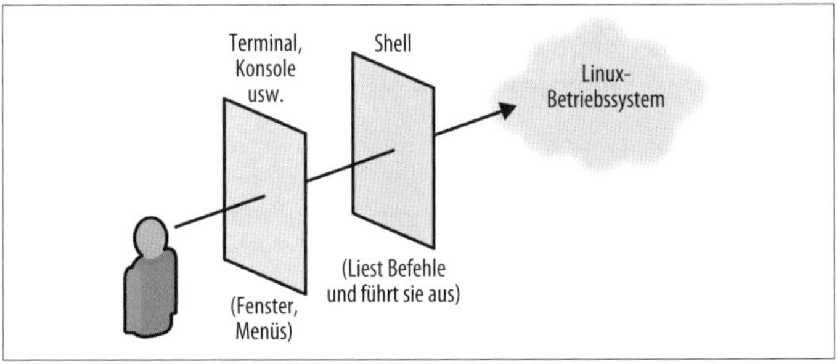

Abbildung 2: Der Unterschied zwischen einem Shell-Fenster und der Shell

Dies war nur eine schnelle Einführung. Mehr Einzelheiten besprechen wir in »Shell-Features« auf Seite 33 und behandeln leistungsstärkere Konstrukte in »Mit Shell-Skripten programmieren« auf Seite 231.

Eingaben und Ausgaben

Die meisten Linux-Befehle akzeptieren Eingaben und erzeugen Ausgaben. So erwartet zum Beispiel der Befehl `wc` die Eingabe von einer Datei, während die Ausgabe (die Anzahl der Zeilen, Wörter oder Zeichen) am Bildschirm erscheint.

Linux-Befehle sind in dieser Hinsicht sehr flexibel. Eingaben können aus Dateien oder von der **Standardeingabe** kommen, bei der es sich normalerweise um Ihre Tastatur handelt. Ausgaben werden entsprechend in Dateien oder auf die **Standardausgabe** geschrieben, die üblicherweise Ihr Shell-Fenster oder Bildschirm ist. Fehlermeldungen werden gesondert behandelt und auf der **Standardfehlerausgabe** angezeigt, die normalerweise ebenfalls Ihr Bildschirm ist. Die Standardfehlerausgabe wird allerdings von der Standardausgabe getrennt.[2]

Wir werden uns später anschauen, wie man Standardeingabe, -ausgabe und -fehlerausgabe zu oder aus Dateien oder Pipes *umleiten* kann. Erläutern wir aber zunächst ein paar Begriffe. Wenn wir sagen, ein Befehl »liest«, dann meinen wir, er liest von der Standardeingabe – solange nichts anderes gesagt wird. Und wenn ein Befehl »schreibt« oder »ausgibt«, dreht es sich immer um die Standardausgabe (es sei denn, wir beziehen uns ausdrücklich auf einen Drucker).

Benutzer und Administratoren

Linux ist ein Multi-User-Betriebssystem: Mehrere Leute können zur gleichen Zeit einen einzelnen Linux-Computer benutzen. Auf einem Computer wird jeder Benutzer durch seinen eindeutigen

---

2 Sie können z. B. die Standardausgabe in einer Datei erfassen und dennoch die Meldungen der Standardfehlerausgabe auf dem Bildschirm erscheinen lassen.

Benutzernamen identifiziert, wie etwa »smith« oder »lustigertyp«, und er besitzt einen (halbwegs) privaten Teil des Systems für seine Arbeit.

Darüber hinaus gibt es einen besonderen Benutzer namens **root** – den **Administrator** –, der das Recht besitzt, alles auf dem System zu machen. Normale Benutzer haben eingeschränkte Rechte: Sie dürfen zwar die meisten Programme ausführen, im Allgemeinen aber können sie nur die Dateien modifizieren, die ihnen gehören. Der Administrator dagegen kann alle Dateien erzeugen, verändern oder löschen und darf alle Programme ausführen – wir gehen darauf ausführlicher in »Administrator werden« auf Seite 169 ein.

Das Dateisystem

Um ein Linux-System benutzen zu können, müssen Sie sich mit **Linux-Dateien** und **-Verzeichnissen** (d. h. Ordnern) vertraut machen. In einem »Fenster und Icons«-System sind die Dateien und Verzeichnisse auf dem Bildschirm eindeutig zu erkennen. Auf einem Kommandozeilensystem wie der Linux-Shell hingegen sind die gleichen Dateien und Verzeichnisse zwar vorhanden, aber nicht ständig sichtbar, sodass Sie sich häufig merken müssen, in welchem Verzeichnis Sie sich gerade befinden und in welcher Beziehung dieses zu anderen Verzeichnissen steht. Sie verwenden Shell-Befehle wie `cd` und `pwd`, um sich zwischen Verzeichnissen zu »bewegen« und den Überblick darüber zu bewahren, wo Sie gerade sind.

Kommen wir zu einigen Begriffen. Wie wir gesagt haben, sind Linux-Dateien in Verzeichnissen organisiert. Die Verzeichnisse bilden eine Hierarchie (auch **Baum** genannt), wie in Abbildung 3 gezeigt: Ein Verzeichnis kann andere Verzeichnisse enthalten, die sogenannten **Unterverzeichnisse**, die wiederum andere Dateien und Unterverzeichnisse enthalten können usw. – bis in die Unendlichkeit. Das oberste Verzeichnis wird als **Root-Verzeichnis** bezeichnet und durch einen Schrägstrich oder auch Slash (/) gekennzeichnet.[3]

3 In Linux stammen alle Dateien und Verzeichnisse von Root ab. Das ist anders als unter Windows oder DOS, wo unterschiedliche Geräte über Laufwerkbuchstaben angesprochen werden.

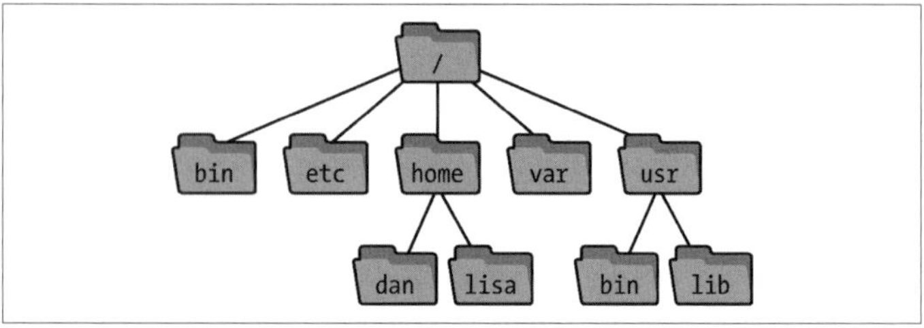

Abbildung 3: Ein Teil eines Linux-Dateisystems. Der Root-Ordner befindet sich ganz oben. Der absolute Pfad zum Ordner »dan« lautet /home/dan.

Wir beziehen uns auf die Dateien und Verzeichnisse mittels einer »Namen-und-Schrägstriche-Syntax«, die **Pfad** genannt wird. Zum Beispiel bezeichnet Pfad

```
/eins/zwei/drei/vier
```

das Root-Verzeichnis /, das ein Verzeichnis namens *eins* enthält, in dem sich das Verzeichnis *zwei* befindet, das wiederum ein Verzeichnis *drei* enthält, in dem schließlich die letzte Datei oder das letzte Verzeichnis zu finden ist, nämlich *vier*. Beginnt ein Pfad mit dem Root-Verzeichnis, bezeichnet man ihn als **absoluten** Pfad.

Pfade müssen nicht absolut sein – sie können relativ zu einem anderen Verzeichnis angegeben werden. In Abbildung 3 gibt es zwei verschiedene Verzeichnisse namens *bin*, deren absolute Pfade */bin* und */usr/bin* lauten. Beziehen wir uns einfach auf das »*bin*-Verzeichnis«, ist nicht klar, welches wir meinen (und es kann noch viel mehr *bin*-Verzeichnisse geben). Wir brauchen mehr Kontext. Immer wenn Sie sich auf einen Pfad beziehen, der nicht mit einem Schrägstrich beginnt – zum Beispiel *bin* –, wird dieser als **relativer** Pfad bezeichnet.

Damit ein relativer Pfad Sinn ergibt, müssen Sie wissen, wo Sie sich im Linux-Dateisystem befinden. Diese Position wird als Ihr **aktuelles Arbeitsverzeichnis** (oder einfach als aktuelles Verzeichnis) bezeichnet. Jede Shell besitzt ein aktuelles Arbeitsverzeichnis, und wenn Sie Befehle in dieser Shell ausführen, arbeiten diese relativ zu dem Verzeichnis. Befindet sich Ihre Shell zum Beispiel »im« Verzeichnis */usr* und führen Sie einen Befehl aus, der sich auf einen relativen Pfad *bin* bezieht, geht es in Wirklichkeit um den Pfad */usr/bin*. Ganz allgemein: Ist Ihr aktuelles Verzeichnis */eins/zwei/drei*, würde ein relativer Pfad *a/b/c* dem absoluten Pfad */eins/zwei/drei/a/b/c* entsprechen.

Zwei besondere relative Pfade werden mit . (einem einzelnen Punkt) und .. (zwei Punkten hintereinander) gekennzeichnet. Der erste Ausdruck steht für Ihr aktuelles Verzeichnis, der zweite Ausdruck bezieht sich auf das **Elternverzeichnis**, das sich eine Ebene darüber befindet. Ist Ihr aktuelles Verzeichnis also */eins/zwei/drei*, bezieht sich . auf dieses Verzeichnis und .. auf */eins/zwei*.

Sie »bewegen« Ihre Shell von einem zum anderen Verzeichnis mit dem cd-Befehl:

```
→ cd /usr/local/bin
```

Technischer ausgedrückt: Dieser Befehl ändert das aktuelle Arbeitsverzeichnis Ihrer Shell auf */usr/local/bin*. Das ist eine absolute Änderung (da das Verzeichnis mit / beginnt). Haben Sie das Verzeichnis mit den Buchbeispielen in Ihrem Home-Verzeichnis installiert, können Sie dort jederzeit wie folgt hinspringen:

```
→ cd ~/linuxpocketguide
```

(Die Tilde ist hier eine Abkürzung, auf die wir im nächsten Abschnitt zu sprechen kommen). Natürlich können Sie auch relative Bewegungen machen:

```
→ cd d               Wechsle ins Unterverzeichnis d.
→ cd ../meinVerz     Gehe nach oben zu meinem Elternverzeichnis
                     und von dort in das Verzeichnis meinVerz.
```

Datei- und Verzeichnisnamen können die meisten Zeichen enthalten, die man auch erwartet: Groß- und Kleinbuchstaben,[4] Zahlen, Punkte, Bindestriche, Unterstriche und die meisten Symbole (aber nicht »/«, weil dieser für das Trennen der Verzeichnisse reserviert ist). Vermeiden Sie im praktischen Einsatz jedoch auch Leerzei-

4 Linux-Dateinamen unterscheiden zwischen Klein- und Großschreibung, sie sind also nicht äquivalent.

chen, Sternchen, Dollarzeichen, Klammern und andere Zeichen, die für die Shell eine besondere Bedeutung haben. Ansonsten müssen Sie diese Zeichen schützen (siehe »Quoting« auf Seite 42).

Home-Verzeichnisse

Die persönlichen Dateien der Benutzer sind oft im Verzeichnis */home* (für normale Benutzer) oder */root* (für den Administrator) zu finden. Ihr Home-Verzeichnis ist typischerweise */home/`Ihr-Benutzername`*, also: */home/smith*, */home/jones* usw. Es gibt verschiedene Möglichkeiten, das Home-Verzeichnis zu finden oder anzusprechen:

`cd`

Ohne Argumente benutzt, bringt der `cd`-Befehl Sie zu Ihrem Home-Verzeichnis zurück (d. h., er stellt das Arbeitsverzeichnis der Shell entsprechend ein).

`HOME` *-Variable*

Die Umgebungsvariable `HOME` (siehe »Shell-Variablen« auf Seite 37) enthält den Namen Ihres Home-Verzeichnisses:

```
→ echo $HOME        Der echo-Befehl gibt sein Argument aus.
/home/smith
```

~

Wird eine Tilde anstelle eines Verzeichnisses benutzt, wird sie von der Shell durch den Namen Ihres Home-Verzeichnisses ersetzt.

```
→ echo ~
/home/smith
```

Folgt auf die Tilde ein Schrägstrich, ist der Pfad relativ zu `HOME`:

```
→ echo ~/linuxpocketguide
/home/smith/linuxpocketguide
```

Folgt auf die Tilde ein Benutzername (wie in *~fred*), erweitert die Shell diesen String zum Home-Verzeichnis des Benutzers:

```
→ cd ~fred
→ pwd               der Befehl zum Ausgeben des Arbeitsverzeichnisses
home/fred           (print working directory)
```

Systemverzeichnisse

Ein typisches Linux-System besitzt Zehntausende von Systemverzeichnissen. Diese Verzeichnisse enthalten Betriebssystemdateien, Anwendungen, Dokumentationen und praktisch alles mit Ausnahme der persönlichen Benutzerdateien (die typischerweise in */home* residieren).

Wenn Sie kein Systemadministrator sind, werden Sie die meisten Systemverzeichnisse nie zu Gesicht bekommen, aber mit ein bisschen Hintergrundwissen können Sie zumindest ihren Zweck verstehen oder erraten. Ihre Namen enthalten oft drei Teile, die in Abbildung 4 zu sehen sind.

Abbildung 4: Verzeichnisbereich, Kategorie und Anwendung

Verzeichnispfad Teil 1: Kategorie

Die **Kategorie** verrät Ihnen, welche Arten von Dateien in einem Verzeichnis zu finden sind. Ist die Kategorie z. B. *bin*, können Sie ziemlich sicher sein, dass das Verzeichnis Programme enthält. Gebräuchliche Kategorien sind unter anderem:

Kategorien für Programme	
bin	Programme (normalerweise Binärdateien).
sbin	Programme (normalerweise Binärdateien), die für die Ausführung durch den Administrator gedacht sind.
lib	Bibliotheken mit Code, der von den Programmen benutzt wird.
Kategorien für Dokumentationen	
doc	Dokumentationen.
info	Dokumentationsdateien für das in den emacs eingebaute Hilfesystem.
man	Dokumentationsdateien (Manpages), die vom `man`-Programm angezeigt werden. Die Dateien sind oft komprimiert und mit Schriftsatzbefehlen durchsetzt, die `man` interpretiert.
share	Programmspezifische Dateien, wie etwa Beispiele und Installationsanweisungen.

Kategorien für die Konfiguration

etc	Konfigurationsdateien (und diverse andere Dinge) für das System.
init.d	Konfigurationsdateien zum Booten von Linux.
rc.d	Konfigurationsdateien zum Booten von Linux; auch *rc1.d*, *rc2.d* ...

Kategorien für die Programmierung

include	Header-Dateien für die Programmierung.
src	Quellcode für Programme.

Kategorien für Webdateien

cgi-bin	Skripte/Programme, die auf Webseiten laufen.
html	Webseiten.
public_html	Webseiten, typischerweise in den Home-Verzeichnissen der Benutzer.
www	Webseiten.

Kategorien zur Anzeige

fonts	Schriften.
X11	X Window-Systemdateien.

Kategorien für Hardware

dev	Gerätedateien als Schnittstellen zu Festplatten und anderer Hardware.
media	Mount-Punkte: Verzeichnisse, die Zugang zu Festplatten bieten.
mnt	Mount-Punkte: Verzeichnisse, die Zugang zu Festplatten bieten.

Kategorien für Laufzeitdateien

var	Dateien, die speziell für diesen Computer sind; sie werden erzeugt und aktualisiert, während der Computer läuft.
lock	Lock-Dateien, die von Programmen erzeugt werden, um zu sagen: »Ich laufe.« Die Instanz einer Lock-Datei könnte ein anderes Programm oder eine andere Instanz desselben Programms daran hindern, zu starten oder eine Aktion auszuführen.
log	Logdateien, die wichtige Systemereignisse mitschreiben sowie Fehler-, Warn- und Informationsmeldungen enthalten.
mail	Mailboxen für eingehende E-Mails.
run	PID-Dateien, die die IDs der laufenden Prozesse enthalten. Diese Dateien werden oft konsultiert, um bestimmte Prozesse zu verfolgen oder zwangsweise zu beenden.

spool	Zu versendende Dateien oder Dateien in einer Warteschlange, wie etwa ausgehende E-Mails, Druckaufträge und zu einer bestimmten Zeit auszuführende Jobs.
tmp	Temporärer Speicher, den Programme und/oder Personen benutzen können.
proc	Zustand des Betriebssystems (siehe »Betriebssystemverzeichnisse« auf Seite 30).

Verzeichnispfad Teil 2: Gültigkeitsbereich

Der **Gültigkeitsbereich** eines Verzeichnispfads beschreibt den Zweck einer kompletten Verzeichnishierarchie. Gebräuchlich sind z. B.:

/	Systemdateien, die mit Linux geliefert wurden (Wurzelverzeichnis, gesprochen »root«).
/usr	Mehr Systemdateien, die mit Linux geliefert wurden (gesprochen »user«).
/usr/local	Systemdateien, die »lokal« entwickelt wurden, entweder für Ihre Organisation oder für Ihren jeweiligen Computer.
/usr/games	Spiele.

Für eine Kategorie wie *lib* (Libraries; Bibliotheken) könnte Ihr Linux-System also die Verzeichnisse */lib*, */usr/lib*, */usr/local/lib* und */usr/games/lib* besitzen.

In der Praxis gibt es keine klare Unterscheidung zwischen / und */usr*, allerdings wird in gewisser Weise davon ausgegangen, dass / »niedriger« und dichter am Betriebssystem angesetzt ist. */bin* enthält daher mehr fundamentale Programme als */usr/bin*, zum Beispiel `ls` und `cat`, */lib* enthält fundamentalere Bibliotheken als */usr/lib* und so weiter.[5] */usr/local/bin* enthält Programme, die nicht in Ihrer Distribution enthalten sind. Diese Regeln sind nicht absolut, sondern stellen typische Fälle dar.

5 Manche Distributionen treffen diese Unterscheidung gar nicht mehr. In Fedora ist zum Beispiel */bin* ein symbolischer Link auf */usr/bin*.

Verzeichnispfad Teil 3: Anwendung

Der Anwendungsteil eines Verzeichnispfads ist, falls vorhanden, normalerweise der Name eines Programms. Nach dem Bereich und der Kategorie (z. B. */usr/local/doc*) könnte ein Programm sein eigenes Unterverzeichnis besitzen (etwa */usr/local/doc/meinProgramm*), das notwendige Dateien enthält.

Betriebssystemverzeichnisse

Manche Verzeichnisse unterstützen den Linux-Kernel, den niedrigsten Teil des Linux-Betriebssystems:

/boot
: Dateien, die zum Booten des Systems benötigt werden. Hier »lebt« der Kernel, der typischerweise */boot/vmlinuz* oder ähnlich genannt wird.

/lost+found
: Beschädigte Dateien, die von einem Plattenreparaturwerkzeug gerettet wurden.

/proc
: Beschreibt aktuell laufende Prozesse; für fortgeschrittene Benutzer.

Die Dateien in */proc* liefern einen Einblick in den laufenden Kernel und haben besondere Eigenschaften: Sie belegen keinen echten Speicherplatz, sind schreibgeschützt und haben immer das aktuelle Datum:

```
→ ls -lG /proc/version
-r--r--r--   1 root    0 Oct  3 22:55 /proc/version
```

Auf zauberhafte Weise jedoch enthalten sie Informationen über den Linux-Kernel:

```
→ cat /proc/version
Linux version 2.6.32-71.el6.i686 ...
```

Die Dateien in */proc* werden vor allem von Programmen benutzt, aber natürlich können Sie sie ebenfalls untersuchen. Hier sind einige Beispiele:

/proc/ioports	Eine Liste der Ein-/Ausgabe-Hardware Ihres Computers.
/proc/cpuinfo	Informationen über die Prozessoren Ihres Computers.
/proc/version	Die Betriebssystemversion. Der Befehl `uname` gibt dieselben Informationen aus.
/proc/uptime	Die »Uptime« des Systems, d. h. die Zeit in Sekunden, seit das System zuletzt gebootet wurde. Der Befehl `uptime` liefert eine Ausgabe, die für Menschen besser zu verstehen ist.
/proc/nnn	Informationen über den Linux-Prozess mit der Prozess-ID *nnn* (wobei *nnn* ein positiver Integer ist).
/proc/self	Informationen über den aktuellen Prozess, den Sie ausführen; ein symbolischer Link auf eine */proc/nnn*-Datei, wird automatisch aktualisiert. Probieren Sie `ls -l /proc/self` mehrmals hintereinander aus: Sie werden feststellen, dass */proc/self* sich ändert.

Schutz für Dateien

Ein Linux-System kann viele Benutzer mit Log-in-Zugängen haben. Um die Privatsphäre und die Sicherheit zu gewährleisten, können die meisten Benutzer nur auf einige Dateien des Systems zugreifen und nicht auf alle. Diese Zugangskontrolle läuft auf zwei Fragen hinaus:

Wer besitzt Rechte?

Jede Datei und jedes Verzeichnis hat einen **Besitzer**, der das Recht hat, damit alles zu tun. Typischerweise ist der Benutzer, der eine Datei angelegt hat, ihr Eigentümer, der Administrator kann das aber ändern.

Darüber hinaus kann eine vordefinierte **Gruppe** von Benutzern das Recht haben, auf eine Datei zuzugreifen. Gruppen werden vom Systemadministrator definiert und in »Gruppen verwalten« auf Seite 170 behandelt.

Schließlich kann eine Datei oder ein Verzeichnis auch von **allen Benutzern** mit Log-in-Zugängen auf dem System geöffnet werden. Diese Menge von Benutzern wird auch als **die Welt** oder einfach als **andere** bezeichnet.

Welche Art von Rechten werden gewährt?
: Dateieigentümer, Gruppen und die Welt haben jeweils das Recht, bestimmte Dateien zu *lesen*, zu *schreiben* (d. h. zu modifizieren) und *auszuführen*. Die Rechte greifen auch auf die Verzeichnisse über, die die Benutzer lesen (auf Dateien innerhalb dieses Verzeichnisses zugreifen), schreiben (Dateien innerhalb dieses Verzeichnisses anlegen und löschen) und ausführen (das Verzeichnis mit `cd` betreten) können.

Um die Besitzer und Zugriffsrechte einer Datei *meinedatei* zu sehen, führen Sie folgenden Befehl aus:

```
→ ls -l meinedatei
-rw-r--r-- 1 smith smith   7384 Okt 28 2015 22:40 meinedatei
```

Um die Besitzer und Zugriffsrechte eines Verzeichnisses *verzname* zu sehen, führen Sie diesen Befehl, ergänzt um die Option `-d`, aus:

```
→ ls -ld verzname
drwxr-x--- 3 smith smith   4096 Jan 08 15:02 verzname
```

In der Ausgabe werden die Zugriffsrechte durch die zehn Zeichen ganz links dargestellt: einen String aus `r` für Lesen (read), `w` für Schreiben (write) und `x` für Ausführen (execute) sowie anderen Buchstaben und Bindestrichen, zum Beispiel:

```
-rwxr-x---
```

Diese Buchstaben und Symbole haben folgende Bedeutung:

Position	Bedeutung
1	Dateityp: `-` = Datei, `d` = Verzeichnis, `l` = symbolischer Link, `p` = benannte Pipe, `c` = Zeichengerät, `b` = Blockgerät
2–4	Lese-, Schreib- und Ausführungsrechte für den Besitzer der Datei
5–7	Lese-, Schreib- und Ausführungsrechte für die Gruppe der Datei
8–10	Lese-, Schreib- und Ausführungsrechte für alle anderen Benutzer

Unser Beispiel `-rwxr-x---` steht also für eine Datei, die vom Eigentümer gelesen, geschrieben und ausgeführt, von der Gruppe gelesen und ausgeführt und vom Rest der Welt gar nicht angefasst werden darf. Wir beschreiben `ls` in »Grundlegende Dateioperationen« auf Seite 53 genauer. Um den Eigentümer, die Gruppeneigentümerschaft oder die Rechte einer Datei zu ändern, benutzen Sie die Befehle `chown`, `chgrp` bzw. `chmod` so, wie in »Dateieigenschaften« auf Seite 74 beschrieben wird.

Shell-Features

Um Befehle auf einem Linux-System auszuführen, müssen Sie eine Möglichkeit haben, sie irgendwo einzutippen. Dieses »irgendwo« wird als **Shell** bezeichnet. Das ist die Kommandozeilenschnittstelle von Linux: Sie tippen einen Befehl ein und drücken Enter, und die Shell führt das Programm aus, das Sie angefordert haben (oder die Programme). Lesen Sie »Eine Shell ausführen« auf Seite 20, falls Sie nicht wissen, wie Sie ein Shell-Fenster öffnen.)

Um z. B. festzustellen, wer am Computer angemeldet ist, könnten Sie in einer Shell diesen Befehl ausführen:

```
→ who
silver        :0      Sep 23 20:44
byrnes     pts/0      Sep 15 13:51
barrett    pts/1      Sep 22 21:15
silver     pts/2      Sep 22 21:18
```

(Denken Sie daran: Das Symbol → steht hier für den Shell-Prompt, der andeutet, dass die Shell bereit ist, einen Befehl auszuführen.) Ein einzelner Befehl kann zur gleichen Zeit mehrere Programme aufrufen und Programme sogar verbinden, damit sie miteinander interagieren. Hier ist ein Befehl, der die Ausgabe des `who`-Programms so umlenkt, dass sie zur Eingabe des `wc`-Programms wird, das die Textzeilen in einer Datei zählt; das Ergebnis ist die Anzahl der Zeilen in der Ausgabe von `who`:

```
→ who | wc -l
4
```

Sie verrät Ihnen, wie viele Benutzer angemeldet sind.[6] Der senkrechte Balken, eine sogenannte **Pipe** (von Pipeline), stellt die Verbindung zwischen `who` und `wc` her.

6 Um genau zu sein, erfahren Sie, wie viele interaktive Shells diese Benutzer ausführen. Betreibt ein Benutzer zwei Shells, wie der Benutzer »silver« in unserem Beispiel, gibt es für ihn zwei Ausgabezeilen aus `who`.

Eine Shell selbst ist auch ein Programm, und Linux hat mehrere davon. Wir konzentrieren uns auf die bash (die »Bourne-Again Shell«), die in */bin/bash* zu finden ist – in Linux-Distributionen normalerweise Standard. Um herauszufinden, ob Sie die bash-Shell nutzen, geben Sie Folgendes ein:

```
→ echo $SHELL
/bin/bash
```

Läuft die bash-Shell bei Ihnen nicht, können Sie den Befehl `bash` direkt ausführen (geben Sie `exit` ein, wenn Sie zu Ihrer normalen Shell zurückkehren wollen). Wie bash Ihre Standard-Shell wird, erfahren Sie in »chsh« auf Seite 168.

Shell und Programme im Vergleich

Wenn Sie einen Befehl ausführen, könnte dieser ein Linux-Programm aufrufen (wie `who`). Es könnte sich stattdessen aber auch um einen **eingebauten Befehl** handeln, also um eine Funktion der Shell selbst. Der Unterschied lässt sich mit dem type-Befehl ermitteln:

```
→ type who
who is /usr/bin/who
→ type cd
cd is a shell builtin
```

Ausgewählte Eigenschaften der bash

Eine Shell führt nicht einfach nur Befehle aus, sondern kann noch mehr. Sie besitzt darüber hinaus leistungsfähige Eigenschaften, die diese Aufgabe einfacher machen: Wildcards (Platzhalter) zum Filtern von Dateinamen, eine »Befehlshistorie« zum schnellen erneuten Aufrufen von Befehlen, Pipes, mit denen man die Ausgabe eines Befehls zur Eingabe eines anderen Befehls machen kann, Variablen zum Speichern von Werten zur Benutzung durch die Shell usw. Nehmen Sie sich die Zeit, diese Eigenschaften und Funktionen kennenzulernen, Sie werden merken, dass Sie schneller und produktiver mit Linux arbeiten. Schauen wir uns kurz diese nützlichen Werkzeuge an. (Für eine vollständige Dokumentation führen Sie `info bash` aus.)

Wildcards

Wildcards bieten eine Abkürzung für Gruppen von Dateien mit ähnlichen Namen. So steht z. B. a* für alle Dateien, deren Namen mit einem kleingeschriebenen »a« beginnen. Wildcards werden von der Shell zu den tatsächlichen Dateinamen »erweitert«, die auf sie passen. Falls Sie also:

```
→ ls a*
```

eintippen, erweitert die Shell zuerst a* zu den Dateinamen, die in Ihrem aktuellen Verzeichnis mit einem »a« beginnen. Das ist das Gleiche, als hätten Sie Folgendes eingetippt:

```
→ ls aardvark adamantium apple
```

ls merkt gar nicht, dass Sie eine Wildcard benutzt haben, es sieht nur die fertige Liste der Dateinamen, nachdem die Shell die Wildcard erweitert hat. Wichtig: Dies bedeutet, dass jeder Linux-Befehl ungeachtet seines Ursprungs mit Wildcards und anderen Shell-Funktionen arbeitet. Man kann gar nicht oft genug darauf hinweisen, denn eine überraschend große Zahl an Linux-Anwendern geht fälschlicherweise davon aus, dass die Programme ihre eigenen Wildcards erweitern. Das tun sie nicht. Die Shell kümmert sich komplett um sie, bevor die entsprechenden Programme überhaupt aufgerufen werden.

Punktdateien

Dateinamen mit einem führenden Punkt, die sogenannten **Punktdateien**, sind in Linux etwas Besonderes. Wenn Sie einer Datei einen Namen geben, dem ein Punkt vorangestellt ist, wird dieser von manchen Programmen nicht angezeigt:

- ls lässt die Datei beim Auflisten des Verzeichnisses weg, wenn Sie nicht zusätzlich die Option -a angeben.
- Shell-Wildcards erfassen einen führenden Punkt ebenfalls nicht.

Im Prinzip sind Punktdateien verborgen, wenn Sie nicht ausdrücklich nach ihnen fragen. Aus diesem Grund werden sie manchmal auch als »verborgene Dateien« bezeichnet.

Zwei Zeichen werden von Wildcards nie gefiltert: ein führender Punkt und der Verzeichnisschrägstrich (/). Diese Zeichen müssen wörtlich angegeben werden, wie in `.pro*`, um *.profile* zu filtern, oder in `/etc/*conf`, um alle Dateinamen zu erfassen, die im */etc*-Verzeichnis auf *conf* enden.

Wildcard	Bedeutung
*	Null oder mehr nachfolgende Zeichen.
?	Ein beliebiges einzelnes Zeichen.
[*Menge*]	Ein beliebiges einzelnes Zeichen aus der angegebenen *Menge*, üblicherweise eine Folge von Zeichen, wie etwa `[aeiouAEIOU]` für alle Vokale, oder ein Bereich mit einem Bindestrich, wie etwa `[A-Z]` für alle Großbuchstaben.
[^*Menge*]	Ein beliebiges einzelnes Zeichen, das nicht in der angegebenen *Menge* ist, wie zum Beispiel `[^0-9]` für alle Zeichen, die keine Ziffern sind.
[!*Menge*]	Wie ^.

Falls Sie beim Einsatz von Zeichenmengen einen tatsächlichen Bindestrich einfügen wollen, setzen Sie ihn an die erste oder letzte Stelle. Eine schließende Klammer müssen Sie an die erste Stelle setzen. Um ein ^ oder ! wörtlich einzufügen, setzen Sie es nicht an die erste Stelle.

Erweiterung von geschweiften Klammern

Ähnlich wie Wildcards werden auch Ausdrücke in geschweiften Klammern erweitert und bilden auf diese Weise mehrere Argumente für einen Befehl. Der kommaseparierte Ausdruck

```
{X,YY,ZZZ}
```

wird innerhalb einer Kommandozeile zuerst zu X, dann zu YY und schließlich zu ZZZ erweitert:

```
→ echo sand{X,YY,ZZZ}wich
sandXwich sandYYwich sandZZZwich
```

Geschweifte Klammern funktionieren im Gegensatz zu Wildcards, die nur dann erweitert werden, wenn sie zu bestehenden Dateinamen passen, mit allen Strings.

Shell-Variablen

Sie können Variablen und deren Werte definieren, indem Sie sie einander zuweisen:

```
→ MEINEVAR=3
```

Um auf einen Wert zu verweisen, setzen Sie einfach ein Dollarzeichen vor den Variablennamen:

```
→ echo $MEINEVAR
3
```

Manche Variablen sind Standard und werden üblicherweise beim Log-in von Ihrer Shell definiert:

Variable	Bedeutung
DISPLAY	Der Name Ihrer X Window-Anzeige.
HOME	Ihr Home-Verzeichnis, wie etwa */home/smith*.
LOGNAME	Ihr Log-in-Name, wie etwa `smith`.
MAIL	Ihre Mailbox für eingehende E-Mails, wie etwa */var/spool/mail/smith*.
OLDPWD	Das vorherige Verzeichnis Ihrer Shell vor dem letzten `cd`-Befehl.
PATH	Der Suchpfad Ihrer Shell: Verzeichnisse, die durch Doppelpunkte getrennt sind.
PWD	Das aktuelle Verzeichnis Ihrer Shell.
SHELL	Der Pfad zu Ihrer Shell, z. B. */bin/bash*.
TERM	Die Art Ihres Terminals, z. B. xterm oder vt100.
USER	Ihr Log-in-Name.

Der Geltungsbereich der Variablen (also welche Programme von ihr wissen) ist standardmäßig die Shell, in der sie definiert ist. Um eine Variable und ihren Wert für andere Programme verfügbar zu machen, die Ihre Shell aufruft (d. h. Subshells), nutzen Sie den `export`-Befehl:

```
→ export MEINEVAR
```

oder die Abkürzung:

```
→ export MEINEVAR=3
```

Ihre Variable wird nun als **Umgebungsvariable** bezeichnet, da sie auch anderen Programmen in der »Umgebung« Ihrer Shell zur Verfügung steht. Im vorangegangenen Beispiel ist die exportierte Variable `MEINEVAR` also für alle Programme verfügbar, die von dieser Shell ausgeführt werden (darunter auch für Shell-Skripte; siehe »Variablen« auf Seite 234).

Um die Variablen einer Shell zu sehen, führen Sie folgenden Befehl aus:

```
→ printenv
```

Um den Wert einer Variablen nur einmal einem bestimmten Programm zu übergeben, stellen Sie auf der Kommandozeile *`Variable=Wert`* voran:

```
→ printenv HOME
/home/smith
→ HOME=/home/sally printenv HOME
/home/sally
→ printenv HOME
/home/smith                        Der Originalwert ist nicht betroffen.
```

Suchpfad

Programme sind über Ihr ganzes Linux-Dateisystem verstreut und stecken in Verzeichnissen wie */bin* und */usr/bin*. Wie findet die Shell ein Programm, das Sie über einen Shell-Befehl ausführen? Die entscheidende Variable `PATH` verrät der Shell, wo sie suchen muss. Wenn Sie einen Befehl wie:

```
→ who
```

eintippen, muss die Shell das `who`-Programm finden, indem sie die Linux-Verzeichnisse durchsucht. Die Shell fragt den Wert von `PATH` ab, der aus einer Folge von Verzeichnissen gebildet wird, die durch Doppelpunkte getrennt werden:

```
→ echo $PATH
/usr/local/bin:/bin:/usr/bin
```

Und sie sucht in jedem dieser Verzeichnisse nach dem `who`-Befehl. Findet sie `who` (z. B. als */usr/bin/who*), führt sie den Befehl aus. Ansonsten gibt sie eine Fehlermeldung aus, zum Beispiel:

```
bash: who: command not found
```

Um Verzeichnisse temporär zum Suchpfad Ihrer Shell hinzuzufügen, ändern Sie deren `PATH`-Variable. Um z. B. */usr/sbin* an den Suchpfad der Shell anzuhängen, geben Sie Folgendes ein:

```
→ PATH=$PATH:/usr/sbin
→ echo $PATH
/usr/local/bin:/bin:/usr/bin:/usr/sbin
```

Diese Änderung beeinflusst nur die aktuelle Shell. Um sie dauerhaft zu machen, modifizieren Sie die `PATH`-Variable in Ihrer Startdatei *~/.bash_profile*, wie in »Das Shell-Verhalten anpassen« auf Seite 52 erklärt wird. Melden Sie sich dann ab und wieder an oder führen Sie Ihre Startdatei *~/.bash_profile* per Hand in jedem Ihrer geöffneten Shell-Fenster aus:

```
→ . $HOME/.bash_profile
```

Aliase

Der eingebaute Befehl `alias` definiert eine bequeme Kurzform für einen längeren Befehl und erspart Ihnen lästiges Tippen. So definiert z. B.

```
→ alias ll='ls -lG'
```

einen neuen Befehl `ll`, der `ls -lG` ausführt:

```
→ ll
total 436
-rw-r--r--    1 smith     3584 Oct 11 14:59 datei1
-rwxr-xr-x    1 smith       72 Aug  6 23:04 datei2
...
```

Definieren Sie Aliase in Ihrer *~/.bash_aliases*-Datei (siehe »Das Shell-Verhalten anpassen« auf Seite 52), damit sie Ihnen immer zur Verfügung stehen, wenn Sie sich anmelden.[7] Um all Ihre Aliase aufzulisten, geben Sie `alias` ein. Falls Aliase Ihnen nicht leistungsstark

7 Manche Setups nutzen für diesen Zweck die *~/.bashrc*.

genug sind (da sie keine Parameter oder Verzweigungen haben), sollten Sie »Mit Shell-Skripten programmieren« auf Seite 231 lesen, `info bash` ausführen und sich über Shell-Funktionen (»Shell Functions«) informieren.

Eingabe-/Ausgabeumleitung

Die Shell kann die Standardeingabe, die Standardausgabe und die Standardfehlerausgabe in und aus Dateien umleiten (siehe »Eingaben und Ausgaben« auf Seite 22). Mit anderen Worten: Jeder Befehl, der von der Standardeingabe liest, kann seine Eingabe stattdessen auch aus einer Datei übernehmen. Dabei hilft der Shell-Operator <:

```
→ meinbefehl < eingabedatei
```

Genauso kann jeder Befehl, der auf die Standardausgabe schreibt, seine Ausgaben stattdessen in eine Datei schreiben:

`→ meinbefehl > ausgabedatei`	*Anlegen/Überschreiben von ausgabedatei*
`→ meinbefehl >> ausgabedatei`	*Anhängen an ausgabedatei*

Ein Befehl, der auf die Standardfehlerausgabe schreibt, kann seine Ausgabe ebenfalls in eine Datei umleiten, während die Standardausgabe weiterhin auf den Bildschirm geht:

```
→ meinbefehl 2> fehlerdatei
```

Um sowohl die Standardausgabe als auch die Standardfehlerausgabe in Dateien umzuleiten, geben Sie Folgendes ein:

`→ meinbefehl > ausgabedatei 2> fehlerdatei`	*separate Dateien*
`→ meinbefehl >& ausgabedatei`	*eine einzige Datei*
`→ meinbefehl &> ausgabedatei`	*eine einzige Datei*

Pipes

Sie können die Standardausgabe eines Befehls so umleiten, dass sie die Standardeingabe eines anderen Befehls wird. Dazu nehmen Sie den Pipe-Operator (|) der Shell. (Auf Tastaturen mit deutschem Layout finden Sie dieses Symbol über AltGr und die Größer/Kleiner-Taste links neben dem Y.) Zum Beispiel sendet

```
→ who | sort
```

die Ausgabe von `who` in das `sort`-Programm, sodass eine alphabetisch geordnete Liste der angemeldeten Benutzer ausgegeben wird. Mehrere Pipes funktionieren genauso. Hier sortieren wir erneut die Ausgabe von `who`, extrahieren die erste Spalte mit Informationen (mittels `awk`) und zeigen die Ergebnisse seitenweise an (mittels `less`):

```
→ who | sort | awk '{print $1}' | less
```

Prozess-Substitution

Mit Pipes können Sie die Ausgabe eines Programms an ein anderes schicken. Mit dem fortgeschritteneren Feature der Prozess-Substitution kann sich diese Ausgabe den Anschein einer *benannten* Datei geben. Stellen Sie sich ein Programm vor, das den Inhalt von zwei Dateien vergleicht. Mit dem Prozess-Substitutions-Operator `<()` können Sie stattdessen die Ausgabe von zwei Programmen vergleichen.

Angenommen, Sie haben ein Verzeichnis mit zusammengehörigen JPEG- und Textdateien:

```
→ ls jpegexample
file1.jpg  file1.txt  file2.jpg  file2.txt …
```

Jetzt wollen Sie sichergehen, dass es zu jeder JPEG-Datei eine passende Textdatei gibt und umgekehrt. Normalerweise würden Sie zwei temporäre Dateien erstellen – eine mit den JPEG-Dateinamen und eine mit den Textdateinamen –, die Dateierweiterungen mit `cut` entfernen und die beiden temporären Dateien mit `diff` vergleichen:

```
→ cd jpegexample
→ ls *.jpg | cut -d. -f1 > /tmp/jpegs
→ ls *.txt | cut -d. -f1 > /tmp/texts
→ diff /tmp/jpegs /tmp/texts
5a6
> file6       Es fehlt die Datei file6.jpg.
8d8
< file9       Es fehlt die Datei file9.txt.
```

Mithilfe der Prozess-Substitution können Sie die gleiche Aufgabe mit einem einzigen Befehl und ohne temporäre Dateien ausführen:

```
→ diff <(ls *.jpg|cut -d. -f1) <(ls *.txt|cut -d. -f1)
```

Jeder <()-Operator steht in der Befehlszeile für einen Dateinamen, so als würde diese »Datei« die Ausgabe von ls und cut enthalten.

Befehle kombinieren

Um mehrere Befehle nacheinander auf einer einzigen Kommandozeile aufzurufen, trennen Sie sie mit Semikola:

```
→ befehl1 ; befehl2 ; befehl3
```

Um wie zuvor eine Folge von Befehlen auszuführen, die Ausführung eines Befehls aber zu stoppen, falls er fehlschlägt, trennen Sie sie mit &&-(»und«-)Symbolen:

```
→ befehl1 && befehl2 && befehl3
```

Und um eine Folge von Befehlen auszuführen und die Ausführung zu stoppen, sobald ein Befehl erfolgreich ist, trennen Sie sie mit ||-(»oder«-)Symbolen:

```
→ befehl1 || befehl2 || befehl3
```

Quoting

Normalerweise behandelt die Shell Whitespace, also Freiraum, einfach als Worttrenner auf der Kommandozeile. Falls allerdings ein Wort Whitespace enthalten soll (etwa bei einem Dateinamen mit einem Leerzeichen), umgeben Sie es mit einfachen oder doppelten Anführungszeichen, damit die Shell es als Einheit behandelt. Einfache Anführungszeichen behandeln ihren Inhalt wörtlich, während doppelte Anführungszeichen es erlauben, Shell-Konstrukte auszuwerten, wie etwa Variablen:

```
→ echo 'Die Variable HOME hat den Wert $HOME'
Die Variable HOME hat den Wert $HOME
→ echo "Die Variable HOME hat den Wert $HOME"
Die Variable HOME hat den Wert /home/smith
```

Backquotes (»Backticks«) sorgen dafür, dass ihr Inhalt als Shell-Befehl ausgewertet wird. Der Inhalt wird dann durch die Standardausgabe des Befehls ersetzt:

```
→ date +%Y    Programm, das das aktuelle Jahr ausgibt
2016
→ echo Dieses Jahr ist `date +%Y`
Dieses Jahr ist 2016
```

Ein Dollarzeichen und Klammern verhalten sich wie Backquotes:

```
→ echo Dieses Jahr ist $(date +%Y)
Dieses Jahr ist 2016
```

Das hat zusätzlich den Vorteil, dass man es verschachteln kann:

```
→ echo Nächstes Jahr ist $(expr $(date +%Y) + 1)
Nächstes Jahr ist 2017
```

Sonderzeichen schützen

Falls ein Zeichen eine besondere Bedeutung für die Shell besitzt, Sie es aber wörtlich benutzen wollen (z. B. * als wirkliches Sternchen und nicht als Wildcard), stellen Sie dem Zeichen einen Backslash (\) voran. Man bezeichnet dies als *Schützen* (**Escaping**) des Sonderzeichens:

```
→ echo a*                       als Wildcard, Filtern von
                                Dateinamen mit»a«
aardvark  adamantium  apple
→ echo a\*                      als tatsächliches Sternchen
a*
→ echo "Ich lebe in $HOME"      Wert einer Variablen ausgeben
Ich lebe in /home/smith
→ echo "Ich lebe in \$HOME"     ein tatsächliches Dollarzeichen
Ich lebe in $HOME
```

Sie können auch Steuerzeichen (Tabs, Newlines, ^D usw.) schützen, um sie wörtlich auf der Kommandozeile einzusetzen; dazu stellen Sie ihnen ^V voran. Das ist vor allem bei Tab-Zeichen nützlich, die die Shell ansonsten benutzen würde, um Dateinamen zu vervollständigen (siehe »Vervollständigung von Dateinamen« auf Seite 45).

```
→ echo "Da ist ein Tab zwischen hier^V        und hier"
Da ist ein Tab zwischen hier        und hier
```

Bearbeiten der Kommandozeile

Die bash erlaubt es Ihnen, die Kommandozeile, auf der Sie arbeiten, zu editieren. Die dazu verwendeten Tastenkürzel orientieren sich an denen der Texteditoren emacs und vi (siehe »Dateierzeugung und -bearbeitung« auf Seite 68). Um das Bearbeiten der Kommandozeile mit emacs-Tastenkürzeln zu aktivieren, führen Sie diesen Befehl aus (setzen Sie ihn in Ihre *~/.bash_profile*, um ihn dauerhaft zu machen):

```
→ set -o emacs
```

Für vi- (oder vim-)Tastenkürzel:

```
→ set -o vi
```

emacs-Tastenkürzel	vi-Tastenkürzel (nach ESC)	Bedeutung
^P oder Pfeil nach oben	k	Gehe zum vorherigen Befehl.
^N oder Pfeil nach unten	j	Gehe zum nächsten Befehl.
^R		Interaktiv nach einem alten Befehl suchen.
^F oder Pfeil nach rechts	l	Gehe ein Zeichen weiter.
^B oder Pfeil nach links	h	Gehe ein Zeichen zurück.
^A	0	Gehe an den Zeilenanfang.
^E	$	Gehe an das Zeilenende.
^D	x	Lösche das nächste Zeichen.
^U	^U	Lösche die ganze Zeile.

Befehlsverlauf

Sie können frühere Befehle erneut aufrufen – d. h. auf den **Befehlsverlauf** der Shell zugreifen – und ausführen. Unten finden Sie einige nützliche Befehle im Hinblick auf den Verlauf.

Befehl	Bedeutung
`history`	Gibt den Verlauf aus.
`history` *N*	Gibt die letzten *N* Befehle in Ihrem Verlauf aus.

Befehl	Bedeutung
`history -c`	Löscht Ihren Verlauf.
`!!`	Führt den vorherigen Befehl noch einmal aus.
`!`*N*	Führt Befehl Nummer *N* in Ihrem Verlauf erneut aus.
`!-`*N*	Führt den Befehl erneut aus, den Sie *N* Befehle zuvor eingegeben haben.
`!$`	Repräsentiert den letzten Parameter des vorherigen Befehls; das ist gut, um zu überprüfen, dass Dateien vorhanden sind, bevor man sie entfernt oder eine andere destruktive Operation ausführt: → **`ls z*`** `zebra.txt   zookeeper` → **`rm !$`** *wie "rm z*"*

`!*`	Repräsentiert alle Parameter des vorherigen Befehls:
	→ **`ls datei1 datei2 grossedatei`**
	`datei1   datei2   grossedatei`
	→ **`wc !*`**
	`   103    252   2904 datei1`
	`    12     25    384 datei2`
	` 25473  65510 988215 grossedatei`
	` 25588  65787 991503 total`

Vervollständigung von Dateinamen

Wenn Sie die Tab-Taste drücken, während Sie einen Dateinamen eintippen, vervollständigt ihn die Shell automatisch für Sie. Falls mehrere Dateinamen auf das passen, was Sie bisher getippt haben, piepst die Shell, um anzuzeigen, dass der Treffer nicht eindeutig ist. Drücken Sie noch einmal die Tab-Taste, damit die Shell Ihnen die Alternativen präsentiert. Probieren Sie dies:

```
→ cd /usr/bin
→ ls un<TAB><TAB>
```

Die Shell zeigt alle Dateien in */usr/bin* an, die mit *un* beginnen, wie etwa *uniq* und *unzip*. Tippen Sie weitere Zeichen ein, um eine eindeutige Wahl zu treffen, und drücken Sie dann erneut die Tab-Taste.

Jobkontrolle mit der Shell

`jobs`	Listet Ihre Jobs auf.
`&`	Führt einen Job im Hintergrund aus.
`^Z`	Unterbricht den aktuellen (Vordergrund-)Job.
`suspend`	Unterbricht eine Shell.
`fg`	Hebt die Unterbrechung eines Jobs auf und bringt ihn in den Vordergrund.
`bg`	Lässt einen unterbrochenen Job im Hintergrund weiterlaufen.

Alle Linux-Shells besitzen eine **Jobkontrolle**: die Fähigkeit, Programme im Hintergrund (Multitasking hinter den Kulissen) und im Vordergrund (als aktiven Prozess an Ihrem Shell-Prompt) auszuführen. Ein **Job** ist einfach die Arbeitseinheit der Shell. Wenn Sie einen Befehl interaktiv ausführen, verzeichnet Ihre aktuelle Shell ihn als einen Job. Wird der Befehl abgeschlossen, verschwindet der damit verknüpfte Job. Jobs bewegen sich auf einer höheren Ebene als Linux-Prozesse; das Linux-Betriebssystem hat von ihnen keine Ahnung. Sie sind lediglich Konstrukte der Shell. Hier sind einige wichtige Begriffe aus dem Bereich der Jobkontrolle:

Vordergrundjob
: Läuft in einer Shell und belegt den Shell-Prompt, sodass man keinen anderen Befehl ausführen kann.

Hintergrundjob
: Läuft in einer Shell, belegt aber den Shell-Prompt nicht, sodass man in derselben Shell einen weiteren Befehl ausführen kann.

Suspendieren
: Temporäres Anhalten eines Vordergrundjobs.

Fortsetzen (Resume)
: Einen angehaltenen Job veranlassen, im Vordergrund weiterzulaufen.

---

jobs

Der integrierte Befehl `jobs` listet die Jobs auf, die in Ihrer aktuellen Shell laufen.

```
→ jobs
[1]-  Running                    emacs meinedatei &
[2]+  Stopped                    ssh example.com
```

Der Integerwert auf der linken Seite ist die Jobnummer, und das Pluszeichen kennzeichnet den Standardjob, der von den Befehlen fg (Vordergrund) und bg (Hintergrund) beeinflusst wird.

&

An das Ende einer Kommandozeile platziert, sorgt der Ampersand dafür, dass der angegebene Befehl als Hintergrundjob läuft.

```
→ emacs meinedatei &
[2] 28090
```

Die Antwort der Shell enthält die Jobnummer (2) und die Prozess-ID des Befehls (28090).

^Z

Tippt man ^Z in eine Shell ein, während ein Job läuft, wird dieser Job angehalten. Er stoppt ganz einfach, sein Zustand wird aber vermerkt.

```
→ sleep 10              Wartet 10 Sekunden.
^Z
[1]+  Stopped              sleep 10
→
```

Jetzt können Sie bg eingeben, um den Befehl in den Hintergrund zu schieben, oder fg, um ihn im Vordergrund weiterlaufen zu lassen. Sie können ihn auch angehalten lassen und andere Befehle ausführen.

suspend

Der integrierte Befehl suspend hält die aktuelle Shell an, falls das möglich ist, so als hätten Sie ^Z in die Shell selbst eingetragen. Wenn Sie z. B. mit dem Befehl sudo eine Administratoren-Shell geöffnet haben und zu Ihrer ursprünglichen Shell zurückkehren wollen, probieren Sie Folgendes:

```
→ whoami
smith
→ sudo bash
Password: *******
# whoami
root
# suspend
[1]+  Stopped                 sudo bash
→ whoami
smith
```

bg

`bg [%jobnummer]`

Der eingebaute bg-Befehl sendet einen angehaltenen Job zur Ausführung in den Hintergrund. Ohne Argumente nimmt bg den zuletzt angehaltenen Job. Um einen bestimmten Job festzulegen (vom jobs-Befehl gezeigt), geben Sie die Jobnummer an, der Sie ein Prozentzeichen voranstellen:

```
→ bg %2
```

Manche Arten von interaktiven Jobs können nicht im Hintergrund bleiben – etwa wenn sie auf eine Eingabe warten. Falls Sie es versuchen, hält die Shell den Job an und gibt Folgendes aus:

```
[2]+  Stopped              Kommandozeile hier
```

Sie können den Job nun wieder aufnehmen (mit fg) und fortfahren.

fg

`fg [%jobnummer]`

Der eingebaute fg-Befehl bringt einen angehaltenen oder im Hintergrund laufenden Job wieder in den Vordergrund. Ohne Argumente wählt er einen Job aus, und zwar üblicherweise den zuletzt angehaltenen oder in den Hintergrund verschobenen. Um einen bestimmten Job festzulegen (wie vom jobs-Befehl gezeigt), geben Sie die Jobnummer an, der Sie ein Prozentzeichen voranstellen:

```
→ fg %2
```

Mehrere Shells auf einmal laufen lassen

Mit der Jobkontrolle können Sie mehrere Befehle gleichzeitig nutzen, aber es kann immer nur einer im Vordergrund laufen. Sie können sogar mehrere Shells auf einmal laufen lassen, die jede einen Befehl im Vordergrund und eine beliebige Zahl von Befehlen im Hintergrund ausführt.

Läuft auf Ihrem Linux-Computer ein Fenstersystem wie KDE oder GNOME, können Sie problemlos mehrere Shells parallel laufen lassen, indem Sie einfach mehrere Shell-Fenster öffnen (siehe »Eine Shell ausführen« auf Seite 20). Zudem können manche Shell-Fenster-Programme, wie zum Beispiel konsole bei der KDE, mehrere Tabs in einem Fenster öffnen, in denen jeweils eine Shell läuft.

Auch ohne eine grafische Benutzeroberfläche – zum Beispiel über eine SSH-Verbindung – können Sie mehrere Shells gleichzeitig einsetzen. Das Programm screen nutzt ein normales ASCII-Terminal, um mehrere Fenster zu simulieren, in denen jeweils eine Shell läuft. Mit bestimmten Tastenkombinationen können Sie zwischen diesen Fenstern wechseln. (Ein ähnliches Programm ist tmux.) Um eine Session mit screen zu starten, verwenden Sie einfach:

```
→ screen
```

Sie bekommen eventuell ein paar einleitende Nachrichten zu sehen, dann sollte Ihr normaler Shell-Prompt erscheinen. Es sieht aus, als sei nichts passiert, aber es läuft nun eine neue Shell innerhalb eines virtuellen »Fensters«. Das screen-Programm bietet zehn solcher Fenster an, die mit 0 bis 9 bezeichnet sind.

Geben Sie einen einfachen Befehl wie ls ein und drücken Sie dann ^A^C (Strg-A, Strg-C) Der Bildschirm wird sich leeren und Ihnen einen neuen Shell-Prompt präsentieren. Sie befinden sich jetzt in einem zweiten, unabhängigen »Fenster«. Führen Sie einen anderen Befehl aus (zum Beispiel df) und drücken Sie dann ^A^A, um zum ersten Fenster zurückzukehren, in dem Sie wieder die Ausgabe von ls sehen. Mit einer weiteren Eingabe von ^A^A wechseln Sie erneut zum zweiten Fenster zurück. Die wichtigsten Tastenkürzel für screen sind hier aufgeführt (schauen Sie auch auf die Manpage oder drücken Sie ^A? für eine direkte Hilfe):

^A?	Hilfe: Zeigt alle Tastenkürzel an.
^A^C	Erzeugt ein Fenster.
^A0, ^A1 ... ^A9	Wechselt zu den Fenstern 0 bis 9.
^A'	Fragt nach einer Fensternummer (0 bis 9) und wechselt dann dorthin.
^A^N	Wechselt zum (numerisch) nächsten Fenster.
^A^P	Wechselt zum (numerisch) vorigen Fenster.
^A^A	Wechselt zum zuletzt am häufigsten genutzten Fenster (wechselt damit zwischen zwei Fenstern).
^A^W	Gilt alle Fenster aus.
^AN	Gibt die aktuelle Fensternummer aus (beachten Sie, dass es sich hier um ein großes N handelt).
^Aa	Schickt ein echtes ^A an Ihre Shell, das von screen ignoriert wird. In bash bewegt ^A normalerweise den Cursor an den Anfang der Befehlszeile. (Beachten Sie, dass das zweite a kleingeschrieben ist.)
^D	Beendet die aktuelle Shell. Das ist das normale »End of File«-Tastenkürzel, das in »Eine Shell beenden« auf Seite 52 beschrieben ist und eine jede Shell schließt.
^A\	Schließt alle Fenster und beendet screen.

Nutzen Sie einen Texteditor in einem screen-Fenster, sollten Sie darauf achten, dass screen all Ihre ^A-Tastendrücke abfängt, auch wenn sie eigentlich zum Bearbeiten gedacht sind. Schicken Sie daher ein ^Aa, um Ihrer Anwendung ein ^A zukommen zu lassen.

Einen laufenden Befehl beenden

Falls Sie von der Shell, die im Vordergrund läuft, einen Befehl gestartet haben, den Sie auf der Stelle beenden wollen, tippen Sie ^C. Die Shell erkennt die Bedeutung von ^C als: »Terminiere sofort den aktuellen Vordergrundbefehl.« Falls Sie also eine sehr lange

Datei anzeigen (z. B. mit dem cat-Befehl) und sie das stoppen wollen, tippen Sie ^C:

```
→ cat grossedatei
Lorem ipsum dolor sit amet, consectetur adipiscing
odio. Praesent libero. Sed cursus ante dapibus diam.
quis sem at nibh elementum blah blah blah ^C
→
```

Um ein Programm zu beenden, das im Hintergrund läuft, können Sie es mit fg in den Vordergrund holen und dann ^C eingeben:

```
→ sleep 50 &
[1] 12752
→ jobs
[1]-  Running     sleep 50 &
→ fg %1
sleep 50
^C
→
```

Alternativ benutzen Sie den Befehl kill (siehe »Prozesse steuern« auf Seite 147).

Das Eintippen von ^C ist keine freundliche Methode, um ein Programm zu beenden. Sofern das Programm seine eigene Methode zum Beenden mitbringt, sollten Sie diese nach Möglichkeit nutzen; Näheres erfahren Sie im Kasten.

Das Beenden überleben

Das Beenden eines Vordergrundprogramms mit ^C könnte Ihre Shell in einen seltsamen Zustand versetzen, möglicherweise reagiert sie nicht oder zeigt nicht mehr das an, was Sie eintippen. Das liegt daran, dass das beendete Programm keine Möglichkeit hatte, hinter sich aufzuräumen. Falls das bei Ihnen passiert:

1. Drücken Sie ^J, um einen Shell-Prompt zu erhalten. Dies erzeugt dasselbe Zeichen wie die Enter-Taste (ein Newline), funktioniert aber auch dann, wenn Enter es nicht mehr tut.
2. Tippen Sie den Shell-Befehl reset ein (auch wenn die Buchstaben beim Tippen nicht angezeigt werden) und drücken Sie ^J erneut, um diesen Befehl auszuführen. Das sollte die Shell wieder in den Normalzustand zurückbringen.

`^C` funktioniert nur mit Shells. Es wird wahrscheinlich in einer Anwendung, die kein Shell-Fenster ist, keine Wirkung zeigen. Darüber hinaus sind manche Befehlszeilenprogramme so geschrieben, dass sie `^C` »abfangen« und ignorieren: Ein Beispiel dafür ist der Texteditor emacs.

Eine Shell beenden

Um eine Shell zu beenden, führen Sie entweder den `exit`-Befehl aus oder tippen `^D`.[8]

→ **`exit`**

Das Shell-Verhalten anpassen

Um alle Ihre Shells so zu konfigurieren, dass sie auf eine bestimmte Weise funktionieren, bearbeiten Sie die Dateien *.bash_profile* und *.bashrc* in Ihrem Home-Verzeichnis. Diese Dateien werden jedes Mal ausgeführt, wenn Sie sich anmelden (*~/.bash_profile*) oder eine Shell öffnen (*~/.bashrc*). Sie können Variablen und Aliase setzen, Programme ausführen, Ihr Horoskop ausgeben oder was auch immer.

Diese beiden Dateien sind Beispiele für **Shell-Skripte**: ausführbare Dateien, die Shell-Befehle enthalten. Wir behandeln diese Eigenschaft näher in »Mit Shell-Skripten programmieren« auf Seite 231.

Damit beschließen wir unseren Überblick über Linux und die Shell. Wir wenden uns nun den Linux-Befehlen zu und beschreiben die nützlichsten Befehle zum Arbeiten mit Dateien, Prozessen, Benutzern, Netzwerken, Multimedia und mehr.

8 Strg-D sendet ein »Dateiende«-Signal an jedes Programm, das von der Standardeingabe liest. In diesem Fall ist das Programm die Shell selbst, die sich dann beendet.

Grundlegende Dateioperationen

`ls`	Listet Dateien in einem Verzeichnis auf.
`cp`	Kopiert eine Datei.
`mv`	Benennt eine Datei um (»verschiebt« die Datei).
`rm`	Löscht (»entfernt«) eine Datei.
`ln`	Erzeugt Links (alternative Namen) für eine Datei.

Eines der ersten Dinge, die Sie auf einem Linux-System tun werden, ist das Manipulieren von Dateien: Kopieren, Umbenennen, Löschen usw.

ls

stdin **stdout** -datei **--opt** **--help** **--version**

`ls` [*optionen*] [*dateien*]

Der `ls`-Befehl listet die Attribute von Dateien und Verzeichnissen auf. Sie können die Dateien im aktuellen Verzeichnis auflisten:

```
→ ls
```

in bestimmten Verzeichnissen:

```
→ ls verz1 verz2 verz3
```

oder einzeln:

```
→ ls datei1 datei2 datei3
```

Die wichtigsten Optionen sind `-a`, `-l` und `-d`. Standardmäßig verbirgt `ls` Dateien, deren Namen mit einem Punkt beginnen, wie im Kasten »Punktdateien« auf Seite 35 erläutert wurde. Die Option `-a` zeigt alle Dateien an.

```
→ ls
meinedatei1   meinedatei2
→ ls -a
.verborgene_datei   meinedatei1   meinedatei2
```

Die Option `-l` erzeugt eine lange Liste:

```
→ ls -l meinedatei1
-rw-r--r--   1 smith users   149 Oct 28  2015 meinedatei1
```

Von links nach rechts enthält sie folgende Informationen: Dateiberechtigungen (`-rw-r--r--`), Anzahl der Hard Links (`1`), Besitzer (`smith`), Gruppe (`users`), Größe (`149` Byte), Datum der letzten Änderung (`Oct 28 2015`) und den Namen. Mehr Informationen über die Dateiberechtigungen finden Sie in »Schutz für Dateien« auf Seite 31.

Die Option `-d` listet Informationen über das Verzeichnis selbst auf, anstatt in das Verzeichnis herunterzusteigen, um die Liste mit dessen Dateien anzuzeigen.

```
→ ls -ld meinverz1
drwxr-xr-x   1 smith users   4096 Oct 29  2015 meinverz1
```

Nützliche Optionen

`-a`	Listet alle Dateien auf, auch die, deren Namen mit einem Punkt beginnen.
`-l`	Lange Liste, einschließlich der Dateiattribute. Fügen Sie die Option `-h` hinzu (von Menschen lesbar), um die Dateigrößen in Kilobyte, Megabyte und Gigabyte auszugeben anstatt in Byte.
`-G`	Lange Liste, aber ohne Gruppenangabe.
`-F`	Verziert bestimmte Dateinamen mit bedeutungsvollen Symbolen, die deren Typ anzeigen. Hängt »/« an Verzeichnisse, »*« an ausführbare Dateien, »@« an symbolische Links, »|« an benannte Pipes und »=« an Sockets an. Diese Indikatoren sind rein informativ und nicht Teil der Dateinamen!
`-S`	Sortiert die Dateien anhand ihrer Größe.
`-t`	Sortiert die Dateien anhand ihres letzten Bearbeitungszeitpunkts.
`-r`	Dreht die Sortierreihenfolge um.
`-R`	Listet beim Auflisten eines Verzeichnisses dessen Inhalt rekursiv auf.
`-d`	Beim Auflisten eines Verzeichnisses wird nicht dessen Inhalt, sondern nur das Verzeichnis selbst angeführt.

cp

stdin stdout -datei **--opt** **--help** **--version**

`cp [optionen] dateien (datei | verzeichnis)`

Der cp-Befehl kopiert normalerweise eine Datei:

→ **cp einedatei anderedatei**

oder er kopiert mehrere Dateien in ein Verzeichnis:

→ **cp datei1 datei2 datei3 datei4** *zielverzeichnis*

Mithilfe der Optionen -a oder -r können Sie Verzeichnisse auch rekursiv kopieren.

Nützliche Optionen

-p
: Kopiert nicht nur den Dateiinhalt, sondern auch die Dateiberechtigungen, Zeitstempel und, falls Sie die passenden Rechte dazu haben, ihren Eigentümer und die Gruppe. (Normalerweise gehören die Kopien Ihnen, haben den Zeitstempel der aktuellen Zeit, und die Berechtigungen werden gesetzt, indem Ihr umask auf die ursprünglichen Berechtigungen angewandt wird.)

-a
: Kopiert eine Verzeichnishierarchie rekursiv, wobei alle Dateiattribute und -links beibehalten werden.

-r
: Kopiert eine Verzeichnishierarchie rekursiv. Diese Option behält die Attribute der Dateien, wie Berechtigungen und Zeitstempel, nicht bei. Symbolische Links dagegen werden bewahrt.

-i
: Interaktiver Modus. Fragt, bevor Zieldateien überschrieben werden.

-f
: Erzwingt die Kopie. Falls eine Zieldatei existiert, wird diese bedingungslos überschrieben.

mv

stdin stdout -datei **--opt** **--help** **--version**

`mv [optionen] quelle ziel`

Der mv-Befehl (move) kann eine Datei umbenennen:

→ **mv einedatei anderedatei**

oder Dateien und Verzeichnisse in ein Zielverzeichnis verschieben:

→ **mv datei1 datei2 verz3 verz4** *zielverzeichnis*

Nützliche Optionen

`-i`	Interaktiver Modus. Fragt vor dem Überschreiben der Zieldateien.
`-f`	Erzwingt das Verschieben. Falls eine Zieldatei existiert, wird diese bedingungslos überschrieben.

---

rm

stdin stdout -datei **--opt** **--help** **--version**

`rm` [*optionen*] *dateien* | *verzeichnisse*

Der rm-Befehl (remove) kann Dateien löschen:

→ **`rm datei1 datei2 datei3`**

oder rekursiv Verzeichnisse löschen:

→ **`rm -r verz1 verz2`**

Nützliche Optionen

`-i`	Interaktiver Modus. Fragt vor dem Löschen der einzelnen Dateien.
`-f`	Erzwingt das Löschen, ignoriert dabei alle Fehler- und Warnmeldungen.
`-r`	Entfernt rekursiv ein Verzeichnis und seinen Inhalt. Benutzen Sie das mit Vorsicht, vor allem in Kombination mit der Option `-f`, da dies alle Ihre Dateien löschen könnte.

---

ln

stdin stdout -datei **--opt** **--help** **--version**

`ln` [*optionen*] *quelle ziel*

Ein **Link** ist eine Referenz auf eine andere Datei, die durch den Befehl `ln` erzeugt wurde. Links geben derselben Datei mehrere Namen, wodurch es ihr möglich wird, an zwei (oder mehr) Orten gleichzeitig zu existieren.

Es gibt zwei Arten von Links. Ein **symbolischer Link** (auch **Symlink** oder **Softlink**) verweist anhand seines Pfads auf eine andere Datei, fast wie ein Windows- oder Mac OS X-Alias. Um einen symbolischen Link anzulegen, nutzen Sie die Option `-s`:

→ **`ln -s meinedatei meinsoftlink`**

Wenn Sie die Originaldatei löschen, wird der nun frei herumhängende Link ungültig, da er auf einen nicht mehr existierenden Dateipfad verweist. Ein **harter Link** dagegen ist einfach ein zweiter Name für eine physische Datei auf einer Festplatte (technisch ausgedrückt, verweist er auf denselben **Inode**). Der Link funktioniert auch dann noch, wenn Sie die Originaldatei löschen. Abbildung 5 verdeutlicht den Unterschied. Um einen harten Link anzulegen, tippen Sie:

→ **`ln meinedatei meinharterlink`**

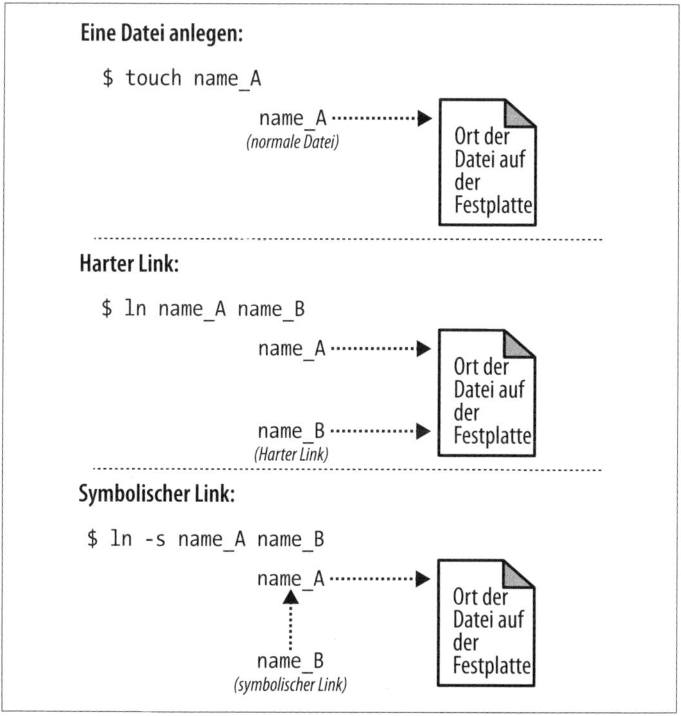

Abbildung 5: Eine Gegenüberstellung der harten und der symbolischen Links

Symbolische Links können auf Dateien auf anderen Festplattenpartitionen verweisen, da es sich bei ihnen nur um Referenzen auf Dateipfade handelt; harte Links dagegen können das nicht, da ein Inode auf einer Festplatte auf einer anderen Festplatte keine Bedeutung hat. Symbolische Links können auch auf Verzeichnisse verweisen, harte Links wiederum nicht – es sei denn, Sie sind der Administrator und benutzen die Option `-d`.

Nützliche Optionen

`-s`	Erzeugt einen symbolischen Link statt eines harten Links.
`-i`	Interaktiver Modus. Fragt vor dem Überschreiben von Zieldateien.
`-f`	Erzwingt den Link. Falls eine Zieldatei existiert, wird diese bedingungslos überschrieben.
`-d`	Erzeugt einen harten Link auf ein Verzeichnis (nur für Administratoren).

Um herauszufinden, wohin ein symbolischer Link zeigt, führen Sie einen der folgenden Befehle aus (mit denen Sie sehen, dass der Link *beispiellink* auf die Datei *meinedatei* verweist):

```
→ readlink beispiellink
meinedatei
→ ls -l beispiellink
lrwxrwxrwx 1 smith  … beispiellink -> meinedatei
```

Symbolische Links können auf andere symbolische Links verweisen. Um der ganzen Linkkette bis zu ihrem Ende zu folgen, verwenden Sie `readlink -f`.

Verzeichnisoperationen

`cd`	Wechselt das aktuelle Verzeichnis (also den Ort, an dem Sie sich gerade im Dateisystem befinden).
`pwd`	Gibt den Namen Ihres aktuellen Verzeichnisses aus.
`basename`	Gibt den letzten Teil eines Dateipfads aus.
`dirname`	Gibt einen Dateipfad ohne seinen letzten Teil aus.
`mkdir`	Legt ein Verzeichnis an.

rmdir	Löscht ein leeres Verzeichnis.
rm -r	Löscht ein nicht leeres Verzeichnis und dessen Inhalt.

Wir haben die Verzeichnisstruktur von Linux in »Das Dateisystem« auf Seite 23 besprochen. Jetzt behandeln wir Befehle, mit denen Sie Verzeichnisse innerhalb dieser Struktur anlegen, verändern, löschen und manipulieren.

cd

stdin stdout -datei --opt --help --version

cd [*verzeichnis*]

Der Befehl cd (change directory) stellt Ihr aktuelles Arbeitsverzeichnis ein:

```
→ cd /usr/games
```

Wird kein Verzeichnis angegeben, geht cd standardmäßig in Ihr Home-Verzeichnis:

```
→ cd
```

pwd

stdin **stdout** -datei --opt --help --version

pwd

Der Befehl pwd gibt den absoluten Pfad Ihres aktuellen Arbeitsverzeichnisses aus:

```
→ pwd
/users/smith/linuxpocketguide
```

basename

stdin **stdout** -datei --opt **--help** **--version**

basename *pfad* [*erweiterung*]

Der Befehl basename gibt die letzte Komponente in einem Dateipfad aus:

```
→ basename /users/smith/finances/money.txt
money.txt
```

Wenn Sie eine zusätzliche Erweiterung angeben, wird diese vom Ergebnis abgetrennt:

```
→ basename /users/smith/finances/money.txt .txt
money
```

dirname

stdin **stdout** -datei --opt **--help** **--version**

`dirname` *`pfad`*

Der Befehl `dirname` gibt einen Dateipfad an, von dem seine letzte Komponente entfernt wurde:

```
→ dirname /users/smith/mydir
/users/smith
```

`dirname` ändert nicht das aktuelle Arbeitsverzeichnis. Der Befehl manipuliert einfach einen String, genau wie `basename`, und gibt ihn aus.

mkdir

stdin stdout -datei **--opt** **--help** **--version**

`mkdir [`*`optionen`*`]` *`verzeichnisse`*

`mkdir` legt ein oder mehrere Verzeichnisse an:

```
→ mkdir verzeichnis1 verzeichnis2 verzeichnis3
```

Nützliche Optionen

`-p`
: Wird ein Verzeichnispfad angegeben (nicht nur ein einfacher Verzeichnisname), werden automatisch die notwendigen übergeordneten Verzeichnisse erzeugt. Der Befehl

```
→ mkdir -p eins/zwei/drei
```

erzeugt *eins*, *eins/zwei* und *eins/zwei/drei*, falls diese noch nicht existieren.

`-m` *`modus`*
: Erzeugt das Verzeichnis mit den angegebenen Berechtigungen:

```
→ mkdir -m 0755 meinverz
```

Standardmäßig steuert das `umask` Ihrer Shell die Berechtigungen (siehe den `chmod`-Befehl in »Dateieigenschaften« auf Seite 74 und »Schutz für Dateien« auf Seite 31).

rmdir

stdin stdout -datei --opt --help --version

```
rmdir [optionen] verzeichnisse
```

Der Befehl `rmdir` (remove directory) löscht ein oder mehrere leere Verzeichnisse, deren Namen Sie angegeben haben:

```
→ mkdir /tmp/junk      Verzeichnis anlegen
→ rmdir /tmp/junk
```

Nützliche Optionen

`-p` Wenn Sie einen Verzeichnispfad angeben (nicht lediglich einen einfachen Verzeichnisnamen), wird nicht nur das angegebene Verzeichnis gelöscht, sondern automatisch auch die übergeordneten Verzeichnisse, die aber alle leer sein müssen. `rmdir -p eins/zwei/drei` löscht also nicht nur *eins/zwei/drei*, sondern auch *eins/zwei* und *eins*.

Um ein nicht leeres Verzeichnis und dessen Inhalt zu löschen, benutzen Sie (vorsichtig!) `rm -r` *`verzeichnis`*. Nehmen Sie `rm -ri`, um interaktiv zu löschen, oder `rm -rf`, um ohne Fehlermeldungen oder Bestätigung alles auszulöschen.

Dateien betrachten

`cat`	Dateien komplett anschauen.
`less`	Textdateien seitenweise anschauen.
`nl`	Textdateien mit nummerierten Zeilen anschauen.
`head`	Die ersten Zeilen einer Textdatei anschauen.
`tail`	Die letzten Zeilen einer Textdatei anschauen.
`strings`	Text anzeigen, der in eine Binärdatei eingebettet ist.
`od`	Daten im Oktalformat (oder anderen Formaten) anschauen.

In Linux gibt es Dateien, die normalen Text enthalten, aber auch solche mit Binärdaten, die Sie gern lesbar betrachten möchten. Hier werden wir vorstellen, wie Sie sie so einfach wie möglich darstellen können.

cat **stdin stdout -datei --opt --help --version**

`cat [optionen] [dateien]`

Der einfachste Betrachter ist `cat`, der seine Dateien auf der Standardausgabe ausgibt, indem er sie aneinanderhängt. Große Dateien rollen wahrscheinlich über den Bildschirm. Sie sollten daher am besten `less` benutzen, wenn Sie vorhaben, die Ausgabe zu lesen. `cat` eignet sich deshalb besonders gut, um eine Menge von Dateien in eine Shell-Pipeline zu senden:

```
→ cat meinedatei* | wc
```

`cat` kann seine Ausgabe in geringem Maße manipulieren, optional auch nicht druckbare Zeichen anzeigen, Zeilennummern voranstellen (obwohl `nl` sich dafür besser eignet) und Whitespace eliminieren.

Nützliche Optionen

`-T`	Druckt Tabs als ^I.
`-E`	Druckt Newlines als $.
`-v`	Druckt andere nicht druckbare Zeichen in einem für Menschen lesbaren Format.
`-n`	Stellt jeder Zeile eine Zeilennummer voran.
`-b`	Stellt nicht leeren Zeilen eine Zeilennummer voran.
`-s`	Setzt jede Folge von Leerzeilen in eine einzelne Leerzeile.

less **stdin stdout[9] -datei --opt --help --version**

`less [optionen] [dateien]`

Nutzen Sie `less`, um einen Text »seitenweise« anzuschauen (d. h. immer ein Fenster oder einen Bildschirm voll).

9 Technisch gesehen, kann man `less` zwar in die Mitte einer Pipeline stecken oder seine Ausgabe in eine Datei umleiten, das ergibt aber wenig Sinn.

→ **less meinedatei**

Das ist hervorragend geeignet für Textdateien oder als letzter Befehl in einer Shell-Pipeline mit einer längeren Ausgabe.

→ ***befehl1* | *befehl2* | *befehl3* | *befehl4* | less**

Wenn Sie less ausführen, tippen Sie h, um eine Hilfenachricht zu erhalten, in der all seine Eigenschaften beschrieben werden. Hier sind einige nützliche Tastenkürzel, um durch die Dateien zu blättern:

Tastenkürzel	Bedeutung
h, H	Anzeigen einer Hilfeseite.
Leertaste, f, ^V, ^F	Einen Bildschirm nach vorn bewegen.
Enter	Eine Zeile nach vorn bewegen.
b, ^B, ESC-b	Einen Bildschirm rückwärts bewegen.
/	Suchmodus starten. Geben Sie hinterher einen regulären Ausdruck an und drücken Sie Enter. less sucht nach der ersten passenden Zeile.
?	Wie /, allerdings wird rückwärts in der Datei gesucht.
n	Nächster Treffer: Wiederholt die neueste Suche vorwärts.
N	Wiederholt die neueste Suche rückwärts.
v	Bearbeitet die aktuelle Datei mit Ihrem Standardtexteditor. (Das ist der Wert der Umgebungsvariablen VISUAL oder, falls nicht definiert, EDITOR oder, falls nicht definiert, vi.)
<, g	Springt an den Anfang der Datei.
>, G	Springt an das Ende der Datei.
:n	Springt zur nächsten Datei.
:p	Springt zur vorherigen Datei.

less besitzt eine unwahrscheinlich große Zahl an Funktionen, wir stellen hier nur die gebräuchlichsten vor. (Zum Beispiel zeigt less den Inhalt einer komprimierten Zip-Datei an: Probieren Sie less meinedatei.zip.) Sie sollten auf jeden Fall die Manpage lesen.

Nützliche Optionen

`-c`	Löscht den Bildschirm vor dem Anzeigen der nächsten Seite. Das vermeidet Scrollen und ist vermutlich angenehmer für die Augen.
`-m`	Zeigt einen ausführlicheren Prompt an, der angibt, wie viel Prozent der Datei bisher dargestellt wurden.
`-N`	Zeigt Zeilennummern an.
`-r`	Zeigt Steuerzeichen als solche an; normalerweise konvertiert `less` sie in ein für Menschen lesbares Format.
`-s`	Setzt mehrere aufeinanderfolgende leere Zeilen in eine einzige leere Zeile.
`-S`	Schneidet lange Zeilen auf Bildschirmbreite ab, anstatt sie zu umbrechen.

---

nl

stdin stdout -datei --opt --help --version

`nl` [*optionen*] [*dateien*]

`nl` kopiert seine Dateien auf die Standardausgabe und stellt dabei Zeilennummern voran.

```
→ nl meinedatei
     1  Es war einmal vor langer, langer Zeit
     2  ein kleines Betriebssystem namens
     3  Linux, das jedermann lieb hatte.
```

Das ist flexibler als cat mit seinen Optionen `-n` und `-b`, weil es eine deutlich größere Kontrolle über die Nummerierung bietet.

Nützliche Optionen

`-b [a|t|n|p`*R*`]`	Stellt allen Zeilen (`a`), nicht leeren Zeilen (`t`), keinen Zeilen (`n`) oder Zeilen, die den regulären Ausdruck *R* enthalten, Zeilennummern voran. (Standard =`a`)
`-v` *N*	Beginnt die Nummerierung mit dem Integerwert *N*. (Standard = 1)
`-i` *N*	Erhöht die Nummer pro Zeile um *N*, sodass Sie z. B. nur ungerade (`-i2`) oder nur gerade Zahlen benutzen könnten (`-v2 -i2`). (Standard = 1)
`-n [ln|rn|rz]`	Formatiert die Nummern linksbündig (`ln`), rechtsbündig (`rn`) oder rechtsbündig mit führenden Nullen (`rz`). (Standard = `ln`)

`-w` *N*	Erzwingt eine Breite der Nummer von *N* Spalten. (Standard = 6)
`-s` *S*	Fügt den String *S* zwischen die Zeilennummer und den Text ein. (Standard = TAB)

head

stdin stdout -datei --opt --help --version

head [*optionen*] [*dateien*]

Der Befehl head zeigt die ersten zehn Zeilen einer Datei an: hervorragend für eine Vorschau auf den Inhalt.

→ **head meinedatei**
→ **head meinedatei* | less** *Vorschau auf alle Dateien im aktuellen Verzeichnis*

Der Befehl eignet sich auch gut als Vorschau auf die ersten Zeilen einer Pipeline-Ausgabe – zum Beispiel die zehn zuletzt veränderten Dateien im aktuellen Verzeichnis:

→ **ls -lta | head**

Nützliche Optionen

`-n` *N*	Gibt die ersten *N* Zeilen anstelle der ersten zehn Zeilen aus.
`-`*N*	Wie `-n` *N*.
`-c` *N*	Gibt die ersten *N* Bytes der Datei aus.
`-q`	Stillschweigend (quiet): Beim Verarbeiten von mehr als einer Datei wird über den einzelnen Dateien kein Banner angezeigt. Normalerweise zeigt head ein Banner mit dem Dateinamen an.

tail

stdin stdout -datei --opt --help --version

tail [*optionen*] [*dateien*]

Der Befehl tail gibt die letzten zehn Zeilen einer Datei aus und beherrscht auch andere Tricks.

→ **tail meinedatei**
→ **nl meinedatei | tail** *Zeilennummern mit ausgeben*

Die supernützliche Option `-f` veranlasst`tail`, eine Datei aktiv zu überwachen, während ein anderes Programm in sie hineinschreibt, wobei neue Zeilen erscheinen, wenn sie in die Datei geschrieben werden. Das ist unglaublich wichtig, wenn man Logdateien im aktiven Dienst beobachtet:

```
→ tail -f /var/log/syslog
```

Nützliche Optionen

`-n` *N*	Gibt die letzten *N* Zeilen anstelle der letzten zehn Zeilen der Datei aus.
`-`*N*	Wie `-n` *N*.
`-n +`*N*	Gibt alle Zeilen aus bis auf die ersten *N*.
`-c` *N*	Gibt die letzten *N* Bytes der Datei aus.
`-f`	Hält die Datei offen und gibt Zeilen aus, die an die Datei angehängt werden. Das ist außerordentlich nützlich. Fügen Sie die Option `--retry` hinzu, falls die Datei noch nicht existiert, Sie aber darauf warten wollen, bis sie existiert.
`-q`	Stillschweigend (quiet): Wenn mehr als eine Datei verarbeitet wird, wird kein Banner über den einzelnen Dateien angezeigt. Normalerweise gibt `tail` ein Banner mit dem Dateinamen aus.

strings

stdin **stdout** -datei **--opt** **--help** **--version**

`strings` [*optionen*] [*dateien*]

Binärdateien, wie ausführbare Programme und Objektdateien, enthalten normalerweise ein bisschen lesbaren Text. Das Programm `strings` extrahiert diesen Text und zeigt ihn auf der Standardausgabe an. Sie können mit `strings` Versionsinformationen, Autorennamen und andere nützliche Informationen finden.

```
→ strings /usr/bin/who
David MacKenzie
Copyright %s %d Free Software Foundation, Inc.
Report %s bugs to %s
...
```

Kombinieren Sie `strings` und grep, um Ihre Erkundungen effizienter zu machen. Hier suchen wir nach E-Mail-Adressen:

```
→ strings -n 10 /usr/bin/who | grep '@'
bug-coreutils@gnu.org
```

Nützliche Optionen

-n *länge*	Zeigt nur Strings an, die länger sind als *länge*. (Standard ist 4)

od

stdin stdout -datei --opt --help --version

od [*optionen*] [*dateien*]

Wenn Sie eine Binärdatei betrachten wollen, sollten Sie od (octal dump) dafür in Betracht ziehen. Es kopiert eine oder mehrere Dateien auf die Standardausgabe, wobei es deren Daten in ASCII, oktal, dezimal, hexadezimal oder Fließkomma in verschiedenen Größen (Byte, Short, Long) anzeigt. So zeigt z. B. der Befehl

```
→ od -w8 /usr/bin/who
0000000 042577 043114 000401 000001
0000010 000000 000000 000000 000000
0000020 000002 000003 000001 000000
...
```

die Bytes in der Binärdatei */usr/bin/who* im Oktalformat an, und zwar acht Bytes pro Zeile. Die Spalte ganz links enthält den Datei-Offset jeder Zeile, hier wieder im Oktalformat.

Falls Ihre Binärdatei auch Text enthält, sollten Sie die Option -tc benutzen, die Zeichendaten darstellt. Zum Beispiel enthalten ausführbare Binärdateien wie who am Anfang den String »ELF«:

```
→ od -tc -w8 /usr/bin/who | head -3
0000000 177   E   L   F 001 001 001  \0
0000010  \0  \0  \0  \0  \0  \0  \0  \0
0000020 002  \0 003  \0 001  \0  \0  \0
```

Nützliche Optionen

-N *B*	Zeigt nur die ersten *B* Bytes jeder Datei an, und zwar dezimal, hexadezimal (indem 0x oder 0X vorangestellt wird), in 512-Byte-Blöcken (indem b angehängt wird), in Kilobyte (indem k angehängt wird) oder in Megabyte (indem m angehängt wird). Standardmäßig wird die gesamte Datei angezeigt.

`-j` *B*	Beginnt die Ausgabe bei Byte *B* +1 jeder Datei; akzeptable Formate sind identisch mit der Option `-N`. (Standard = 0)
`-w [` *B* `]`	Zeigt *B* Bytes pro Zeile an; akzeptable Formate sind identisch mit der Option `-N`. Nutzt man `-w` für sich allein, ist das äquivalent zu `-w32`. (Standard = 16)
`-s [` *B* `]`	Gruppiert alle Byte-Zeilen in Folgen aus *B* Bytes, getrennt durch Whitespace; akzeptable Formate sind identisch mit der Option `-N`. Nutzt man `-s` für sich allein, ist das äquivalent zu `-s3`. (Standard = 2)
`-A (d|o|x|n)`	Zeigt Datei-Offsets in der ganz linken Spalte an, und zwar dezimal (`d`), oktal (`o`), hexadezimal (`x`) oder gar nicht (`n`). (Standard = `o`)
`-t (a|c)[z]`	Zeigt die Ausgabe in einem Zeichenformat an, wobei nicht alphanumerische Zeichen als Escape-Folgen (`a`) oder nach dem Namen (`c`) dargestellt werden.
`-t (d|o|u|x)[z]`	Zeigt die Ausgabe in einem Integerformat an, einschließlich oktal (`o`), vorzeichenbehaftet dezimal (`d`), nicht vorzeichenbehaftet dezimal (`u`), hexadezimal (`x`).

Wird z an die Option `-t` angehängt, erscheint auf der rechten Seite der Ausgabe eine neue Spalte, die die druckbaren Zeichen auf jeder Zeile anzeigt.

Dateierzeugung und -bearbeitung

Befehl	Bedeutung
`nano`	Ein einfacher Texteditor, der standardmäßig in vielen Linux-Distributionen mitgeliefert wird.
`emacs`	Texteditor von der Free Software Foundation.
`vim`	Texteditor, Erweiterung des Unix-`vi`.

Um mit Linux etwas zu erreichen, müssen Sie sich mit einem seiner Texteditoren vertraut machen. Die drei wichtigsten sind nano, emacs von der Free Software Foundation und vim, ein Nachfolger des Unix-Editors vi. Es würde den Rahmen dieses Buchs sprengen, diese beiden Texteditoren zu näher zu erläutern, sie besitzen jedoch alle Online-Tutorials; gebräuchliche Operationen listen wir außerdem in Tabelle 1 auf. Um eine Datei zu bearbeiten, führen Sie einen dieser Befehle aus:

```
→ nano meinedatei
→ emacs meinedatei
→ vim meinedatei
```

Sollte *meinedatei* noch nicht existieren, wird sie automatisch erzeugt.

Wenn Sie Dateien mit Microsoft Windows-Systemen austauschen, bietet Linux sehr gute Programme, um Microsoft Office-Dokumente zu bearbeiten: LibreOffice (alle Dokumente), abiword (nur Word) und gnumeric (nur Excel). Diese finden sich vermutlich schon in Ihrer Distribution, ansonsten hilft eine schnelle Suche im Internet.

Schnell eine Datei erzeugen

Sie können mit dem touch-Befehl

```
→ touch neuedatei
```

oder dem echo -n-Befehl (siehe »Dateieigenschaften« auf Seite 74) schnell eine leere Datei erzeugen (für eine spätere Bearbeitung):[10]

```
→ echo -n > neuedatei2
```

Oder Sie schreiben Daten in eine neue Datei, indem Sie die Ausgabe eines Programms in sie umleiten (siehe »Eingabe-/Ausgabeumleitung« auf Seite 40):

```
→ echo irgendetwas > neuedatei3
```

Ihr Standardeditor

Wenn es notwendig ist, führen verschiedene Linux-Programme einen Editor aus. Normalerweise ist der Standardeditor nano oder vim. So könnte z. B. Ihr E-Mail-Programm einen Editor aufrufen, um eine neue Nachricht aufzusetzen. Der Befehl less ruft einen Editor auf, wenn Sie »v« tippen. Was tun Sie jedoch, wenn Sie einen

10 Die Option -n verhindert, dass ein Newline-Zeichen in die Datei geschrieben wird, sodass sie wirklich leer ist.

anderen Standardeditor bevorzugen? Setzen Sie z. B. die Umgebungsvariablen VISUAL und EDITOR entsprechend Ihren Wünschen:

```
→ EDITOR=emacs
→ VISUAL=emacs
→ export EDITOR VISUAL
```

Es sind beide Variablen nötig, weil unterschiedliche Programme die eine oder die andere Variable prüfen. Setzen Sie EDITOR und VISUAL in Ihrer *~/.bash_profile*-Startdatei, falls Ihre Wahl von Dauer sein soll. Sie können jedes Programm zu Ihrem Standardeditor machen, solange es einen Dateinamen als Argument akzeptiert.

Ungeachtet der Frage, wie Sie diese Variablen einstellen, sollten alle Systemadministratoren zumindest grundlegende vim- und emacs-Befehle kennen, falls ein Systemwerkzeug plötzlich einen Editor auf einer wichtigen Datei ausführt.

nano

stdin stdout **-datei** **--opt** **--help** **--version**

nano [*optionen*] [*dateien*]

nano ist ein Texteditor mit eher grundlegenden Features. Er findet sich standardmäßig in vielen Linux-Distributionen, was bei mächtigeren Editoren wie emacs und vim nicht immer der Fall ist. Um nano aufzurufen, geben Sie Folgendes ein:

```
→ nano
```

nano wird im Allgemeinen darüber gesteuert, dass man die Strg-Taste gedrückt hält und dann einen Buchstaben eingibt, zum Beispiel ^o zum Sichern und ^x zum Beenden. Netterweise zeigt nano die gebräuchlichsten Befehle unten im Bearbeitungsfenster an, allerdings ist das Vokabular leider etwas ungewöhnlich. (So nutzt nano zum Beispiel den Begriff *WriteOut* statt *Save File*). Für andere Befehle wird die *Meta-Taste* benötigt, bei der es sich im Allgemeinen um die Esc- oder Alt-Taste handelt. In der Dokumentation zu nano wird als Meta-Taste M- genutzt (zum Beispiel bedeutet M-F, die Meta-Taste und dann F zu drücken), daher werden wir das ebenso machen. Die wichtigsten Tastenkürzel finden Sie in Tabelle 1. Mehr Dokumentation ist unter *http://nano-editor.org* abgelegt.

emacs

stdin stdout **-datei** **--opt** **--help** **--version**

`emacs [`*`optionen`*`] [`*`dateien`*`]`

emacs ist eine ausgesprochen leistungsstarke Bearbeitungsumgebung mit Tausenden von Befehlen sowie mit einer kompletten Programmiersprache, mit deren Hilfe Sie Ihre eigenen Bearbeitungsfunktionen definieren können. Um emacs in einem neuen X-Fenster aufzurufen, führen Sie folgenden Befehl aus:

→ **`emacs`**

Damit er in einem vorhandenen Shell-Fenster läuft:

→ **`emacs -nw`**

Um das eingebaute emacs-Tutorial aufzurufen, tippen Sie `^h t` ein.

Die meisten emacs-Tastenkürzel erfordern die Strg-Taste (Strg bedeutet übrigens »Steuerung« und nicht »String«) (wie `^F`) oder die Meta-Taste, bei der es sich hier normalerweise um die Esc-Taste oder um die Alt-Taste handelt. Die emacs-eigene Dokumentation bezeichnet die Meta-Taste als `M-` (sodass `M-F` bedeutet: Drücke die Meta-Taste und dann F.), daher werden wir das ebenfalls wieder so machen. Einfache Tastenkürzel finden Sie in Tabelle 1.

vim

stdin stdout **-datei** **--opt** **--help** **--version**

`vim [`*`optionen`*`] [`*`dateien`*`]`

vim ist eine erweiterte Version des alten Standard-Unix-Editors vi. Um den Editor in einem neuen X-Fenster aufzurufen, geben Sie ein:

→ **`gvim`**

Damit er in einem existierenden Shell-Fenster läuft:

→ **`vim`**

Und um das vim-Tutorial auszuführen, geben Sie ein:

→ **`vimtutor`**

vim ist ein modusbasierter Editor. Er arbeitet normalerweise in zwei Modi, *insert* und *command*, und Sie müssen bei der Arbeit mit ihm zwischen diesen wechseln. Der Einfügemodus dient dem Eingeben von Text auf die übliche Weise, während der Befehlsmodus für das Löschen von Text, das Kopieren und Einfügen und für andere Operationen zuständig ist. Grundlegende Tastenkürzel im Befehlsmodus finden Sie in Tabelle 1.

Tabelle 1: Grundlegende Tastenkürzel in Texteditoren

Aufgabe	**emacs**	**nano**	**vim**
Text eintippen	Einfach lostippen.	Einfach lostippen.	Falls nötig, wechseln Sie durch Tippen von `i` in den Einfügemodus, dann tippen Sie los.
Speichern und beenden	`^x^s`, dann `^x^c`	`^o`, dann `^x`	`:wq`
Beenden, ohne zu speichern	`^x^c` Antworten Sie mit »no«, wenn Sie gefragt werden, ob die Puffer gespeichert werden sollen.	`^x` Antworten Sie mit »no«, wenn Sie gefragt werden, ob gespeichert werden soll.	`:q!`
Speichern	`^x^s`	`^o`	`:w`
Speichern als	`^x^w`	`^o`, dann einen Dateinamen eingeben.	`:w` *dateiname*
Widerrufen	`^/ or ^x u`	`M-u`	`u`
Editor anhalten (nicht in X)	`^z`	`^z`	`^z`
In den Einfügemodus wechseln	*(N/A)*	*(N/A)*	`i`
In den Befehlsmodus wechseln	*(N/A)*	*(N/A)*	`ESC`
In den Befehlszeilenmodus wechseln	`M-x`	*(N/A)*	`:`
Laufenden Befehl abbrechen	`^g`	`^c`	`ESC`

Tabelle 1: Grundlegende Tastenkürzel in Texteditoren (Fortsetzung)

Aufgabe	emacs	nano	vim
Vorwärts bewegen	`^f` oder Pfeil nach rechts	`^f` oder Pfeil nach rechts	`l` oder Pfeil nach rechts
Rückwärts bewegen	`^b` oder Pfeil nach links	`^b` oder Pfeil nach links	`h` oder Pfeil nach links
Nach oben bewegen	`^p` oder Pfeil nach oben	`^p` oder Pfeil nach oben	`k` oder Pfeil nach oben
Nach unten bewegen	`^n` oder Pfeil nach unten	`^n` oder Pfeil nach unten	`j` oder Pfeil nach unten
Zum nächsten Wort bewegen	`M-f`	`^ LEERTASTE`	`w`
Zum vorherigen Wort bewegen	`M-b`	`M-LEERTASTE`	`b`
Zum Anfang der Zeile bewegen	`^a`	`^a`	`0`
Ans Ende der Zeile bewegen	`^e`	`^e`	`$`
Einen Bildschirm nach unten bewegen	`^v`	`^v`	`^f`
Einen Bildschirm nach oben bewegen	`M-v`	`^y`	`^b`
An den Anfang des Dokuments bewegen	`M-<`	`M-\`	`gg`
An das Ende des Dokuments bewegen	`M->`	`M-/`	`G`
Das nächste Zeichen löschen	`^d`	`^d`	`x`
Das vorherige Zeichen löschen	`BACKSPACE`	`BACKSPACE`	`X`
Das nächste Wort löschen	`M-d`	*(N/A)*	`de`
Das vorherige Wort löschen	`M-BACKSPACE`	*(N/A)*	`db`
Die aktuelle Zeile löschen	`^a^k`	`^k`	`dd`
Bis zum Ende der Zeile löschen	`^k`	`...`	`D`

Tabelle 1: Grundlegende Tastenkürzel in Texteditoren (Fortsetzung)

Aufgabe	emacs	nano	vim
Region definieren (tippen Sie dieses Tastenkürzel ein, um den Anfang der Region festzulegen, und bewegen Sie dann den Cursor an das Ende der gewünschten Region)	`^ LEERTASTE`	`^^` (Strg-Caret)	`v`
Region ausschneiden	`^w`	`^k`	`d`
Region kopieren	`M-w`	`M-^`	`y`
Region einfügen	`^y`	`^u`	`p`
Hilfe holen	`^h`	`^g`	`:help`
Das Handbuch betrachten	`^h i`	`^g`	`:help`

Dateieigenschaften

`stat`	Zeigt Attribute von Dateien und Verzeichnissen an.
`wc`	Zählt Bytes, Wörter und Zeilen in einer Datei.
`du`	Misst den Platzverbrauch auf der Festplatte von Dateien und Verzeichnissen.
`file`	Identifiziert (rät) die Art einer Datei.
`touch`	Ändert die Zeitstempel von Dateien und Verzeichnissen.
`chown`	Ändert den Eigentümer von Dateien und Verzeichnissen.
`chgrp`	Ändert den Gruppeneigentümer von Dateien und Verzeichnissen.
`chmod`	Ändert die Zugangsberechtigungen von Dateien und Verzeichnissen.
`umask`	Setzt einen Standardmodus für neue Dateien und Verzeichnisse.
`chattr`	Ändert die erweiterten Attribute von Dateien und Verzeichnissen.
`lsattr`	Listet die erweiterten Attribute von Dateien und Verzeichnissen auf.

Bedenken Sie beim Untersuchen einer Linux-Datei, dass der Inhalt nur die halbe Wahrheit ist. Alle Dateien und Verzeichnisse besitzen außerdem Attribute, die deren Eigentümer, Größe, Zugriffsberechtigungen und andere Informationen enthalten. Der Befehl `ls -l` (siehe »Grundlegende Dateioperationen« auf Seite 53) zeigt einige dieser Attribute an, andere Befehle jedoch liefern zusätzliche Informationen.

---

stat stdin **stdout** -datei **--opt** **--help** **--version**

`stat [optionen] dateien`

Der stat-Befehl listet wichtige Attribute von Dateien (Standard) oder Dateisystemen (Option -f) auf. Dateiinformationen sehen so aus:

```
→ stat meinedatei
  File: 'meinedatei'
  Size: 1168            Blocks: 8
  IO Block: 4096  regular file
Device: 811h/2065d      Inode: 37224455    Links: 1
Access: (0644/-rw-r--r--)  Uid: ( 600/lisa)
  Gid: ( 620/users)
Access: 2015-11-07 11:15:14.766013415 -0500
Modify: 2015-11-07 11:15:14.722012802 -0500
Change: 2015-11-07 11:15:14.722012802 -0500
 Birth: -
```

Sie enthalten den Dateinamen, die Größe in Byte (1168), die Größe in Blöcken (8), den Dateityp (regular file), Rechte im Oktalformat (0644), Rechte im Format von ls -l (-rw-r--r--), die User-ID des Eigentümers (600), den Namen des Eigentümers (lisa), die Group-ID des Eigentümers (620), den Gruppennamen des Eigentümers (users), den Gerätetyp (811 hexadezimal, 2065 dezimal), die Inode-Nummer (37224455), die Anzahl der harten Links (1) und den Zeitstempel vom Zeitpunkt des letzten Zugriffs auf die Datei, der Modifikation und der Statusänderung. Dateisysteminformationen sehen so aus:

```
→ stat -f meinedatei
  File: "meinedatei"
    ID: f02ed2bb86590cc6 Namelen: 255
Type: ext2/ext3
Block size: 4096       Fundamental block size: 4096
Blocks: Total: 185788077  Free: 108262724
```

```
  Available: 98819461
Inodes: Total: 47202304   Free: 46442864
```

Sie enthalten den Dateinamen (*meinedatei*), die Dateisystem-ID (f02ed2bb86590cc6), die maximal zulässige Länge eines Dateinamens für dieses Dateisystem (255 Byte), den Dateisystemtyp (ext), die Blockgröße für das Dateisystem (4096), die Gesamtanzahl, die Anzahl aller, der freien und der verfügbaren Blöcke im Dateisystem (185788077, 108262724 bzw. 98819461) und die Gesamtanzahl sowie die Anzahl der freien Inodes (47202304 bzw. 46442864).

Die Option -t präsentiert die gleichen Daten, allerdings auf einer Zeile ohne Überschriften. Das ist praktisch für das Verarbeiten durch Shell-Skripte oder andere Programme:

```
→ stat -t meinedatei
meinedatei 1168 8 81a4 600 620 811 37224455 1 0 0
  1446912914 1446912914 1446912914 0 4096
→ stat -tf meinedatei
meinedatei f02ed2bb86590cc6 255 ef53 4096 4096
  185788077 108262715 98819452 47202304 46442864
```

Nützliche Optionen

- `-L` Folgt symbolischen Links und berichtet über die Datei, auf die sie verweisen.
- `-f` Berichtet über das Dateisystem, das die Datei enthält, nicht über die Datei selbst.
- `-t` Knapper Modus: Gibt Informationen auf einer einzigen Zeile aus.

wc

stdin stdout -datei --opt --help --version

wc [*optionen*] [*dateien*]

Das Programm wc- (word count) gibt die Anzahl der Bytes, Wörter und Zeilen in (hoffentlich) einer Textdatei aus.

```
→ wc meinedatei
  24      62      428 meinedatei
```

Diese Datei enthält 24 Zeilen, 62 durch Whitespace getrennte Wörter und 428 Bytes.

Nützliche Optionen

`-l`	Gibt nur die Zeilenanzahl aus.
`-w`	Gibt nur die Wörteranzahl aus.
`-c`	Gibt nur die Anzahl der Bytes (Zeichen) aus.
`-L`	Sucht in jeder Datei die längste Zeile und gibt ihre Länge in Byte aus.

du

stdin **stdout** -datei **--opt** **--help** **--version**

du [*optionen*] [*dateien*| *verzeichnisse*]

Der Befehl du (disk usage) misst den Festplattenplatz, der von Dateien oder Verzeichnissen belegt wird. Standardmäßig misst er das aktuelle Verzeichnis und all seine Unterverzeichnisse und gibt die Ergebnisse jeweils in Blöcken aus. Ganz unten steht dann das Gesamtergebnis.

```
→ du
36   ./Mail
340  ./Files/mine
40   ./Files/bob
416  ./Files
216  ./PC
2404 .
```

Er kann auch die Größe von Dateien messen:

```
→ du meinedatei leeredatei meinedatei2
4    meinedatei
0    leeredatei
16   meinedatei2
```

Nützliche Optionen

`-b`	Misst die Benutzung in Byte.
`-k`	Misst die Benutzung in Kilobyte.
`-m`	Misst die Benutzung in Megabyte.
`-B` *N*	Zeigt die Größen in Blöcken an, die Sie definieren, wobei 1 Block = *N* Bytes umfasst. (Standard = 1.024)

`-h -H`	Ausgabe in für Menschen lesbaren Einheiten. Falls z. B. zwei Verzeichnisse die Größe 1 Gigabyte bzw. 25 Kilobyte haben, gibt `du -h` 1G und 25K aus. Die Option `-h` nutzt ein Vielfaches von 1024, während `-H` ein Vielfaches von 1000 verwendet.
`-c`	Gibt in der letzten Zeile einen Gesamtwert aus. Dies ist das Standardverhalten beim Messen eines Verzeichnisses, doch wenn Sie einzelne Dateien messen, müssen Sie `-c` angeben, falls Sie einen Gesamtwert wünschen.
`-L`	Folgt symbolischen Links und misst die Dateien, auf die sie zeigen.
`-s`	Gibt nur die Gesamtgröße aus.

file

stdin **stdout** **-datei** **--opt** **--help** **--version**

`file [`*`optionen`*`]` *`dateien`*

Der `file`-Befehl liefert den Dateityp zurück. Dabei handelt es sich um eine Abschätzung aus dem Inhalt der Datei und anderen Faktoren.

```
→ file /etc/hosts /usr/bin/who letter.docx
/etc/hosts:     ASCII text
/usr/bin/who:   ELF 64-bit LSB executable ...
letter.docx:    Microsoft Word 2007+
```

Nützliche Optionen

`-b`	Lässt Dateinamen weg (linke Spalte der Ausgabe).
`-i`	Gibt anstelle der normalen Ausgabe MIME-Typen für die Datei aus, wie etwa »text/plain« oder »audio/mpeg«.
`-f` *`namensdatei`*	Liest Dateinamen, und zwar einen pro Zeile, aus der angegebenen *`namensdatei`* und liefert deren Typ zurück. Hinterher verarbeiten Sie die Dateinamen auf der Kommandozeile wie gewöhnlich.
`-L`	Folgt symbolischen Links und liefert den Typ der Zieldatei anstelle des Links.
`-z`	Wenn eine Datei komprimiert ist (siehe »Dateikomprimierung und -verpackung« auf Seite 112), wird der unkomprimierte Inhalt untersucht, um den Dateityp zu ermitteln, anstatt die Meldung »compressed data« zurückzuliefern.

touch

stdin stdout -datei **--opt** **--help** **--version**

touch [*optionen*] *dateien*

Der touch-Befehl ändert zwei Zeitstempel, die mit einer Datei verknüpft sind: den Zeitpunkt der Änderung (wann die Daten der Datei das letzte Mal geändert wurden) und ihre Zugriffszeit (wann die Datei das letzte Mal gelesen wurde). Um beide Zeitstempel auf den aktuellen Zeitpunkt zu setzen, führen Sie diesen Befehl aus:

```
→ touch meinedatei
```

Sie können diese Zeitstempel auf beliebige Werte setzen, z. B.:

```
→ touch -d "November 18 1975" meinedatei
```

Falls eine angegebene Datei nicht existiert, wird sie von touch erzeugt – eine praktische Methode, um leere Dateien zu erzeugen.

Nützliche Optionen

-a	Ändert nur die Zugriffszeit.
-m	Ändert nur die Zeit der letzten Änderung.
-c	Wenn die Datei nicht existiert, soll sie auch nicht angelegt werden (normalerweise würde touch sie erzeugen).
-d *zeitstempel*	Setzt den (die) Zeitstempel der Datei. Es wird eine unglaubliche Zahl an Zeitstempelformaten akzeptiert, von »12/28/2001 3pm« und »28-May« (das aktuelle Jahr und die Mitternachtszeit werden angenommen) bis »next tuesday 13:59« und »0« (Mitternacht heute). Experimentieren Sie und überprüfen Sie Ihre Arbeit mit stat. Eine vollständige Dokumentation gibt es mit info touch.
-t *zeitstempel*	Eine explizitere Methode, um den *zeitstempel* der Datei zu setzen. Sie benutzt das Format [[*CC*]*YY*]*MMDDhhmm* [.*ss*], wobei *CC* das zweistellige Jahrhundert ist, *YY* das zweistellige Jahr, *MM* der zweistellige Monat, *DD* der zweistellige Tag, *hh* die zweistellige Stunde, *mm* die zweistellige Minute und *ss* die zweistellige Sekunde. So repräsentiert z. B. -t 20030812150047 den 12. August 2003 um 15:00:47.

chown

stdin stdout -datei **--opt** **--help** **--version**

`chown [optionen] benutzerspezifikation dateien`

Mit dem Befehl chown (change owner) stellen Sie den Eigentümer von Dateien und Verzeichnissen ein. Um den Benutzer »smith« zum Eigentümer mehrerer Dateien und eines Verzeichnisses zu machen, führen Sie diesen Befehl aus:

```
→ sudo chown smith meinedatei meinedatei2 meinverz
```

Für den Parameter *benutzerspezifikation* gibt es folgende Möglichkeiten:

- ein bestehender Benutzername (oder eine beliebige numerische Benutzer-ID), um den Eigentümer zu setzen: `chown smith meinedatei`
- ein bestehender Benutzername (oder eine beliebige numerische Benutzer-ID), optional gefolgt von einem Doppelpunkt und einem bestehenden Gruppennamen (oder einer beliebigen numerischen Gruppen-ID), um den Eigentümer und die Gruppe zu setzen: `chown smith:users meinedatei`
- ein bestehender Benutzername (oder eine beliebige numerische Benutzer-ID), gefolgt von einem Doppelpunkt, um den Eigentümer einzustellen *und* die Gruppe auf die Log-in-Gruppe des aufrufenden Benutzers zu setzen: `chown smith: meinedatei`
- ein Gruppenname (oder eine numerische Gruppen-ID), dem ein Doppelpunkt vorangestellt ist, um nur die Gruppe zu setzen: `chown :users meinedatei`
- --reference= *datei*, um denselben Eigentümer und dieselbe Gruppe einzustellen wie bei der angegebenen Datei

Nützliche Optionen

`--dereference`	Folgt symbolischen Links und arbeitet auf den Dateien, auf die sie verweisen.
`-R`	Ändert rekursiv die Berechtigungen innerhalb einer Verzeichnishierarchie.

chgrp

stdin stdout -datei **--opt** **--help** **--version**

chgrp [*optionen*] *gruppenspezifikation dateien*

Der Befehl chgrp (change group) setzt die Gruppeneigentümerschaft von Dateien und Verzeichnissen.

→ **chgrp smith meinedatei meinedatei2 meinverz**

Für den Parameter *gruppenspezifikation* gibt es folgende Möglichkeiten:

- ein Gruppenname oder eine numerische Gruppen-ID
- --reference= *datei*, um dieselbe Gruppeneigentümerschaft einzustellen wie bei der angegebenen Datei

In »Gruppen verwalten« auf Seite 170 finden Sie weitere Informationen zu Gruppen.

Nützliche Optionen

--dereference	Folgt symbolischen Links und arbeitet auf den Dateien, auf die sie zeigen.
-R	Ändert rekursiv die Eigentümerschaft innerhalb einer Verzeichnishierarchie.

chmod

stdin stdout -datei **--opt** **--help** **--version**

chmod [*optionen*] *berechtigungen dateien*

Der Befehl chmod (change mode) schützt Dateien und Verzeichnisse vor nicht autorisierten Benutzern im selben System, indem er Zugriffsrechte einstellt. Typische Berechtigungen sind Lesen, Schreiben und Ausführen. Diese können auf den Eigentümer der Datei, den Gruppeneigentümer der Datei und/oder andere Benutzer beschränkt sein. Das Argument *berechtigungen* kann drei unterschiedliche Formen annehmen:

- --reference= *datei*, um die gleichen Berechtigungen einzustellen wie bei der angegebenen Datei.

- Eine Oktalzahl mit bis zu vier Stellen, die die *absoluten* Berechtigungen der Datei in Bits angibt, wie in Abbildung 6 gezeigt. Die Stelle ganz links ist speziell (wird später erklärt), und die zweite, dritte und vierte repräsentieren den Eigentümer der Datei, die Gruppe der Datei und alle Benutzer.
- Ein oder mehrere Strings, die *absolute oder relative* Berechtigungen festlegen (d. h. relativ zu den existierenden Berechtigungen der Datei). Zum Beispiel macht a+r eine Datei für alle Benutzer lesbar.

Die am häufigsten vorkommenden Berechtigungen sind:

→ **chmod 600 meinedatei**	*Private Datei für Sie.*
→ **chmod 644 meinedatei**	*Jeder kann lesen, Sie können schreiben.*
→ **chmod 700 meinverz**	*Privates Verzeichnis für Sie.*
→ **chmod 755 meinverz**	*Jeder kann lesen, Sie können schreiben.*

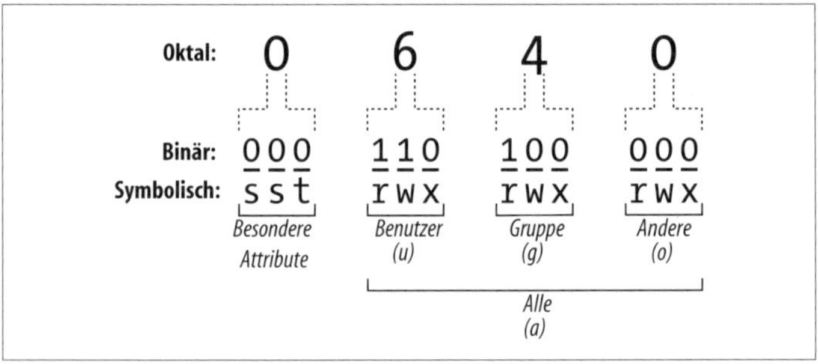

Abbildung 6: Dateiberechtigungsbits erklärt

In der dritten Form besteht jeder String aus drei Teilen:

Geltungsbereich (optional)
: u steht für Benutzer, g für Gruppe, o für andere Benutzer, die nicht in der Gruppe sind, a für alle Benutzer. Der Standardwert ist a.

Befehl
: + zum Hinzufügen von Berechtigungen, - zum Entfernen von Berechtigungen, = zum Setzen von absoluten Berechtigungen, wobei vorhandene Rechte ignoriert werden.

Berechtigungen

r für Lesen, w für Schreiben/Modifizieren, x für Ausführen (bei Verzeichnissen ist dies die Berechtigung, mit cd in das Verzeichnis zu wechseln), X für bedingtes Ausführen (wird später erklärt), u zum Duplizieren der Benutzerberechtigungen, g zum Duplizieren der Gruppenberechtigungen, o zum Duplizieren der Berechtigungen für »andere Benutzer«, s für setuid oder setgid und t für das »Sticky Bit«.

Beispielsweise würde `ug+rw` Lese- und Schreibberechtigungen für den Benutzer und die Gruppe hinzufügen, `a-x` (oder nur `-x`) würde die Ausführungsrechte für jedermann entfernen, und `o=r` würde die Berechtigungen für andere Benutzer auf »nur lesbar« setzen. Sie können diese Strings miteinander kombinieren, indem Sie sie durch Kommata trennen, also etwa `ug+rw,a-x`.

Bedingtes Ausführungsrecht (X) bedeutet dasselbe wie x, allerdings ist dies nur erfolgreich, wenn die Datei bereits ausführbar ist oder wenn die Datei ein Verzeichnis ist. Ansonsten hat es keine Wirkung.

setuid und setgid haben auf ausführbare Dateien (Programme und Skripte) deutliche Auswirkungen. Nehmen wir an, wir hätten eine ausführbare Datei *F*, die dem Benutzer »smith« und der Gruppe »freunde« gehört. Falls bei der Datei *F* setuid (setze Benutzer-ID) aktiviert ist, wird jeder, der *F* ausführt, für die Dauer des Programms zum Benutzer »smith« mit all seinen Rechten und Privilegien. Falls in gleicher Weise für *F* setgid (setze Gruppen-ID) aktiviert ist, wird jeder, der *F* ausführt, für die Dauer des Programms zu einem Mitglied der »freunde«-Gruppe. Wie Sie sich vermutlich vorstellen können, haben setuid und setgid unter Umständen Einfluss auf die Systemsicherheit, Sie sollten sie also nur dann benutzen , wenn Sie genau wissen, was Sie tun. Ein falsch gesetztes `chmod +s` kann Ihr ganzes System angreifbar machen.

Das Sticky Bit, das am häufigsten für */tmp*-Verzeichnisse benutzt wird, kontrolliert das Entfernen von Dateien in diesem Verzeichnis. Falls Sie Schreibberechtigungen in einem Verzeichnis haben, können Sie normalerweise Dateien darin löschen oder verschieben, selbst wenn Sie keinen Zugriff auf die Dateien selbst haben. In einem Verzeichnis mit gesetztem Sticky Bit brauchen Sie Schreibberechtigung für eine Datei, um sie löschen oder verschieben zu können.

Nützliche Optionen

-R	Ändert rekursiv die Eigentümerschaft innerhalb einer Verzeichnishierarchie.

umask

stdin **stdout** -datei --opt --help --version

umask [*optionen*] [*maske*]

Der Befehl umask setzt oder zeigt Ihren Standardmodus zum Erzeugen von Dateien und Verzeichnissen: ob sie von Ihnen selbst, Ihrer Gruppe oder der Welt gelesen, geschrieben und/oder ausgeführt werden dürfen.

```
→ umask
0002
→ umask -S
u=rwx,g=rwx,o=rx
```

Beginnen wir mit einigen technischen Begriffen. Anschließend folgen ein paar sinnvolle und vernünftige Ratschläge. Ein umask ist ein Binärwert (ein Wert zur Basis zwei), obwohl er meist als Oktalwert (ein Wert zur Basis acht) dargestellt wird. Er definiert Ihren Standardschutz, indem er mithilfe der Binäroperation NOT AND mit dem Oktalwert 0666 für Dateien und 0777 für Verzeichnisse kombiniert wird. So ergibt z. B. der umask 0002 einen Standarddateimodus von 0664:

```
0666 NOT AND 0002
= 000110110110 NOT AND 000000000010
= 000110110110 AND 111111111101
= 000110110100
= 0664
```

Genauso ergibt für Verzeichnisse 0002 NOT AND 0777 einen Standardmodus von 0775.

Falls diese Erklärung Sie überfordert, schauen Sie sich hier diese einfachen Rezepte an. Nutzen Sie die Maske 0022, um sich selbst volle Zugriffsrechte und allen anderen nur Lese-/Ausführungsrechte zu geben:

```
→ umask 0022
→ touch neuedatei && mkdir verz
→ ls -ldG neuedatei verz
-rw-r--r--    1 smith        0 Nov 11 12:25 neuedatei
drwxr-xr-x    2 smith     4096 Nov 11 12:25 verz
```

Nutzen Sie 0002, um sich selbst und Ihrer Standardgruppe volle Zugriffsrechte zu geben und den anderen nur Lese-/Ausführungsrechte:

```
→ umask 0002
→ touch neuedatei && mkdir verz
→ ls -ldG neuedatei verz
-rw-rw-r--    1 smith        0 Nov 11 12:26 neuedatei
drwxrwxr-x    2 smith     4096 Nov 11 12:26 verz
```

Mit der Maske 0077 geben Sie sich selbst volle Zugriffsrechte, alle anderen bekommen nichts:

```
→ umask 0077
→ touch neuedatei && mkdir verz
→ ls -ldG neuedatei verz
-rw-------    1 smith        0 Nov 11 12:27 neuedatei
drwx------    2 smith     4096 Nov 11 12:27 verz
```

chattr

stdin stdout -datei --opt --help --version

chattr [*optionen*] [+ • =]*attribute* [*dateien*]

Falls Sie mit anderen Unix-Systemen groß geworden sind, wird es Sie vielleicht überraschen, dass Linux-Dateien neben ihren Zugriffsberechtigungen noch zusätzliche Attribute haben können. Befindet sich eine Datei in einem »ext«-Dateisystem (ext2, ext3 usw.), können Sie diese erweiterten Attribute mit dem Befehl `chattr` (change attribute) setzen und sie mit `lsattr` auflisten.

Wie bei `chmod` können Attribute relativ hinzugefügt (+) oder entfernt (-) oder absolut (=) gesetzt werden. Um z. B. eine Datei komprimiert zu halten und keinen Dump zuzulassen, geben Sie Folgendes ein:

```
→ chattr +cd meinedatei
```

Attribut	Bedeutung
a	Nur anhängen: Es ist erlaubt, etwas an diese Datei anzuhängen, sie kann aber nicht anderweitig bearbeitet werden. Nur für Root.
A	Für Zugriffe auf diese Datei wird kein Zeitstempel registriert bzw. wird der Zugriffszeitstempel (`atime`) nicht aktualisiert.
c	Komprimiert: Daten werden beim Schreiben transparent komprimiert und beim Lesen dekomprimiert.
d	Keine Dumps: Sagt dem `dump`-Programm, dass es diese Datei ignorieren soll, wenn es Backups erstellt (siehe »Backups und externe Speicherung« auf Seite 138).
i	Unveränderlich: Die Datei kann nicht geändert oder gelöscht werden (nur durch Root).
j	Daten mit Journaling (nur für ext3-Dateisysteme).
s	Sicheres Löschen: Beim Löschen werden die Daten dieser Datei mit Nullen überschrieben.
S	Synchrones Update: Änderungen werden sofort auf die Festplatte geschrieben.
u	Nicht löschbar: Datei kann nicht gelöscht werden.

Es gibt noch einige weitere Attribute, von denen einige eher obskur oder experimentell sind. Näheres finden Sie auf der Manpage.

Nützliche Optionen

`-R`	Verzeichnisse werden rekursiv verarbeitet.

lsattr

stdin **stdout** -datei **--opt** **--help** --version

`lsattr [`*optionen*`] [`*dateien*`]`

Falls Sie mit `chattr` erweiterte Attribute setzen, können Sie sie mit `lsattr` (list attributes) anschauen. Die Ausgabe verwendet die gleichen Buchstaben wie chattr; so ist z. B. diese Datei unveränderlich und nicht löschbar:

```
→ lsattr meinedatei
-u--i---  meinedatei
```

Werden keine Dateien angegeben, gibt lsattr die Attribute aller Dateien im aktuellen Verzeichnis aus.

Nützliche Optionen

-R	Verzeichnisse werden rekursiv verarbeitet.
-a	Listet alle Dateien auf, die Dateien, deren Namen mit einem Punkt beginnen, eingeschlossen.
-d	Wird ein Verzeichnis aufgelistet, wird nicht dessen Inhalt, sondern nur das Verzeichnis selbst angezeigt.

Dateisuche

find	Sucht Dateien in einer Verzeichnishierarchie.
xargs	Verarbeitet eine Liste gesuchter Dateien (und viel mehr).
locate	Erzeugt einen Index von Dateien und durchsucht den Index nach String.
which	Sucht ausführbare Dateien in Ihrem Suchpfad (Befehl).
type	Sucht ausführbare Dateien in Ihrem Suchpfad (in bash eingebaut).
whereis	Sucht ausführbare, Dokumentations- und Quelldateien.

Linux-Systeme können ganz leicht Hunderttausende von Dateien enthalten. Wie kann man eine bestimmte Datei finden, wenn man sie braucht? Der erste Schritt besteht darin, die Dateien logisch und durchdacht in Verzeichnissen zu organisieren. Es gibt aber auch noch verschiedene andere Methoden, um Dateien zu finden, die ganz davon abhängen, was Sie suchen.

Zum Finden beliebiger Dateien eignet sich find als eine Art Dampfwalze, die sich Datei für Datei durch eine Verzeichnishierarchie arbeitet, um das Ziel zu lokalisieren. locate ist viel schneller, da es einen vorher aufgebauten Index durchsucht, den Sie bei Bedarf generieren. (Manche Distributionen generieren standardmäßig jede Nacht einen solchen Index.)

Zum Suchen von Programmen prüfen die Befehle `which` und `type` alle Verzeichnisse in Ihrem Shell-Suchpfad. `type` ist in die bash eingebaut (und daher nur verfügbar, wenn Sie die bash ausführen), während `which` ein Programm ist (normalerweise */usr/bin/which*); `type` ist schneller und kann Shell-Aliase erkennen.[11] Im Gegensatz dazu untersucht `whereis` eine bekannte Gruppe von Verzeichnissen anstelle Ihres Suchpfads.

---

find

stdin **stdout** -datei --opt **--help** **--version**

`find [`*`verzeichnisse`*`] [`*`ausdruck`*`]`

Der `find`-Befehl durchsucht ein oder mehrere Verzeichnisse (und rekursiv auch deren Unterverzeichnisse) nach Dateien, die bestimmten Kriterien entsprechen. Er ist sehr leistungsstark, besitzt mehr als 50 Optionen, leider aber auch eine ziemlich ungewöhnliche Syntax. Hier sind einige einfache Beispiele, die das gesamte Dateisystem vom aktuellen Verzeichnis aus (durch einen Punkt angegeben) durchsuchen:

Sucht eine bestimmte Datei namens *meinedatei*:

```
→ find . -type f -name meinedatei -print
./meinedatei
```

Gibt Dateinamen aus, die mit »meinedatei« beginnen (beachten Sie, wie die Wildcard geschützt wird, damit die Shell sie ignoriert):

```
→ find . -type f -name meinedatei\* -print
./meinedatei.zip
./meinedatei3
./meinedatei
./meinedatei2
```

Gibt alle Verzeichnisnamen aus:

---

11 Die `tcsh`-Shell hat einige Tricks auf Lager, die es `which` erlauben, Aliase zu erkennen.

```
→ find . -type d -print
.
./jpegexample
./dir2
./mydir
./mydir/dir
./dir1
./dir3
./d
```

Nützliche Optionen

`-name` *muster* `-path` *muster* `-lname` *muster*	Der Name (`-name`), der Pfadname (`-path`) oder das symbolische Linkziel (`-lname`) der gewünschten Datei muss diesem Shell-Muster entsprechen, das die Shell-Wildcards *, ? und [] enthalten darf. (Sie müssen die Wildcards allerdings schützen, damit sie von der Shell ignoriert und wörtlich an `find` übergeben werden können.) Pfade sind relativ zum durchsuchten Verzeichnisbaum.
`-iname` *muster* `-ipath` *muster* `-ilname` *muster*	Die Optionen `-iname`, `-ipath` und `-ilname` sind identisch mit `-name`, `-path` bzw. `-lname`, allerdings wird hier die Groß- und Kleinschreibung nicht beachtet.
`-regex` *reg_ausdruck*	Der Pfad (relativ zum durchsuchten Verzeichnisbaum) muss dem angegebenen regulären Ausdruck entsprechen.
`-type` *t*	Sucht nur Dateien vom Typ *t*. Dazu gehören einfache Dateien (`f`), Verzeichnisse (`d`), symbolische Links (`l`), Blockgeräte (`b`), Zeichengeräte (`c`), benannte Pipes (`p`) und Sockets (`s`).
`-atime` *N* `-ctime` *N* `-mtime` *N*	Auf die Datei wurde genau vor *N* * 24 Stunden zuletzt zugegriffen (`-atime`), bzw. sie wurde zu dem Zeitpunkt geändert (`-mtime`) oder hatte eine Statusänderung (`-ctime`). Benutzen Sie +*N* für »größer als *N*« oder -*N* für »kleiner als *N*«.
`-amin` *N* `-cmin` *N* `-mmin` *N*	Auf die Datei wurde vor genau *N* Minuten zuletzt zugegriffen (`-amin`), bzw. sie wurde zu dem Zeitpunkt zuletzt modifiziert (`-mmin`) oder hatte eine Statusänderung (`-cmin`). Benutzen Sie +*N* für »größer als *N*« oder -*N* für »kleiner als *N*«.
`-anewer` *andere_datei* `-cnewer` *andere_datei* `-newer` *andere_datei*	Auf die Datei wurde vor kürzerer Zeit zugegriffen (`-anewer`), bzw. sie wurde früher modifiziert (`-newer`), oder die Statusänderung (`-cnewer`) erfolgte vorher.

`-maxdepth` *N* `-mindepth` *N*	Beachtet Dateien, die mindestens (`-mindepth`) oder höchstens (`-maxdepth`) *N* Ebenen tief im durchsuchten Verzeichnisbaum liegen.
`-follow`	Dereferenziert symbolische Links.
`-depth`	Führt zuerst eine Tiefensuche durch: Zunächst wird (rekursiv) der Inhalt eines Verzeichnisses durchsucht, bevor auf dem Verzeichnis selbst gearbeitet wird.
`-xdev`	Beschränkt die Suche auf ein einziges Dateisystem, überschreitet also keine Gerätegrenzen.
`-size` *N* `[bckw]`	Beachtet Dateien der Größe *N*, die in Blöcken (`b`), Ein-Byte-Zeichen (`c`), Kilobytes (`k`) oder Zwei-Byte-Wörtern (`w`) angegeben werden kann. Benutzen Sie +*N* für »größer als *N*« oder -*N* für »kleiner als *N*«.
`-empty`	Die Datei hat die Größe null und ist eine normale Datei oder ein normales Verzeichnis.
`-user` *name*	Der angegebene Benutzer ist der Eigentümer der Datei.
`-group` *name*	Die Datei gehört in die angegebene Gruppe.
`-perm` *modus*	Die Berechtigungen der Datei sind gleich dem Modus. Benutzen Sie `-` *modus*, um zu prüfen, ob *alle* angegebenen Bits gesetzt sind, oder +*modus*, um zu prüfen, ob *irgendwelche* der angegebenen Bits gesetzt sind.

Sie können mit den folgenden Operatoren Teile des Ausdrucks gruppieren und negieren:

ausdruck1 `-a` *ausdruck2*
: Und (der Standard, wenn zwei Ausdrücke nebeneinander erscheinen, das -a ist also optional).

ausdruck1 `-o` *ausdruck2*
: Oder.

`!` *ausdruck*,
-not ausdruck
: Negiert den Ausdruck.

`(` *ausdruck* `)`
: Markierungen für die Priorität, genau wie in der Mathematik. Zuerst wird der Ausdruck in den Klammern ausgewertet. Sie müssen diese vermutlich mit »\« vor der Shell schützen.

ausdruck1, *ausdruck2*
: Identisch mit dem Kommaoperator in der Programmiersprache C. Beide Ausdrücke werden ausgewertet, und der Wert des zweiten wird zurückgeliefert.

Sobald Sie die Suchkriterien festgelegt haben, können Sie `find` anweisen, diese Aktionen auf den Dateien durchzuführen, die den Kriterien entsprechen.

Nützliche Optionen

`-print`	Gibt einfach den Pfad zu der Datei aus, ist relativ zum Suchverzeichnis.
`-printf` *string*	Gibt den angegebenen String aus, auf den in der Art der C-Bibliotheksfunktion `printf()` Substitutionen angewandt worden sein können. Auf der Manpage gibt es eine komplette Liste der Ausgaben.
`-print0`	Genau wie `-print`, anstatt aber die einzelnen Ausgabezeilen durch ein Newline-Zeichen abzutrennen, wird ein Null-Zeichen (ASCII 0) benutzt. Nehmen Sie das, wenn die Ausgabe von `find` per Pipeline in ein anderes Programm geleitet werden soll und Ihre Liste der Dateinamen Leerzeichen enthalten könnte. Natürlich muss das empfangende Programm dazu in der Lage sein, diese durch Nullen abgetrennten Zeilen zu lesen und zu verarbeiten – z. B. `xargs -0`.
`-exec` *befehl* `;`	Ruft den angegebenen Shell-Befehl *befehl* auf. Denken Sie daran, alle Shell-Metazeichen zu schützen, einschließlich des erforderlichen abschließenden Semikolons, damit sie nicht sofort auf der Kommandozeile ausgewertet werden. Das Symbol »{}« (das unbedingt geschützt oder quotiert werden muss) repräsentiert den Pfad der gefundenen Datei. Ein Beispiel: `find . -exec ls '{}' \;`
`-ok` *befehl* `;`	Identisch mit `-exec`, fordert aber den Benutzer vor dem Aufrufen jedes Befehls zu einer Bestätigung auf.
`-ls`	Führt den Befehl `ls -dils` auf der Datei aus.

xargs

stdin **stdout** -datei --opt **--help** **--version**

`xargs` [*optionen*] [*befehl*]

`xargs` ist einer der seltsamsten, aber auch leistungsfähigsten Befehle, die der Shell zur Verfügung stehen. Er liest Textzeilen von der Standardeingabe, verwandelt sie in Befehle und führt sie aus. Das klingt jetzt vielleicht nicht besonders aufregend, es gibt aber für xargs einige einzigartige Anwendungszwecke, speziell zum Verarbeiten einer Liste von Dateien, die Sie gefunden haben. Nehmen Sie an, Sie haben eine Datei namens *wichtig* angelegt, die wichtige Dateien auflistet, und zwar eine pro Zeile:

```
→ cat wichtig
/home/jsmith/mail/liebesbriefe
/usr/local/lib/entscheidender_kram
/etc/passwd
...
```

Mit xargs können Sie jede dieser Dateien leicht mit anderen Linux-Befehlen verarbeiten. Zum Beispiel führt der folgende Befehl den Befehl `ls -l` auf allen aufgelisteten Dateien aus:

```
→ cat wichtig | xargs ls -l
```

Sie können die Dateien auch mit `less` anschauen:

```
→ cat wichtig | xargs less
```

und sie sogar mit `rm` löschen:

```
→ cat wichtig | xargs rm -f     Achtung! Destruktiv!
```

Jede dieser Pipelines liest die Liste der Dateien aus *wichtig*, erzeugt neue Linux-Befehle auf der Grundlage dieser Liste und führt sie aus. Richtig gut wird es, wenn die Eingabeliste nicht aus einer Datei kommt, sondern von einem anderen Befehl, der auf die Standardausgabe schreibt. Speziell der `find`-Befehl, der eine Liste von Dateien auf die Standardausgabe ausgibt, ist ein toller Partner für xargs. Um z. B. Ihre aktuelle Verzeichnishierarchie nach Dateien zu durchsuchen, die das Wort »Tomate« enthalten, geben Sie Folgendes ein:

```
→ find . -type f -print | xargs grep -l tomate
./finddatei1
./finddatei2
→ cat finddatei1
Diese Datei enthält das Wort Tomate
```

Seien Sie jedoch gewarnt: Falls eine der Dateien, die von `find` gefunden wird, Whitespace im Namen enthält, gerät grep durcheinander. Ist eine der Dateien z. B. mit *mein kram* benannt, lautet der konstruierte grep-Befehl:

→ **grep -l tomate mein kram**

was grep anweist, zwei Dateien zu verarbeiten, nämlich *mein* und *kram*. Stellen Sie sich vor, das Programm wäre `rm` anstelle von grep gewesen. Sie würden `rm` anweisen, die falschen Dateien zu löschen! Um dieses Problem zu vermeiden, sollten Sie immer `find -print0` anstatt `-print` benutzen, was Zeilen mit ASCII-Null-Zeichen abtrennt anstatt mit Newline-Zeichen, kombiniert mit `xargs -0`, das ASCII-Nullen erwartet:

→ **find . -type f -print0 | xargs -0 grep -l tomate**

Wir haben in Bezug auf den xargs-Befehl kaum an der Oberfläche gekratzt. Experimentieren Sie gern selbst! (Beginnen Sie aber mit harmlosen Befehlen wie grep und `ls`!)

Nützliche Optionen

`-n` *k*	Übergibt *k* Zeilen der Ausgabe an jeden ausgeführten Befehl. Das gebräuchliche `-n1` garantiert, dass jede Ausführung nur eine Zeile der Eingabe verarbeitet. Ansonsten könnte `xargs` mehrere Eingabezeilen an einen einzelnen Befehl übergeben.
`-0`	Setzt das Zeilenendezeichen für die Eingabe auf ASCII-Null anstatt auf Whitespace und behandelt alle Zeichen als Literale. Nehmen Sie diese Option, wenn die Eingabe von `find -print0` kommt.

xargs im Vergleich mit Backquotes

Wenn Sie sich an »Quoting« auf Seite 42 erinnern, werden Sie merken, dass einige xargs-Tricks auch mit Backquotes erreicht werden können:

→ **cat dateiliste | xargs rm -f** *mit xargs*
→ **rm -f \`cat dateiliste\`** *mit Backquotes*
→ **rm -f $(cat dateiliste)** *mit $()*

Die Befehle machen zwar ähnliche Dinge, allerdings können die letzten beiden fehlschlagen, wenn die Ausgabe von cat nach dem Erweitern so lang wird, dass sie die maximale Länge einer Shell-Kommandozeile überschreitet. xargs schreibt in die Standardausgabe, statt an die Befehlszeile anzuhängen, sodass der Befehl sicherer und für große oder riskante Operationen besser geeignet ist.

locate

stdin **stdout** -datei --opt **--help** **--version**

`locate [optionen]`

Der `locate`-Befehl erzeugt mit seinem Partner `updatedb` einen Index (eine Datenbank) der Dateiablageorte, der schnell durchsucht werden kann.[12] Falls Sie vorhaben, mit der Zeit viele Dateien in einer Verzeichnishierarchie zu suchen, die sich nicht viel ändert, ist `locate` eine gute Wahl. Zum Lokalisieren einer einzelnen Datei oder zum Ausführen komplexerer Verarbeitungen gefundener Dateien sollten Sie `find` benutzen.

Manche Distributionen indizieren automatisch regelmäßig das komplette Dateisystem (z. B. einmal am Tag), sodass Sie einfach `locate` ausführen können und es funktioniert. Falls Sie allerdings jemals selbst den Index eines Verzeichnisses und all seiner Unterverzeichnisse erstellen wollen (und diesen z. B. in */tmp/meinindex* speichern), führen Sie Folgendes aus:

```
→ updatedb -l0 -U verzeichnis -o /tmp/meinindex
```

(Beachten Sie, dass `-l0` ein kleingeschriebenes `L` ist, gefolgt von einer Null, und nicht die Zahl 10.) Um dann nach einem String in dem Index zu suchen, schreiben Sie:

```
→ locate -d /tmp/meinindex string
```

`locate` besitzt eine interessante optionale Sicherheitseigenschaft. Sie können einen Index herstellen, der, wenn er durchsucht wird, nur die Dateien anzeigt, die der Benutzer auch sehen darf. Falls also der Administrator einen Index eines geschützten Verzeichnisses erzeugt hatte, könnte ein Nicht-Administrator ihn zwar durchsuchen, würde aber die geschützten Dateien nicht sehen. Dazu lässt man die Option `-l0` für `updatedb` weg und führt diesen Befehl als Root aus:

```
→ sudo updatedb -U verzeichnis -o /tmp/meinindex
```

12 Unser `locate`-Befehl kommt aus einem Paket namens »mlocate«. Manche Systeme enthalten ein älteres Paket namens »slocate« mit einer etwas anderen Anwendung. Falls Sie slocate haben, tippen Sie in unseren Beispielen einfach `slocate` anstelle von `updatedb` ein.

Indizierungsoptionen für updatedb

`-u`	Erzeugt den Index vom Root-Verzeichnis nach unten.
`-U` *`verzeichnis`*	Erzeugt den Index von *`verzeichnis`* nach unten.
`-l (0|1)`	Schaltet die Sicherheit aus (0) oder ein (1). Standard ist 1.
`-e` *`verzeichnisse`*	Schließt ein oder mehrere Verzeichnisse aus dem Index aus. Trennen Sie ihre Pfade durch Kommata.
`-o` *`ausgabedatei`*	Schreibt den Index in die *`ausgabedatei`*.

Suchoptionen für locate

`-d` *`index`*	Gibt an, welcher Index benutzt werden soll (in unserem Beispiel */tmp/meinindex*).
`-i`	Die Suche ist unabhängig von der Groß- und Kleinschreibung.
`-r` *`reg_ausdruck`*	Sucht nach Dateien, die dem angegebenen regulären Ausdruck entsprechen.

which

stdin **stdout** -datei **--opt** **--help** **--version**

`which` *`datei`*

Der `which`-Befehl sucht eine ausführbare Datei im Suchpfad Ihrer Shell. Falls Sie ein Programm aufgerufen haben, indem Sie seinen Namen eingetippt haben:

```
→ who
```

verrät Ihnen der `which`-Befehl, wo dieser Befehl zu finden ist:

```
→ which who
/usr/bin/who
```

Sie können sogar das `which`-Programm selbst finden:

```
→ which which
/usr/bin/which
```

Falls mehrere Programme in Ihrem Suchpfad denselben Namen tragen (z. B. */usr/bin/who* und */usr/local/bin/who*), liefert `which` nur das erste zurück.

type

stdin **stdout** -datei **--opt** --help --version

type [*optionen*] *befehle*

Der type-Befehl sucht genau wie which eine ausführbare Datei im Suchpfad Ihrer Shell:

```
→ type grep who
grep is /bin/grep
who is /usr/bin/who
```

Allerdings ist type in die bash eingebaut, während which ein Programm auf der Festplatte ist:

```
→ type which type rm if
which is /usr/bin/which
type is a shell builtin
rm is aliased to `/bin/rm -i'
if is a shell keyword
```

Als eingebauter Shell-Befehl ist type schneller als which, jedoch steht er nur in bestimmten Shells wie der bash zur Verfügung.

whereis

stdin **stdout** -datei --opt --help --version

whereis [*optionen*] *dateien*

Der whereis-Befehl versucht, die angegebenen Dateien zu lokalisieren, indem er eine fest codierte Liste von Verzeichnissen durchsucht. Er kann ausführbare Dateien, Dokumentationen und Quellcode finden. whereis ist ein bisschen schrullig, weil es vorkommen kann, dass die Verzeichnisliste nicht die von Ihnen benötigten Verzeichnisse enthält.

```
→ whereis vim
vim: /usr/bin/vim /etc/vim /usr/share/vim …
```

Nützliche Optionen

-b	Listet nur ausführbare Dateien (-b), Manpages (-m) oder Quellcodedateien auf (-s).
-m	
-s	

`-B` *verzeichnisse...* `-f`
`-M` *verzeichnisse...* `-f`
`-S` *verzeichnisse...* `-f`
	Sucht nur in den angegebenen Verzeichnissen nach ausführbaren Dateien (`-B`), Manpages (`-M`) oder Quellcodedateien (`-S`). Auf die Verzeichnisliste muss die Option `-f` folgen, bevor Sie die Dateien auflisten, die Sie suchen.

Dateitextmanipulation

`grep`	Sucht Zeilen in einer Datei, die einem regulären Ausdruck entsprechen.
`cut`	Extrahiert Spalten aus einer Datei.
`paste`	Hängt Spalten an.
`tr`	Übersetzt Zeichen in andere Zeichen.
`expand, unexpand`	Wandelt zwischen Tabulatorzeichen und Leerzeichen um.
`sort`	Sortiert Textzeilen nach verschiedenen Kriterien.
`uniq`	Lokalisiert identische Zeilen in einer Datei.
`tee`	Kopiert eine Datei und gibt sie gleichzeitig auf der Standardausgabe aus.

Die vielleicht größte Stärke von Linux liegt in der Textmanipulation – dem Pressen einer Textdatei (oder der Standardeingabe) in eine gewünschte Form, indem Transformationen angewandt werden, oft in einer Pipeline. Jedes Programm, das die Standardeingabe liest und das auf die Standardausgabe schreibt, fällt in diese Kategorie. Wir präsentieren hier einige der wichtigsten Werkzeuge.

grep **stdin stdout -datei --opt --help --version**

`grep` [*optionen*] *muster* [*dateien*]

Der grep-Befehl gehört zu den nützlichsten und leistungsstärksten Befehlen im Arsenal von Linux. Seine Voraussetzung ist einfach: Gibt man ihm eine oder mehrere Dateien, liefert er alle Zeilen aus diesen Dateien zurück, die einem bestimmten regulären Ausdruck entsprechen. Falls z. B. eine Datei *meinedatei* die Zeilen

```
Komm ich heute nicht, komm ich morgen!
Viele Köche verderben den Brei.
Der Film beginnt um 11 Uhr.
```

enthält und wir nach allen Zeilen suchen, in denen »Brei« enthalten ist, bekommen wir:

```
→ grep Brei meinedatei
Viele Köche verderben den Brei.
```

Jetzt benutzen wir einen regulären Ausdruck, um Zeilenenden zu erfassen, die mit einem Ausrufezeichen enden:

```
→ grep '\!$' meinedatei
Komm ich heute nicht, komm ich morgen!
```

grep kann zwei unterschiedliche Arten von regulären Ausdrücken benutzen, nämlich *einfache* und *erweiterte*. Sie sind gleichermaßen mächtig, nur eben unterschiedlich, und entsprechend den eigenen Erfahrungen mit anderen grep-Implementierungen kann man die eine oder die andere Sorte bevorzugen. Die grundlegende Syntax finden Sie in Tabelle 2. Reguläre Ausdrücke sind es wert, sich mit ihnen zu beschäftigen. Auch andere mächtige Linux-Befehle verwenden sie, wie zum Beispiel sed und perl.

Nützliche Optionen

`-v`	Gibt nur Zeilen aus, die nicht dem regulären Ausdruck entsprechen.
`-l`	Gibt nur die Namen der Dateien aus, die passende Zeilen enthalten, nicht die Zeilen selbst.
`-L`	Gibt nur die Namen der Dateien aus, die keine passenden Zeilen enthalten.
`-c`	Gibt nur die Anzahl der passenden Zeilen aus.
`-n`	Gibt vor jeder Zeile der gefundenen Ausgabe die ursprüngliche Zeilennummer aus.
`-b`	Gibt vor jeder Zeile der gefundenen Ausgabe den Byte-Offset der Zeile in der Eingabedatei aus.
`-i`	Sucht unabhängig von Groß- und Kleinschreibung.
`-w`	Es werden nur vollständige Wörter verglichen (d. h. Wörter, die dem gesamten regulären Ausdruck entsprechen).

`-x`	Es werden nur komplette Zeilen verglichen (d. h. Zeilen, die dem gesamten regulären Ausdruck entsprechen). Setzt `-w` außer Kraft.
`-A` *N*	Nach jeder passenden Zeile werden die nächsten *N* Zeilen aus dieser Datei ausgegeben.
`-B` *N*	Vor jeder passenden Zeile werden die vorhergehenden *N* Zeilen aus dieser Datei ausgegeben.
`-C` *N*	Genau wie -A *N* -B *N*: Gibt *N* Zeilen (aus der Originaldatei) vor und hinter jeder passenden Zeile aus.
`--color= always`	Hebt den gefundenen Text zur besseren Lesbarkeit farbig hervor.
`-r`	Durchsucht rekursiv alle Dateien in einem Verzeichnis und seinen Unterverzeichnissen.
`-E`	Nutzt erweiterte reguläre Ausdrücke (siehe `egrep`).
`-F`	Nutzt Listen fester Strings anstelle der regulären Ausdrücke (siehe `fgrep`).

egrep

stdin stdout -datei --opt --help --version

`egrep [`*`optionen`*`]` *`muster`* `[`*`dateien`*`]`

Der egrep-Befehl arbeitet wie grep, benutzt aber eine andere (»erweiterte«) Sprache für reguläre Ausdrücke. Er ist mit grep -E identisch.

Tabelle 2: Reguläre Ausdrücke für grep und egrep

Regulärer Ausdruck		
Einfach	**Erweitert**	**Bedeutung**
`.`		Ein einzelnes Zeichen.
`[...]`		Erfasst irgendein Zeichen in dieser Liste.
`[^...]`		Erfasst irgendein Zeichen, das NICHT in dieser Liste ist.
`(...)`		Gruppierung.
`|`	`|`	Oder.
`^`		Zeilenanfang.
`$`		Zeilenende.
`\<`		Wortanfang.
`\>`		Wortende.

Tabelle 2: Reguläre Ausdrücke für grep und egrep (Fortsetzung)

Regulärer Ausdruck		
Einfach	**Erweitert**	**Bedeutung**
[:alnum:]		Irgendein alphanumerisches Zeichen.
[:alpha:]		Irgendein alphabetisches Zeichen.
[:cntrl:]		Irgendein Steuerzeichen.
[:digit:]		Irgendeine Ziffer.
[:graph:]		Irgendein grafisches Zeichen.
[:lower:]		Irgendein Kleinbuchstabe.
[:print:]		Irgendein druckbares Zeichen.
[:punct:]		Irgendein Interpunktionszeichen.
[:space:]		Irgendein Whitespace-Zeichen.
[:upper:]		Irgendein Großbuchstabe.
[:xdigit:]		Irgendeine Hexadezimalziffer.
*		Null oder mehr Wiederholungen eines regulären Ausdrucks.
\+	+	Eine oder mehr Wiederholungen eines regulären Ausdrucks.
\?	?	Null oder ein Auftreten eines regulären Ausdrucks.
\{*n*\}	{*n*}	Exakt *n* Wiederholungen eines regulären Ausdrucks.
\{*n*,\}	{*n*,}	*n* oder mehr Wiederholungen eines regulären Ausdrucks.
\{*n*,*m*\}	{*n*,*m*}	Zwischen *n* und *m* (inklusive) Wiederholungen eines regulären Ausdrucks, *n* < *m*.
c		Das Zeichen *c* als solches, selbst wenn *c* ein besonderes reguläres Ausdruckszeichen ist. Benutzen Sie z. B. *, um ein Sternchen zu filtern, oder \\ für einen Backslash. Alternativ setzen Sie das Zeichen in eckige Klammern, also [*] oder [\].

grep und Zeilenendezeichen

Wenn Sie das Ende einer Zeile ($) mit grep filtern, könnten Textdateien, die auf Microsoft Windows- oder Mac OS X-Systemen erzeugt wurden, seltsame Ergebnisse liefern. Jedes Betriebssystem hat einen anderen Standard zum Beenden einer Zeile. Unter Linux endet jede Zeile in einer Textdatei mit einem Newline-Zeichen (ASCII 10). Unter Windows enden Textzeilen mit einem Wagenrücklauf oder Carriage Return (ASCII 13), gefolgt von einem Newline-Zeichen. Und unter OS X könnte eine Textdatei ihre Zeilen mit Newlines oder Carriage Returns allein beenden. Falls grep Probleme damit hat, die Zeilenenden richtig zu erkennen, prüfen Sie mit einem `cat -v` auf Nicht-Linux-Zeilenendezeichen. Dabei werden Carriage Returns als `^M` angezeigt:

```
→ cat -v dosdatei.txt
Oha! Diese Datei scheint ihre Zeilen mit^M
Carriage Returns vor den Newlines zu beenden.^M
```

Um die Carriage Returns zu entfernen, benutzen Sie den Befehl `tr -d`:

```
→ tr -d '\r' < dosdatei.txt > linuxdatei.txt
→ cat -v linuxdatei.txt
Oha! Diese Datei scheint ihre Zeilen mit
Carriage Returns vor den Newlines zu beenden.
```

fgrep

stdin stdout -datei --opt --help --version

`fgrep [`*`optionen`*`] [`*`feste_strings`*`] [`*`dateien`*`]`

Der `fgrep`-Befehl macht das Gleiche wie `grep`, doch anstelle eines regulären Ausdrucks akzeptiert er eine Liste fester Strings, getrennt durch Newlines. Das ist identisch mit `grep -F`. Falls Sie z. B. eine Wörterbuchdatei voller Strings haben, und zwar einen String pro Zeile wie hier:

```
→ cat meine_woerterbuchdatei
aardvark
aback
abandon
...
```

können Sie bequem in einer Menge von Eingabedateien nach diesen Strings suchen:

```
→ fgrep -f meine_woerterbuchdatei story
a little aardvark who went to
visit the abbot at the abbey.
```

Normalerweise würden Sie die Kleinbuchstabenoption `-f` benutzen, um `fgrep` dazu zu bringen, die festen Strings aus einer Datei zu lesen. Sie können die festen Strings auf der Kommandozeile auch mittels Quoting lesen, aber das ist ein bisschen komplizierter. Um in einer Datei nach den Strings »eins«, »zwei« und »drei« zu suchen, würden Sie Folgendes eintippen:

```
→ fgrep 'eins   Beachten Sie, dass wir Newline-Zeichen tippen.
zwei
drei' meinedatei
```

fgrep ist bequem, wenn man nach nicht alphanumerischen Zeichen wie * und { sucht, weil sie wörtlich genommen werden und nicht als Zeichen für reguläre Ausdrücke.

---

cut

stdin stdout -datei --opt --help --version

cut -(b|c|f)*bereich* [*optionen*] [*dateien*]

Der cut-Befehl extrahiert Textspalten aus Dateien. Eine »Spalte« wird durch Zeichen-Offsets definiert (z. B. das 19. Zeichen jeder Zeile):

```
→ cut -c19 meinedatei
```

oder durch Byte-Offsets (die sich von Zeichen unterscheiden, wenn Ihre Sprache Multibyte-Zeichen enthält):

```
→ cut -b19 meinedatei
```

oder durch abgetrennte Felder (z. B. das fünfte Feld in jeder Zeile einer kommaseparierten Datei *daten.csv*):

```
→ cat daten.csv
eins,zwei,drei,vier,fuenf,sechs,sieben
EINS,ZWEI,DREI,VIER,FUENF,SECHS,SIEBEN
1,2,3,4,5,6,7
→ cut -f5 -d, daten.csv
fuenf
FUENF
5
```

Sie sind nicht darauf beschränkt, nur eine einzige Spalte auszugeben: Sie können einen Bereich angeben (3-16), eine kommaseparierte Folge (3,4,5,6,8,16) oder beides (3,4,8-16). Lassen Sie bei Bereichen die erste Zahl weg (-16), wird eine 1 angenommen (1-16), lassen Sie die letzte Zahl weg (5-), wird das Zeilenende benutzt.

Nützliche Optionen

`-d` *C*	Benutzt das Zeichen*C* als Eingabetrennzeichen zwischen Feldern für die Option `-f`. Standardmäßig ist es ein Tabulatorzeichen.
`--output-delimiter=`*C*	Benutzt das Zeichen *C* als Ausgabetrennzeichen zwischen Feldern für die Option `-f`. Standardmäßig ist es ein Tabulatorzeichen.
`-s`	Unterdrückt Zeilen, die kein Trennzeichen enthalten (d. h., gibt sie nicht aus).

paste   stdin stdout -datei --opt --help --version

`paste [`*optionen*`] [`*dateien*`]`

Der paste-Befehl ist das Gegenteil von cut: Er behandelt mehrere Dateien als vertikale Spalten und kombiniert sie auf der Standardausgabe:

```
→ cat buchstaben
A
B
C
→ cat zahlen
1
2
3
4
5
→ paste zahlen buchstaben
1	A
2	B
3	C
4
5
→ paste buchstaben zahlen
A	1
B	2
C	3
	4
	5
```

Nützliche Optionen

`-d` *trennzeichen*	Benutzt die angegebenen *trennzeichen* zwischen den Spalten; Standard ist ein Tabulatorzeichen. Geben Sie ein einzelnes Zeichen an (`-d:`), das immer benutzt wird, oder eine Liste von Zeichen (`-dxyz`), die reihum auf den einzelnen Zeilen verwendet werden (der erste Trenner ist x, dann kommt y, dann z, dann x, dann y ...).
`-s`	Seitwärts: Vertauscht die Zeilen und Spalten der Ausgabe:

```
→ paste -s buchstaben zahlen
A   B   C
1   2   3   4   5
```

tr

stdin **stdout** -datei --opt **--help** **--version**

`tr [`*optionen*`]` *zeichenmenge1* `[`*zeichenmenge2*`]`

Der Befehl `tr` führt einfache, nützliche Übersetzungen von einer Zeichenmenge in eine andere durch. Um z. B. alles in einer Datei großzuschreiben, geben Sie Folgendes ein:

```
→ cat meinedatei
Das ist eine ganz wunderbare Datei.
→ cat meinedatei | tr 'a-z' 'A-Z'
DAS IST EINE GANZ WUNDERBARE DATEI.
```

Um alle Vokale in Sternchen zu ändern:

```
→ cat meinedatei | tr aeiouAEIOU '*'
D*s *st **n* g*nz w*nd*rb*r* D*t**.
```

Um alle Vokale zu löschen:

```
→ cat meinedatei | tr -d aeiouAEIOU
Ds st n gnz wndrbr dt.
```

Ein praktisches Beispiel: Löschen Sie alle Carriage Returns aus einer DOS-Textdatei, damit die Kompatibilität mit Linux-Textwerkzeugen wie grep verbessert wird:

```
→ tr -d '\r' < dosdatei.txt > linuxdatei.txt
```

`tr` übersetzt das erste Zeichen in *zeichenmenge1* in das erste Zeichen in *zeichenmenge2*, das zweite in das zweite, das dritte in das dritte usw. Wenn die Länge der *zeichenmenge1* *N* beträgt, werden nur die ersten *N* Zeichen aus *zeichenmenge2* benutzt. (Ist *zeichenmenge1* länger als *zeichenmenge2*, halten Sie sich an die Option -t.)

Zeichenmengen können folgende Formen annehmen:

Form	Bedeutung
ABDG	Die Folge der Zeichen A, B, D, G.
A-Z	Der Bereich der Zeichen von A bis Z.
[x*y]	*y* Wiederholungen des Zeichens *x*.
[:*klasse*:]	Die gleichen Zeichenklassen ([:alnum:], [:digit:] usw.), die auch von grep akzeptiert werden.

tr versteht auch die Escape-Zeichen »\a« (^G = akustisches Signal), »\b« (^H = Backspace), »\f« (^L = Seitenvorschub), »\n« (^J = Zeilenvorschub), »\r« (^M = Wagenrücklauf), »\t« (^I = Tabulator) und »\v« (^K = vertikaler Tabulator), die von printf akzeptiert werden (siehe »Bildschirmausgabe« auf Seite 200), sowie die Notation *nnn*, die für das Zeichen mit dem Oktalwert *nnn* steht.

tr eignet sich großartig für schnelle und einfache Übersetzungen; für aufwendigere Jobs sollten Sie besser auf sed, awk oder perl zurückgreifen.

Nützliche Optionen

-d	Löscht die Zeichen in *zeichenmenge1* aus der Eingabe.
-s	Eliminiert aufeinanderfolgende Duplikate (die in *zeichenmenge1* zu finden sind) aus der Eingabe. Zum Beispiel würde tr -s aeiouAEIOU nebeneinanderstehende doppelte Vokale auf jeweils einen einzigen Vokal zusammenkürzen (aus »wiiiiiiirklich« würde »wirklich«).
-c	Komplement: Arbeitet auf allen Zeichen, die nicht in *zeichenmenge1* zu finden sind.
-t	Falls *zeichenmenge1* länger als *zeichenmenge2* ist, werden sie gleich lang gemacht, indem *zeichenmenge1* abgeschnitten wird. Fehlt die Option -t, wird das letzte Zeichen von *zeichenmenge2* (unsichtbar) wiederholt, bis *zeichenmenge2* die gleiche Länge hat wie *zeichenmenge1*.

expand

stdin stdout -datei --opt --help --version

```
expand [optionen] [dateien]
```

```
unexpand [optionen] [dateien]
```

Der Befehl expand verwandelt Tab-Zeichen in eine passende Menge Leerzeichen, während unexpand das Gegenteil durchführt. Standardmäßig gibt es einen Tabstopp für acht Leerzeichen, aber Sie können dies über entsprechende Optionen anpassen. Beide Programme schreiben normalerweise an die Standardausgabe.

```
→ expand tabdatei > leerzeichendatei
→ unexpand leerzeichendatei > tabdatei
```

Um zu prüfen, ob eine Datei Leerzeichen oder Tab-Zeichen enthält, verwenden Sie den Befehl `cat -T`, durch den die Tabs als `^I` dargestellt werden, oder den Befehl `od -c`, der Tabs als `\t` ausgibt.

Nützliche Optionen

`-t` *N*	Legt fest, dass ein Tabstopp alle *N* Leerzeichen stehen soll.

sort

stdin stdout -datei --opt --help --version

```
sort [optionen] [dateien]
```

Der sort-Befehl gibt Textzeilen in alphabetischer Reihenfolge aus bzw. sortiert nach einer anderen Regel, die Sie angeben. Alle festgelegten Dateien werden aneinandergehängt. Das Ergebnis ist sortiert und wird ausgegeben.

```
→ cat meinedatei
def
xyz
abc
→ sort meinedatei
abc
def
xyz
```

Nützliche Optionen

`-f`	Sortierung erfolgt unabhängig von Groß- und Kleinschreibung.
`-n`	Numerische Sortierung (d. h., 9 kommt vor 10) anstelle von alphabetischer Sortierung (10 kommt vor 9, weil sie mit einer »1« beginnt).
`-g`	Eine andere numerische Sortierungsmethode mit einem anderen Algorithmus, der unter anderem eine wissenschaftliche Notation erkennt (7.4e3 bedeutet »7,4 mal 10 hoch 3« oder 7400). Die vollständigen technischen Details erhalten Sie, wenn Sie `info sort` ausführen.
`-u`	Einmalige Sortierung: Doppelte Zeilen werden ignoriert. (Wenn mit `-c` zum Überprüfen sortierter Dateien benutzt, schlägt die Überprüfung fehl, falls aufeinanderfolgende Zeilen identisch sind.)
`-c`	Keine Sortierung, hiermit wird nur überprüft, ob die Eingabe bereits sortiert ist. Ist das der Fall, wird nichts ausgegeben; ansonsten gibt es eine Fehlermeldung.
`-b`	Ignoriert Whitespace am Zeilenanfang.
`-r`	Kehrt die Ausgabe um: Sortiert vom größten zum kleinsten.
`-t`*X*	Benutzt *X* als Feldtrenner für die Option `-k`.
`-k`*schlüssel*	Wählt die Sortierschlüssel. (Kombinieren Sie diese Option mit `-t`, um ein Trennzeichen zwischen den Schlüsseln zu wählen.)

Ein Sortierschlüssel ist ein Teil einer Zeile, der beim Sortieren in Betracht gezogen wird, anstatt die gesamte Zeile zu beachten. Ein Beispiel wäre »das fünfte Zeichen jeder Zeile«. Normalerweise würde sort diese Zeilen als sortiert betrachten:

```
aaaaz
bbbby
```

Ist allerdings der Sortierschlüssel »das fünfte Zeichen jeder Zeile« (definiert durch `-k1.5`), sind die Zeilen vertauscht, weil y vor z kommt. Ein praktischeres Beispiel ist diese Datei mit Namen und Adressen:

```
→ cat leute
George Washington,123 Main Street,New York
Abraham Lincoln,54 First Avenue,San Francisco
John Adams,39 Tremont Street,Boston
```

Eine normale Suche würde die »Abraham Lincoln«-Zeile zuerst anzeigen. Betrachtet man hingegen jede Zeile als drei kommaseparierte Werte, kann man nach dem zweiten Wert sortieren:

```
→ sort -k2 -t, leute
George Washington,123 Main Street,New York
John Adams,39 Tremont Street,Boston
Abraham Lincoln,54 First Avenue,San Francisco
```

Dabei kommt »123 Main Street« alphabetisch gesehen zuerst. In gleicher Weise kann man nach der Stadt sortieren (dritter Wert):

```
→ sort -k3 -t, leute
John Adams,39 Tremont Street,Boston
George Washington,123 Main Street,New York
Abraham Lincoln,54 First Avenue,San Francisco
```

Dabei stellt man fest, dass Boston im Alphabet weiter vorn steht. Die allgemeine Syntax `-k` *`F1[.C1][,F2[.C2]]`* bedeutet:

Objekt	Bedeutung	Standardwert, falls nichts angegeben ist
F1	Startfeld	erforderlich
C1	Startposition innerhalb von Feld 1	1
F2	Endfeld	letztes Feld
C2	Startposition innerhalb des Endfelds	1

Deshalb sortiert `sort -k1.5` auf Basis des ersten Felds, beginnend mit seinem fünften Zeichen, und `sort -k2.8,5` bedeutet »vom achten Zeichen des zweiten Felds bis zum ersten Zeichen des fünften Felds«. Die Option `-t` ändert das Verhalten von `-k`, sodass Trennzeichen wie Kommata anstelle von Leerzeichen beachtet werden.

Sie können die Option `-k` wiederholen, um mehrere Schlüssel zu definieren, die vom ersten bis zum letzten angewandt werden, so wie sie auf der Kommandozeile auftreten.

uniq

stdin stdout -datei --opt --help --version

`uniq [optionen] [dateien]`

Der `uniq`-Betrieb arbeitet auf aufeinanderfolgenden doppelten Textzeilen. Hätten Sie z. B. eine Datei *meinedatei*:

```
→ cat meinedatei
a
b
b
c
b
```

würde `uniq` die zwei aufeinanderfolgenden b erkennen und verarbeiten, nicht jedoch das dritte b.

```
→ uniq meinedatei
a
b
c
b
```

`uniq` wird oft nach dem Sortieren einer Datei benutzt:

```
→ sort meinedatei | uniq
a
b
c
```

In diesem Fall bleibt nur ein einziges b, weil alle drei aufgrund der Sortierung durch `sort` jetzt aufeinanderfolgen und anschließend durch `uniq` auf eins reduziert wurden. Sie können doppelte Zeilen auch zählen lassen, anstatt sie zu eliminieren:

```
→ sort meinedatei | uniq -c
      1 a
      3 b
      1 c
```

Nützliche Optionen

`-c`	Zählt aufeinanderfolgende doppelte Zeilen.
`-i`	Arbeitet unabhängig von Groß- und Kleinschreibung.

`-u`	Gibt nur einmal vorkommende Zeilen aus.
`-d`	Gibt nur doppelt vorkommende Zeilen aus.
`-s` *N*	Überspringt die ersten *N* Zeichen auf jeder Zeile, wenn Duplikate erkannt werden.
`-f` *N*	Ignoriert die ersten*N* Whitespace-separierten Felder auf jeder Zeile, wenn Duplikate erkannt werden.
`-w` *N*	Betrachtet nur die ersten *N* Zeichen auf jeder Zeile, wenn Duplikate erkannt werden. Bei Benutzung zusammen mit `-s` oder `-f` ignoriert `sort` zuerst die angegebene Anzahl an Zeichen oder Feldern und betrachtet dann die nächsten *N* Zeichen.

tee **stdin stdout -datei --opt --help --version**

`tee [`*optionen*`]` *dateien*

Genau wie der cat-Befehl kopiert der tee-Befehl die Standardeingabe unverändert auf die Standardausgabe. Gleichzeitig jedoch kopiert er diese Standardeingabe in eine oder mehrere Dateien. tee ist oft in der Mitte von Pipelines zu finden, wo es Zwischendaten in eine Datei schreibt, während es sie gleichzeitig an den nächsten Befehl in der Pipeline weitergibt:

```
→ who | tee original_who | sort
barrett   pts/1     Sep 22 21:15
byrnes    pts/0     Sep 15 13:51
silver       :0     Sep 23 20:44
silver    pts/2     Sep 22 21:18
```

Mit dieser Kommandozeile wird eine sortierte Ausgabe von who auf dem Bildschirm erzeugt, aber zugleich das ursprüngliche, unsortierte Ergebnis von who in die Datei *original_who* geschrieben:

```
→ cat original_who
silver       :0     Sep 23 20:44
byrnes    pts/0     Sep 15 13:51
barrett   pts/1     Sep 22 21:15
silver    pts/2     Sep 22 21:18
```

Nützliche Optionen

`-a`	Hängt an, anstatt Dateien zu überschreiben.
`-i`	Ignoriert Interrupt-Signale.

Leistungsfähigere Manipulationen

Wir haben bei der Linux-Textfilterung gerade einmal die Spitze des Eisbergs angekratzt. Linux besitzt Hunderte von Filtern, die alle möglichen komplizierten Datenmanipulationen durchführen können. Um diesen Leistungsumfang voll nutzen zu können, ist aber auch ein großer Lernaufwand erforderlich – zu viel für dieses kleine Buch. Hier sind aber zumindest einige Filter für den Einstieg.

awk

`awk` ist eine Mustererkennungssprache. Sie filtert Daten anhand regulärer Ausdrücke und führt dann Aktionen auf der Grundlage dieser Daten aus. Hier sind einige einfache Beispiele für die Verarbeitung der Textdatei *meinedatei*:

Gibt das zweite und vierte Wort auf jeder Zeile aus:

```
→ awk '{print $2, $4}' meinedatei
```

Gibt alle Zeilen aus, die kürzer als 60 Zeichen sind:

```
→ awk 'length < 60 {print}' meinedatei
```

sed

Genau wie `awk` ist `sed` ein Programm zur Mustererkennung, das Textzeilen manipulieren kann. Seine Syntax ist eng verwandt mit der von vim und dem Zeileneditor ed. Hier sind einige triviale Beispiele:

Gibt die Datei aus, in der alle Vorkommen des Strings »ich« in »DU« geändert wurden:

```
→ sed 's/ich/DU/g' meinedatei
```

Gibt die Datei aus, aus der die ersten 10 Zeilen entfernt wurden:

```
→ sed '1,10d' meinedatei
```

m4

`m4` ist ein Befehl und eine Sprache zur Verarbeitung von Makros. Er sucht Stichwörter in einer Datei und setzt für diese andere Werte ein. Nehmen Sie z. B. diese Datei:

```
→ cat meinedatei
Mein Name ist NAME und ich bin AGE Jahre alt
ifelse(QUOTE,yes,Egal, wohin du gehst ... da bist du)
```

Hier substituiert m4 die Werte NAME, AGE und QUOTE:

```
→ m4 -DNAME=Sandy meinedatei
Mein Name ist Sandy und ich bin AGE Jahre alt
→ m4 -DNAME=Sandy -DAGE=25 meinedatei
Mein Name ist Sandy und ich bin 25 Jahre alt
→ m4 -DNAME=Sandy -DAGE=25 -DQUOTE=yes meinedatei
Mein Name ist Sandy und ich bin 25 Jahre alt
Egal, wohin du gehst ... da bist du
```

Perl, PHP, Python, Ruby

Perl, PHP, Python und Ruby sind ausgewachsene Programmiersprachen, die leistungsstark genug sind, um damit vollständige robuste Anwendungen zu erstellen (siehe »Mehr als Shell-Skripting« auf Seite 247 für Referenzen).

Dateikomprimierung und -verpackung

tar	Verpackt mehrere Dateien in eine einzige Datei.
gzip	Komprimiert Dateien mit GNU Zip.
gunzip	Dekomprimiert GNU Zip-Dateien.
bzip2	Komprimiert Dateien im BZip-Format.
bunzip2	Dekomprimiert BZip-Dateien.
bzcat	Komprimiert/dekomprimiert BZip-Dateien über die Standardeingabe/ -ausgabe.
compress	Komprimiert Dateien mit traditioneller Unix-Komprimierung.
uncompress	Dekomprimiert Dateien mit traditioneller Unix-Komprimierung.
zcat	Komprimiert/dekomprimiert eine Datei über die Standardeingabe/ -ausgabe (gzip oder compress).
zip	Komprimiert Dateien im Windows-Zip-Format.
unzip	Dekomprimiert Windows-Zip-Dateien.
munpack	Extrahiert MIME-Daten in Dateien.
mpack	Verwandelt eine Datei in ein MIME-Format.

Linux kann Dateien in eine Vielzahl von Formaten komprimieren und sie auch wieder dekomprimieren. Die beliebtesten Formate sind GNU Zip (gzip), dessen komprimierte Dateien die Erweiterung *.gz* erhalten, und BZip, das die Erweiterung *.bz2* benutzt. Andere gebräuchliche Formate sind Zip-Dateien von Windows-Systemen (Erweiterung *.zip*), xz-Dateien (Erweiterungen *.xz* und *.lzma*), und gelegentlich kommt auch die klassische Unix-Komprimierung (Erweiterung *.Z*) zum Einsatz.

Bei einer verwandten Technik werden binäre Dateien in Textformate umgewandelt, damit man sie z. B. in einer E-Mail-Nachricht übermitteln kann. Heutzutage geschieht das automatisch mit Anhängen und MIME-Werkzeugen, dennoch werden wir das Programm munpack behandeln, das dies von der Kommandozeile aus erledigen kann.

Falls Ihnen ein Format begegnet, das wir hier nicht behandeln, wie etwa Mac OS X-sit-Dateien, Arc, Zoo, rar und andere, lesen Sie hier nach: *http://en.wikipedia.org/wiki/List_of_archive_formats*.

---

tar **stdin stdout -datei --opt --help --version**

tar [*optionen*] [*dateien*]

Das tar-Programm kann mehrere Dateien und Verzeichnisse für den Transport in eine einzige Datei verpacken, optional lassen sie sich auch noch komprimieren. (Es diente ursprünglich dazu, Dateien auf Datenbändern zu sichern – sein Name ist die Abkürzung für »Tape Archive«.) *tar*-Dateien sind unter Linux das gebräuchlichste Format zum Packen von Dateien.

```
→ tar -czvf meinarchiv.tar.gz meinverz     Erzeugen
→ ls -lG meinarchiv.tar.gz
-rw-r--r-- 1 smith 350 Nov  7 14:09 myarchive.tar.gz
→ tar -tf meinarchiv.tar.gz                Inhalt auflisten
meinverz/
meinverz/verz/
meinverz/verz/datei10
meinverz/datei1
meinverz/datei2
...
→ tar -xf meinarchiv.tar.gz                Extrahieren
```

Falls Sie Dateien auf der Kommandozeile angeben, werden nur diese verarbeitet:

```
→ tar -xvf meinarchiv.tar datei1 datei2 datei3
```

Ansonsten wird das komplette Archiv verarbeitet.

Nützliche Optionen

`-c`	Erzeugt ein Archiv. Sie müssen die Eingabedateien und -verzeichnisse auf der Kommandozeile aufführen.
`-r`	Hängt Dateien an ein bestehendes Archiv an.
`-u`	Hängt neue/geänderte Dateien an ein bestehendes Archiv an.
`-A`	Hängt ein Archiv an das Ende eines anderen an: Zum Beispiel hängt `tar -A -f erstes.tar zweites.tar` den Inhalt von *zweites.tar* an *erstes.tar* an. Funktioniert nicht für komprimierte Archive.
`-t`	Listet das Archiv auf (es wird ein »Test« gemacht).
`-x`	Extrahiert Dateien aus dem Archiv.
`-f`*`file`*	Liest das Archiv aus der angegebenen Datei oder schreibt es in sie hinein. Normalerweise handelt es sich dabei um eine *tar*-Datei auf der Festplatte (wie etwa *meinarchiv.tar*), es kann aber auch ein Bandlaufwerk sein (etwa */dev/tape*).
`-d`	Vergleicht das Archiv mit dem Dateisystem.
`-z`	Benutzt die `gzip`-Komprimierung.
`-j`	Benutzt die `bzip2`-Komprimierung.
`-Z`	Benutzt die Unix-Komprimierung.
`-v`	Ausführlicher Modus: Gibt zusätzliche Informationen aus.
`-h`	Folgt symbolischen Links, anstatt sie einfach nur zu kopieren.
`-p`	Stellt beim Extrahieren von Dateien deren ursprüngliche Berechtigungen und Eigentümerschaft wieder her.

gzip

stdin stdout -datei --opt --help --version

`gzip` [*optionen*] [*dateien*]

`gunzip` [*optionen*] [*dateien*]

`zcat` [*optionen*] [*dateien*]

gzip und gunzip komprimieren und dekomprimieren Dateien im GNU Zip-Format. In manchen Situationen werden die Quelldateien gelöscht (siehe unten). Komprimierte Dateien haben die Erweiterung *.gz*.

Beispielbefehle

`gzip` *datei*	Komprimiert *datei*, um *datei.gz* zu erzeugen. Die Original-*datei* wird gelöscht.
`gzip -c` *datei*	Erzeugt komprimierte Daten auf der Standardausgabe.
`cat` *datei* `| gzip`	Erzeugt komprimierte Daten aus einer Pipeline.
`gunzip` *datei*`.gz`	Dekomprimiert *datei.gz*, um *datei* zu erzeugen. Die Original-*datei.gz* wird gelöscht.
`gunzip -c` *datei*`.gz`	Dekomprimiert die Daten auf der Standardausgabe.
`cat` *datei*`.gz | gunzip`	Dekomprimiert die Daten aus einer Pipeline.
`zcat` *datei*`.gz`	Dekomprimiert die Daten auf der Standardausgabe.
`tar -czf` *meinedatei verz*	Verpackt das Verzeichnis *verz* in eine mit `gzip` gepackte *tar*-Datei. Verwenden Sie `-cvzf`, um die Dateinamen während ihrer Verarbeitung auszugeben.

bzip2

stdin stdout -datei --opt --help --version

`bzip2 [`*optionen*`] [`*dateien*`]`

`bunzip2 [`*optionen*`] [`*dateien*`]`

`bzcat [`*optionen*`] [`*dateien*`]`

bzip2 und bunzip2 komprimieren und dekomprimieren Dateien im Burrows-Wheeler-Format. In manchen Situationen werden die Quelldateien gelöscht (siehe unten). Komprimierte Dateien haben die Erweiterung *.bz2*.

Beispielbefehle

`bzip2` *`datei`*	Komprimiert *`datei`*, um *`datei.bz2`* zu erzeugen. Die Original-*`datei`* wird gelöscht.
`bzip2 -c` *`datei`*	Erzeugt komprimierte Daten auf der Standardausgabe.
`cat` *`datei`* `| bzip2`	Erzeugt komprimierte Daten auf der Standardausgabe.
`bunzip2` *`datei`*`.bz2`	Dekomprimiert *`datei.bz2`*, um *`datei`* zu erzeugen. Die Original-*`datei.bz2`* wird gelöscht.
`bunzip2 -c` *`datei`*`.bz2`	Dekomprimiert die Daten auf der Standardausgabe.
`cat` *`datei`*`.bz2	bunzip2`	Dekomprimiert die Daten auf der Standardausgabe.
`bzcat` *`datei`*`.bz2`	Dekomprimiert die Daten auf der Standardausgabe.
`tar -cjf` *`meinedatei verz`*	Verpackt das Verzeichnis *verz* in eine per `bzip` gepackte *tar*-Datei. Verwenden Sie `-cvjf`, um die Dateinamen während ihrer Verarbeitung auszugeben.

compress

stdin **stdout** **-datei** --opt --help --version

`compress` [*`optionen`*] [*`dateien`*]

`uncompress` [*`optionen`*] [*`dateien`*]

`zcat` [*`optionen`*] [*`dateien`*]

`compress` und `uncompress` komprimieren und dekomprimieren Dateien im Standard-Unix-Komprimierungsformat (Lempel Ziv). In manchen Situationen werden die Quelldateien gelöscht (siehe unten). Komprimierte Dateien haben die Erweiterung *.Z*.

Beispielbefehle

`compress` *`datei`*	Komprimiert *`datei`*, um *`datei.Z`* zu erzeugen. Die Original-*`datei`* wird gelöscht.
`compress -c` *`datei`*	Erzeugt komprimierte Daten auf der Standardausgabe.
`cat` *`datei`* `| compress`	Erzeugt komprimierte Daten aus einer Pipeline.
`uncompress` *`datei`*`.Z`	Dekomprimiert *`datei.Z`*, um *`datei`* zu erzeugen. Die Original-*`datei.Z`* wird gelöscht.

`uncompress -c` *datei*`.Z`	Dekomprimiert die Daten auf der Standardausgabe.
`cat` *datei*`.Z	uncompress`	Dekomprimiert die Daten aus einer Pipeline.
`zcat` *datei*`.Z`	Dekomprimiert die Daten auf der Standardausgabe.
`tar -cZf` *meinedatei verz*	Verpackt das Verzeichnis *verz* in eine per `bzip` gepackte *tar*-Datei. Verwenden Sie `-cvZf`, um die Dateinamen während ihrer Verarbeitung auszugeben.

zip

stdin **stdout** -datei --opt **--help** **--version**

`zip [`*optionen*`] [`*dateien*`]`

`zip` und `unzip` komprimieren und dekomprimieren Dateien im Windows-Zip-Format. Komprimierte Dateien haben die Erweiterung *.zip*. Im Gegensatz zu den meisten anderen Linux-Komprimierungsbefehlen löscht `zip` die Originaldateien nicht.

`zip` *meinedatei*`.zip` *datei1 datei2 datei3* ...	Packen.
`zip -r` *meinedatei*`.zip` *verzname*	Rekursiv packen.
`unzip -l` *meinedatei*`.zip`	Inhalt auflisten.
`unzip` *meinedatei*`.zip`	Auspacken.

munpack

stdin **stdout** -datei **--opt** --help --version

`munpack [`*optionen*`]` *mail_datei*

`mpack [`*optionen*`]` *dateien*

Moderne E-Mail-Programme können Anhänge so leicht senden und empfangen, dass wir kaum noch darüber nachdenken. Das war aber nicht immer der Fall. Programme wie `munpack` wurden geschaffen, um direkt auf der Kommandozeile mit Anhängen zu arbeiten, wo sie die Anhänge an Mailnachrichten anhängten oder aus ihnen extrahierten. Wenn Sie z. B. eine E-Mail-Nachricht in einer Datei namens *meinemessage* haben und diese ein JPEG-Bild und eine PDF-Datei als Anhänge enthält, kann `munpack` beide Anhänge als Dateien extrahieren:

```
→ munpack meinemessage
beautiful.jpg (image/jpeg)
researchpaper.pdf (application/pdf)
```

Das Gegenstück `mpack` kümmert sich um die andere Richtung, indem es eine oder mehrere Dateien in eine MIME-Datei einfügt. Hier erzeugen wir die Datei *anhang.mime* mit einem MIME-codierten Bild *foto.jpg*:

```
→ mpack -o anhang.mime foto.jpg
Subject: Mein Foto
```

Dateivergleiche

`diff`	Zeilenweiser Vergleich zweier Dateien oder Verzeichnisse.
`comm`	Zeilenweiser Vergleich zweier sortierter Dateien.
`cmp`	Byte-weiser Vergleich zweier Dateien.
`md5sum`	Berechnet eine Prüfsumme der angegebenen Dateien (MD5).

Es gibt drei Möglichkeiten, um Linux-Dateien miteinander zu vergleichen:

- Zeilenweise (`diff`, `diff3`, `sdiff`, `comm`) – am besten geeignet für Textdateien.
- Byte-weise (`cmp`) – wird oft für Binärdateien benutzt.
- Vergleich von Prüfsummen (`md5sum`, `sum`, `cksum`).

diff

stdin **stdout** **-datei** **--opt** **--help** **--version**

`diff [`*`optionen`*`]` *`datei1 datei2`*

Der `diff`-Befehl vergleicht zwei Dateien zeilenweise oder zwei Verzeichnisse. Werden Textdateien verglichen, kann `diff` ausführliche Reports über ihre Unterschiede erzeugen. Bei Binärdateien berichtet `diff` lediglich, ob sie sich voneinander unterscheiden oder nicht. Für alle Dateien gilt, dass `diff` keine Ausgabe liefert, wenn es keine Unterschiede gibt.

Das traditionelle Ausgabeformat sieht so aus:

Anzeige der Zeilennummern und der Art der Änderung
< *korrespondierender Abschnitt aus datei1, falls vorhanden*

> *korrespondierender Abschnitt aus datei2, falls vorhanden*

Wir starten z. B. mit einer Datei *dateiA*:

```
Hallo, dies ist eine Datei.
Fuchs, du hast die
Gans gestohlen.
Tschüss erst mal.
```

Nehmen wir an, wir löschen die erste Zeile, ändern auf der zweiten Zeile »Fuchs« in »Hund« und fügen eine letzte Zeile hinzu. Das Ganze ergibt dann die Datei *dateiB*:

```
Hund, du hast die
Gans gestohlen.
Tschüss erst mal.
Linux r00lz!
```

Der Befehl `diff` ergibt für diese Dateien nun folgende Ausgabe:

```
→ diff dateiA dateiB
1,2c1                     Die Zeilen 1-2 von dateiA wurden zu Zeile 1 von dateiB.
< Hallo, dies ist eine Datei.                            Zeilen 1-2 von dateiA
< Fuchs, du hast die
---                                                                diff-Trenner
> Hund, du hast die                                            Zeile 1 von dateiB
4a4                                          Zeile 4 wurde in dateiB hinzugefügt.
> Linux r00lz!                                            die hinzugefügte Zeile
```

Die führenden Symbole < und > sind Pfeile, die auf *dateiA* bzw. *dateiB* hinweisen. Dieses Ausgabeformat ist Standard: Es gibt noch viele weitere, von denen man einige direkt an andere Werkzeuge übergeben kann. Probieren Sie sie aus, damit Sie sehen, wie sie funktionieren.

Option	**Ausgabeformat**
`-n`	RCS-Versionskontrollformat, wie es von `rcsdiff` (`man rcsdiff`) erzeugt wird.
`-c`	Kontext-diff-Format, wie es vom `patch`-Befehl erzeugt wird (`man patch`).

Option	Ausgabeformat
-D*makro*	C-Präprozessorformat, nutzt #ifdef *makro*... #else ... #endif.
-u	Vereinheitlichtes Format, das die Dateien zusammenführt und »-« für eine Löschung und »+« für ein Hinzufügen voranstellt.
-y	Ein »Seite-an-Seite«-Format; benutzen Sie -W, um die Breite der Ausgabe anzupassen.
-e	Erzeugt ein ed-Skript, das *dateiA* in *dateiB* ändern würde, wenn man es ausführte.
-q	Berichtet nicht von den Änderungen, sondern sagt nur, ob sich die Dateien voneinander unterscheiden.

diff kann auch Verzeichnisse vergleichen:

```
→ diff verz1 verz2
```

Hiermit werden alle gleich benannten Dateien in diesen Verzeichnissen verglichen, und alle Dateien werden aufgelistet, die in dem einen Verzeichnis auftauchen, nicht jedoch in dem anderen. Um ganze Verzeichnishierarchien rekursiv miteinander zu vergleichen, benutzen Sie die Option -r:

```
→ diff -r verz1 verz2
```

Sie erzeugt einen (potenziell riesigen) Bericht über alle Unterschiede.

Nützliche Optionen

-b	Betrachtet Whitespace nicht.
-B	Betrachtet leere Zeilen nicht.
-i	Ignoriert die Groß- und Kleinschreibung.
-r	Steigt beim Vergleich von Verzeichnissen auch in Unterverzeichnisse ab.

diff ist nur ein Mitglied einer Familie von Programmen, die auf Dateidifferenzen operieren. Andere sind diff3, das drei Dateien auf einmal vergleicht, und sdiff, das die Unterschiede zwischen zwei Dateien zusammenführt, um entsprechend Ihren Anweisungen eine dritte Datei herzustellen.

comm

stdin **stdout** **-datei** **--opt** **--help** **--version**

`comm [`*`optionen`*`]` *`datei1 datei2`*

Der `comm`-Befehl vergleicht zwei sortierte Dateien miteinander und erzeugt drei Ausgabespalten, die jeweils durch Tabs getrennt sind:

1. Alle Zeilen, die in *datei1* auftauchen, nicht jedoch in *datei2*.
2. Alle Zeilen, die in *datei2* auftauchen, nicht jedoch in *datei1*.
3. Alle Zeilen, die in beiden Dateien auftauchen.

Falls z. B. *datei1* und *datei2* diese Zeilen enthalten:

```
datei1:          datei2:
apple            baker
baker            charlie
charlie          dark
```

erzeugt `comm` folgende dreispaltige Ausgabe:

```
→ comm datei1 datei2
apple
                baker
                charlie
        dark
```

Nützliche Optionen

`-1`	Unterdrückt Spalte 1.
`-2`	Unterdrückt Spalte 2.
`-3`	Unterdrückt Spalte 3.
`-23`	Zeigt Zeilen, die nur in der ersten Datei stehen.
`-13`	Zeigt Zeilen, die nur in der zweiten Datei stehen.
`-12`	Zeigt nur Zeilen, die in beiden Dateien stehen.

cmp

stdin **stdout** **-datei** **--opt** **--help** **--version**

`cmp [`*`optionen`*`]` *`datei1 datei2`* `[`*`offset1`* `[`*`offset2`*`]]`

Der cmp-Befehl vergleicht zwei Dateien miteinander. Sind ihre Inhalte identisch, berichtet cmp nichts; ansonsten listet es den Ort des ersten Unterschieds auf:

```
→ cmp meinedatei deinedatei
meinedatei deinedatei differ: byte 225, line 4
```

Standardmäßig verrät cmp Ihnen nicht, worin der Unterschied besteht, sondern nur, wo er sich befindet. Der Befehl eignet sich auch hervorragend, um Binärdateien miteinander zu vergleichen, ganz im Gegensatz zu diff, das am besten auf Textdateien funktioniert.

Normalerweise startet cmp seinen Vergleich am Anfang jeder Datei, er beginnt aber auch woanders, wenn Sie Offsets angeben:

```
→ cmp meinedatei deinedatei 10 20
```

Hier beginnt der Vergleich beim 10. Zeichen von *meinedatei* und beim 20. Zeichen von *deinedatei*.

Nützliche Optionen

`-l` Lange Ausgabe: Gibt – Byte für Byte – alle Unterschiede aus:

```
→ cmp -l meinedatei deinedatei
225 167 127
```

Dies bedeutet einen Offset von 225 (dezimal), *meinedatei* hat ein kleines »w« (oktal 167), aber *deinedatei* hat ein großes »W« (oktal 127).

`-s` Stille Ausgabe: Hier wird nichts ausgegeben, sondern der Befehl wird mit einem passenden Rückgabewert beendet: 0, falls die Dateien passen, 1, falls sie nicht passen. (Oder andere Codes, falls der Vergleich aus irgendeinem Grund fehlschlägt.)

md5sum

stdin stdout -datei --opt --help --version

md5sum *dateien* | --check *datei*

Der md5sum-Befehl arbeitet mit Prüfsummen, mit deren Hilfe er verifiziert, dass Dateien unverändert sind. Die erste Form erzeugt mit dem MD5-Algorithmus eine 32-Byte-Prüfsumme der angegebenen Dateien:

```
→ md5sum meinedatei
dd63602df1cceb57966d085524c3980f  meinedatei
```

Die zweite Form testet, ob die Prüfsumme zu ihrer Datei passt. Dazu benutzt sie --check:

```
→ md5sum datei1 datei2 datei3 > meinesumme
→ cat meinesumme
90a022707ca5b5fc8f465e7cbb954987  datei1
86d19ef79d33c28cf0c9ba882f25cdb8  datei2
d0dc53c9941e33a10e7f38ecc0de772f  datei3
→ md5sum --check meinesumme
datei1: OK
datei2: OK
datei3: OK
→ echo "neue Daten" > datei2
→ md5sum --check meinesumme
datei1: OK
datei2: FAILED
datei3: OK
md5sum: WARNING: 1 of 3 computed checksums did NOT match
```

Es ist ziemlich unwahrscheinlich, dass zwei unterschiedliche Dateien die gleiche MD5-Prüfsumme haben; deshalb stellt der Vergleich der Prüfsummen eine einigermaßen zuverlässige Methode dar, um festzustellen, ob sich zwei Dateien voneinander unterscheiden:

```
→ md5sum meinedatei1 | cut -c1-32 > summe1
→ md5sum meinedatei2 | cut -c1-32 > summe2
→ diff -q summe1 summe2
Files summe1 and summe2 differ
```

Ein sichereres, aber (noch) nicht so verbreitetes Programm ist shasum, das einen anderen Algorithmus nutzt und längere Prüfsummen erzeugen kann. Es ist wahrscheinlich zuverlässiger als md5sum.

```
→ shasum meinedatei          SHA-1-Algorithmus
253c9c5836261859a77f83dc296168b35c1230ac  meinedatei
→ shasum -a 256 meinedatei SHA-256-Algorithmus
e8183aaa23aa9b74c7033cbc843041fcf1d1e9e93724b7ef63c94d4c50a15df8
meinedatei
→ shasum meinedatei > meinesumme
→ shasum --check meinesumme
meinedatei: OK
```

Vermeiden Sie es, ältere, schwächere Programme einzusetzen, wie zum Beispiel `sum` und `cksum`, die viel kleinere, unzuverlässigere Prüfsummen erzeugen.

PDF- und PostScript-Dateien

`pdftotext`	Extrahiert Text aus PDF-Dateien.
`ps2ascii`	Extrahiert Text aus PostScript- oder PDF-Dateien.
`pdfseparate`	Extrahiert einzelne Seiten aus einer PDF-Datei.
`pdftk`	Teilt, verbindet und dreht PDF-Dateien und verändert sie auf andere Art und Weise.
`pdf2ps`, `ps2pdf`	Wandelt zwischen PDF- und PostScript-Format um.

Sie werden regelmäßig mit Dateien im Adobe-PDF-Format zu tun haben, insbesondere wenn Sie mit Windows- oder Mac OS X-Computern Austausch betreiben. Seltener werden Ihnen Dateien im PostScript-Format begegnen, oder Sie werden Dateien nach PostScript konvertieren müssen, um sie auszudrucken. Linux besitzt eine ganze Reihe von Werkzeugen, um mit PDF- und PostScript-Dateien zu arbeiten – auch wenn Sie an der Shell arbeiten und die Dateien nicht grafisch darstellen können.

Wollen Sie einfach PDF- und PostScript-Dateien anzeigen, gibt es eine Reihe von Möglichkeiten. Die Befehle `evince`, `okular` und `gv` (Ghostview) können beide Arten von Dateien darstellen, während `xpdf` nur PDFs anzeigt. Es gibt zudem einen umfassenden, aber veralteten »offiziellen« PDF-Betrachter von Adobe (`acroread`), er wird jedoch nicht mehr gewartet und ist recht langsam. Alle diese Programme stehen an der Befehlszeile zur Verfügung. Komplexere Aufgaben lassen sich mit den im Folgenden beschriebenen Befehlen lösen.

pdftotext

stdin stdout **-datei** **--opt** **--help** --version

pdftotext [*optionen*] [*datei*.pdf [*ausgabedatei*.txt]]

Der Befehl pdftotext extrahiert den Text aus einer PDF-Datei und schreibt ihn in eine Datei. Das funktioniert nur, wenn die PDF-Datei tatsächlich Text enthält und nicht nur Bilder, die wie Text aussehen (zum Beispiel einen Zeitschriftenartikel, der mit einem Scanner eingelesen wurde).

→ **`pdftotext beispiel.pdf`** *erzeugt* `beispiel.txt`

Nützliche Optionen

`-f N`	Beginnt in der PDF-Datei mit Seite *N*. Zwischen der Option und der Zahl muss ein Leerzeichen stehen.
`-l N`	Endet in der PDF-Datei auf Seite *N*. Zwischen der Option und der Zahl muss ein Leerzeichen stehen.
`-htmlmeta`	Erzeugt keinen reinen Text, sondern HTML-Code.
`-eol (dos | mac | unix)`	Schreibt in die Datei End-of-Line-Zeichen für das angegebene Betriebssystem.

ps2ascii

stdin stdout -datei --opt --help **--version**

`ps2ascii` *`datei`*`.(ps|pdf)] [`*`ausgabedatei`*`.txt]`

Der Befehl ps2ascii extrahiert Text aus einer PostScript-Datei. Es handelt sich um einen ganz einfachen Befehl ohne Optionen.[13] Um Text aus *beispiel.ps* zu extrahieren und nach *extrahiert.txt* zu schreiben, nutzen Sie Folgendes:

→ **`ps2ascii beispiel.ps extrahiert.txt`**

ps2ascii kann auch Text aus einer PDF-Datei extrahieren, was dem Befehlsnamen so nicht zu entnehmen ist.[14]

→ **`ps2ascii beispiel.pdf extrahiert.txt`**

13 Rufen Sie `ps2ascii --help` auf, werden Ihnen tatsächlich Optionen angezeigt, die aber nicht funktionieren. Es handelt sich um die Optionen eines zugehörigen Programms namens gs, das von ps2ascii aufgerufen wird.

14 Aktuell findet sich auf der Manpage von ps2ascii der Hinweis, dass die PDF-Datei nicht von der Standardeingabe kommen kann, aber in der Praxis scheint es trotzdem zu funktionieren: `cat beispiel.pdf | ps2ascii`.

pdfseparate

stdin stdout -datei **--opt** **--help** --version

`pdfseparate [optionen] [datei.pdf] [muster.pdf]`

Der Befehl `pdfseparate` teilt eine PDF-Datei in mehrere PDF-Dateien auf, die jeweils eine Seite enthalten. Ist zum Beispiel *eins.pdf* zehn Seiten lang, erzeugt der Befehlt die zehn PDF-Dateien *teil1.pdf* bis *teil10.pdf*, die jeweils eine Seite enthalten:

```
→ pdfseparate eins.pdf teil%d.pdf
```

Beim letzten Argument handelt es sich um ein Muster für die Namen der einzelnen Seitendateien. Das `%d` steht dabei für die entsprechende Seitennummer.

Nützliche Optionen

`-f` *N*	Beginnt in der PDF-Datei mit Seite *N*. Zwischen der Option und der Zahl muss ein Leerzeichen stehen.
`-l` *N*	Endet in der PDF-Datei mit Seite *N*. Zwischen der Option und der Zahl muss ein Leerzeichen stehen.

pdftk

stdin **stdout** -datei --opt **--help** **--version**

`pdftk [argumente]`

`pdftk` ist das »Schweizer Taschenmesser« für PDF-Dateien. Dieses praktische Programm kann Seiten aus einer PDF-Datei extrahieren, mehrere PDF-Dateien zu einer zusammenfassen, Seiten drehen, Wasserzeichen hinzufügen, Dateien ver- und entschlüsseln und vieles mehr – alles von der Befehlszeile aus. Diese umfassende Funktionalität lässt sich leider nur über eine recht komplizierte Syntax erreichen, aber mit ein bisschen Aufwand können Sie ein paar hilfreiche Tricks erlernen.

Um die Dateien *eins.pdf* und *zwei.pdf* zu einer einzelnen PDF-Datei *kombiniert.pdf* zusammenzufassen, schreiben Sie:

```
→ pdftk eins.pdf zwei.pdf cat output kombiniert.pdf
```

Um die Seiten 5, 7 und 10 bis 15 aus der Datei *eins.pdf* zu extrahieren und nach *neu.pdf* zu schreiben, dient dieser Befehl:

```
→ pdftk eins.pdf cat 5 7 10-15 output neu.pdf
```

Sie möchten die ersten fünf Seiten aus *eins.pdf* und die ungeraden Seiten aus *zwei.pdf* extrahieren und in der Datei *kombiniert.pdf* zusammenführen:

```
→ pdftk A=eins.pdf B=zwei.pdf cat A1-5 Bodd output kombiniert.pdf
```

Sie kopieren die Datei *eins.pdf* nach *neu.pdf*, und dabei drehen Sie Seite 7 um 90° im Uhrzeigersinn (»east«):

```
→ pdftk eins.pdf cat 1-6 7east 8-end output neu.pdf
```

Schreiben Sie die Seiten von *eins.pdf* und *zwei.pdf* abwechselnd nach *vermischt.pdf*:

```
→ pdftk eins.pdf zwei.pdf shuffle output vermischt.pdf
```

Vielleicht ist Ihnen aufgefallen, dass die Kriterien zum Auswählen der Seiten vor dem `output`-Schlüsselwort sehr mächtig sind. Sie bestehen aus einem oder mehreren Seitenbereichen mit Qualifikatoren. Bei einem Seitenbereich kann es sich um ein einzelne Seite handeln (5), einen Seitenbereich (5-10) oder um einen umgekehrten Bereich (10-5), der die Seiten in der Ausgabe von hinten nach vorne einbindet. Qualifikatoren können Seiten aus einem Bereich entfernen, zum Beispiel 1-100~20-25, das die Seiten 1 bis 100 ohne die Seiten 20 bis 25 beschreibt. Sie können mit den Schlüsselwörtern `even` und `odd` auch nur gerade oder nur ungerade Seiten ansprechen und mit den Himmelsrichtungen `north`, `south`, `east` und `west` Seiten drehen. Dabei haben wir hier nur an der Oberfläche der Möglichkeiten von `pdftk` gekratz. Auf der Manpage finden Sie noch viele weitere Beispiele und die vollständige Syntax.

pdf2ps

stdin stdout **-datei** --opt **--help** --version

`pdf2ps` [*optionen*] *datei*`.pdf` [*datei*`.ps`]

`ps2pdf` [*optionen*] *datei*`.ps` [*datei*`.pdf`]

Der Befehl `pdf2ps` wandelt eine Adobe-PDF-Datei in eine PostScript-Datei um. (Geben Sie keinen Namen für eine Ausgabedatei an, wird der Name der Eingabedatei verwendet und *.pdf* durch *.ps* ersetzt):

```
→ pdf2ps beispiel.pdf konvertiert.ps
```

Der Befehl besitzt ein paar Optionen, die aber nur selten zum Einsatz kommen. Auf der Manpage finden Sie sie, falls Sie Interesse daran haben.

Wollen Sie umgekehrt eine PostScript-Datei in das PDF-Format umwandeln, verwenden Sie `ps2pdf`:

```
→ ps2pdf beispiel.ps konvertiert.pdf
```

Drucken

`lpr`	Druckt eine Datei.
`lpq`	Zeigt die Druckerwarteschlange an.
`lprm`	Entfernt einen Druckjob aus der Warteschlange.

Linux besitzt zwei beliebte Drucksysteme namens CUPS und LPRng. Beide Systeme benutzen Befehle mit denselben Namen: `lpr`, `lpq` und `lprm`. Allerdings bringen diese Befehle unterschiedliche Optionen mit, je nachdem, ob Sie CUPS oder LPRng verwenden. Zu Ihrer generellen Unterstützung stellen wir gebräuchliche Optionen vor, die mit beiden Systemen funktionieren.

In der Vergangenheit erforderte die Installation eines Druckers unter Linux das Bearbeiten einer kryptischen und geheimnisvollen Konfigurationsdatei wie */etc/cups/printers.conf* oder */etc/printcap*. Heutzutage besitzen sowohl GNOME als auch KDE in ihren Systemeinstellungen Werkzeuge zur Druckerkonfiguration, die diese Dateien generieren.

Um Probleme mit einem CUPS-Drucker zu beheben, rufen Sie die Seite *http://localhost:631* auf.

lpr

stdin stdout -datei --opt --help --version

`lpr [`*optionen*`] [`*dateien*`]`

Der Befehl `lpr` (line printer) sendet eine Datei an einen Drucker.

→ **`lpr -P meindrucker meinedatei`**

Nützliche Optionen

`-P` *druckername*	Sendet die Datei an den Drucker *druckername*, den Sie zuvor eingerichtet haben.
`-#` *N*	Druckt *N* Kopien der Datei.
`-J` *name*	Setzt den *namen* des Jobs, der auf das Deckblatt gedruckt wird (falls auf Ihrem System eingestellt ist, dass es Deckblätter druckt).

lpq

stdin **stdout** -datei --opt --help --version

`lpq [`*optionen*`]`

Der Befehl `lpq` (line printer queue) listet alle Druckjobs auf, die in der Druckerwarteschlange darauf warten, gedruckt zu werden.

Nützliche Optionen

`-P` *druckername*	Listet die Druckerwarteschlange für den Drucker *druckername* auf.
`-a`	Listet die Druckerwarteschlange für alle Drucker auf.
`-l`	Ausführlich: Zeigt Informationen in einem längeren Format an.

lprm

stdin **stdout** -datei --opt --help --version

`lprm [`*optionen*`] [`*job_IDs*`]`

Der Befehl `lprm` (line printer remove) bricht einen oder mehrere Druckjobs ab. Mit `lpq` ermitteln Sie die ID der gewünschten Druckjobs (etwa 61 und 78), anschließend tippen Sie:

→ **`lprm -P`** *druckername* **`61 78`**

Falls Sie keine Job-IDs angeben, wird der aktuelle Druckjob abgebrochen. (Nur der Administrator kann die Jobs anderer Benutzer abbrechen.) Die Option `-P` gibt an, welche Druckerwarteschlange den Job enthält.

Rechtschreibkontrolle

`look`	Schlägt schnell die Schreibweise eines Worts nach.
`aspell`	Interaktive Rechtschreibkontrolle.
`spell`	Rechtschreibkontrolle als Stapelverarbeitung.

In Linux sind mehrere Rechtschreibkontrollen enthalten. Sollten Sie an grafische Rechtschreibkontrollen gewöhnt sein, werden Sie die textbasierten Varianten von Linux relativ primitiv finden. Diese können allerdings in Pipelines eingesetzt werden, was ziemlich leistungsfähig ist.

look

stdin **stdout** -datei **--opt** --help --version

`look` [*optionen*] *präfix* [*wörterbuchdatei*]

Der `look`-Befehl gibt (auf der Standardausgabe) Wörter aus, die mit einem angegebenen String*präfix* beginnen. Die Wörter werden aus einer Wörterbuchdatei herausgesucht (Standard ist */usr/share/dict/words)*:

```
→ look bigg
bigger
biggest
Biggs
```

Falls Sie Ihre eigene Wörterbuchdatei liefern – jede Textdatei mit alphabetisch sortierten Zeilen kann als solche dienen –, gibt `look` alle Zeilen aus, die mit dem angegebenen *präfix* beginnen.

Nützliche Optionen

`-f` Ignoriert Groß- und Kleinschreibung.

`-t` *X* Vergleicht das Präfix nur bis zu einschließlich dem Zeichen *X*. So gibt z. B. `look -t i big` alle Wörter aus, die mit »bi« beginnen.

---

aspell

stdin **stdout** **-datei** **--opt** --help --version

`aspell [`*optionen*`]` *datei* | *befehl*

`aspell` ist eine interaktive Rechtschreibkontrolle. Es ermittelt Wörter, die es nicht kennt, und schlägt Alternativen vor. Einige nützliche Befehle sind:

`aspell -c` *datei*
: Prüft interaktiv die Schreibweise aller Wörter in der Datei und korrigiert sie optional.

`aspell dump master`
: Gibt das Masterwörterbuch von `aspell` auf der Standardausgabe aus.

`aspell help`
: Gibt eine knappe Hilfenachricht aus. Mehr Informationen finden Sie hier: *http://aspell.net*.

---

spell

stdin **stdout** **-datei** **--opt** --help --version

`spell [`*dateien*`]`

Der `spell`-Befehl gibt alle Wörter aus den angegebenen Dateien aus, die entsprechend seinem Wörterbuch falsch geschrieben sind (es ist nicht interaktiv).

```
→ cat badwords
This Linux file has some spelling errors.
You may naturaly wonder if a spelling checker
will pick them up. Careful Linuxx users should
run thier favorite spelling checker on this file.
```

```
→ spell badwords
naturaly
Linuxx
thier
```

Festplatten und Dateisysteme

`df`	Zeigt den verfügbaren Platz auf den eingehängten Dateisystemen an.
`mount`	Macht eine Festplattenpartition zugreifbar.
`umount`	Hängt eine Festplattenpartition aus (entfernt sie aus dem Dateisystembaum, sodass nicht mehr darauf zugegriffen werden kann).
`fsck`	Überprüft eine Festplattenpartition auf Fehler.
`eject`	Wirft eine CD, DVD oder ein anderes entsprechendes Medium aus.

Linux-Systeme können mehrere Festplatten oder Festplattenpartitionen haben. Man spricht landläufig von Festplatten, Partitionen, Dateisystemen, Volumes, sogar von Verzeichnissen. Wir versuchen hier, genauer zu sein.

Eine **Festplatte** ist ein Hardwaregerät, das in **Partitionen** aufgeteilt werden kann, die als unabhängige Speichergeräte auftreten. Partitionen werden auf Linux-Systemen als besondere Dateien dargestellt, die sich (normalerweise) im Verzeichnis */dev* befinden. So könnte z. B. */dev/sda7* eine Partition auf Ihrer Festplatte sein. Einige gebräuchliche Geräte in */dev* sind:

sda	Erstes Blockgerät, wie etwa SCSI-, SATA-, USB- oder FireWire-Festplatten; Partitionen sind *sda1*, *sda2* ...
sdb	Zweites Blockgerät; Partitionen sind *sdb1*, *sdb2* ... Genauso für *sdc*, *sdd* ...
scd0	Erstes SCSI-CD-ROM-Laufwerk (danach *scd1*, *scd2* ...).

Bevor eine Partition Dateien aufnehmen kann, wird sie von einem Programm formatiert, das ein **Dateisystem** darauf schreibt (siehe den Kasten »Partitionierung und Formatierung« auf Seite 133). Ein Dateisystem definiert, wie Dateien dargestellt werden; Beispiele sind *ext3* (ein Linux-Journaling-Dateisystem) und *ntfs* (das Microsoft Windows NT-Dateisystem). Die Formatierung wird normalerweise bei der Installation von Linux erledigt.

Sobald ein Dateisystem erzeugt ist, können Sie es verfügbar machen, indem Sie es in ein leeres Verzeichnis *einhängen*.[15] Wenn Sie z. B. ein Windows-Dateisystem in ein Verzeichnis */mnt/win* einhängen, wird es zu einem Teil des Verzeichnisbaums Ihres Systems, und Sie können Dateien wie */mnt/win/meinedatei* anlegen und bearbeiten. Das Einhängen wird im Allgemeinen beim Booten des Systems erledigt. Dateisysteme können auch ausgehängt werden, um sie dem Zugriff über das Dateisystem zu entziehen, etwa zur Wartung.

Partitionierung und Formatierung

Festplattenbezogene Operationen wie das Partitionieren und Formatieren können auf Linux-Systemen recht komplex sein. Folgende Programme können Sie dabei unterstützen (lesen Sie zuerst deren Manpages).

`gparted`, `parted`, `fdisk` *oder* `sfdisk`
: Partitioniert eine Festplatte. In den meisten Situationen können Sie sich das Programm auswählen. `gparted` hat dabei die einfachste Benutzeroberfläche.

`mkfs`
: Formatiert eine Festplatte, d. h. erzeugt ein neues Dateisystem.

df

stdin **stdout** -datei **--opt** **--help** **--version**

`df [`*`optionen`*`] [`*`Festplattengeräte`*` | `*`dateien`*` | `*`verzeichnisse`*`]`

Das Programm `df` (disk free) zeigt die Größe, den benutzten Platz und den freien Platz auf einer angegebenen Festplatte an. Wenn Sie eine Datei oder ein Verzeichnis angeben, beschreibt `df` das Festplattengerät, auf dem sich diese Datei oder dieses Verzeichnis befindet. Bei Benutzung ohne Argumente berichtet `df` über alle eingehängten Dateisysteme.

15 Sie können ein Dateisystem auch in ein nicht leeres Verzeichnis einhängen, aber dann ist der alte Inhalt bis zum Unmounten nicht erreichbar.

```
→ df
Filesystem    1k-blocks    Used    Avail Use% Mounted on
/dev/sda        1011928  225464   735060  24% /
/dev/sda9        521748  249148   246096  51% /var
/dev/sda8       8064272 4088636  3565984  54% /usr
/dev/sda10      8064272 4586576  3068044  60% /home
```

Nützliche Optionen

`-k`	Listet die Größen in Kilobyte auf (Standard).
`-m`	Listet die Größen in Megabyte auf.
`-B` *N*	Zeigt die Größen in Blöcken von *N* Byte Größe an (Standard = 1.024).
`-h` `-H`	Gibt eine für Menschen lesbare Ausgabe aus und wählt die passendste Einheit für jede Größe. Falls z. B. auf Ihren zwei Festplatten 1 Gigabyte bzw. 25 Kilobyte frei sind, gibt `df -h` 1G und 25K aus. Die Option `-h` benutzt ein Vielfaches von 1.024, während `-H` mit einem Vielfachen von 1.000 arbeitet.
`-l`	Zeigt nur lokale Dateisysteme an, keine Dateisysteme, die über ein Netzwerk angebunden sind.
`-T`	Schließt in die Ausgabe den Dateisystemtyp (ext3, vfat usw.) ein.
`-t` *typ*	Zeigt nur Dateisysteme des angegebenen Typs an.
`-x` *typ*	Zeigt keine Dateisysteme des angegebenen Typs an.
`-i`	Inode-Modus. Zeigt anstelle von Festplattenblöcken die Gesamtanzahl, die Anzahl der benutzten und der freien Inodes für jedes Dateisystem an.

mount

stdin **stdout** -datei **--opt** **--help** **--version**

`mount` [*optionen*] *gerät* | *verzeichnis*

Der `mount`-Befehl sorgt dafür, dass auf eine Partition zugegriffen werden kann. In den meisten Fällen wird er für Festplattenlaufwerke (etwa */dev/sda1*) und Wechselmedien (z. B. USB-Sticks) verwendet, d. h., er stellt sie über ein vorhandenes Verzeichnis zur Verfügung (z. B. */mnt/meinverz*):

```
→ sudo mkdir /mnt/meinverz
→ ls /mnt/meinverz                  Beachten Sie, dass es leer ist.
→ sudo mount /dev/sda1 /mnt/meinverz
→ ls /mnt/meinverz
datei1     datei2     datei3   Dateien auf der eingehängten Partition
```

```
→ df /mnt/meinverz
Filesystem     1K-blocks    Used    Avail Use% Mounted on
/dev/sda1        1011928  285744   674780  30% /mnt/meinverz
```

mount besitzt eine Unmenge an Optionen und Anwendungsfällen, wir gehen deshalb hier nur auf die grundlegendsten ein.

In den meisten Fällen liest mount die Datei */etc/fstab* (filesystem table), um festzustellen, wie eine gewünschte Festplatte eingehängt werden kann. Wenn Sie z. B. *mount /usr* eintippen, sucht der mount-Befehl nach »/usr« in */etc/fstab*, dessen Zeile so aussehen könnte:

```
/dev/sda8    /usr    ext3    defaults    1    2
```

Hier erfährt mount unter anderem, dass das Festplattengerät */dev/sda8* als Linux-ext3-formatiertes Dateisystem in */usr* eingehängt werden soll. Hier können Sie */dev/sda8* nun mit einem dieser Befehle in */usr* einhängen:

```
→ sudo mount /dev/sda8        nach Gerät
→ sudo mount /usr             nach Verzeichnis
```

mount wird typischerweise vom Administrator ausgeführt. Gebräuchliche Geräte wie USB- und DVD-Laufwerke können aber oft auch von allen Benutzern ein- und ausgehängt werden.

Nützliche Optionen

-t *typ*	Gibt den Dateisystemtyp an, also etwa ext3 oder ntfs.
-l	Listet alle eingehängten Dateisysteme auf; funktioniert auch mit -t.
-a	Hängt alle Dateisysteme ein, die in */etc/fstab* aufgelistet sind. Ignoriert Einträge, die die Option noauto enthalten. Funktioniert auch gut mit -t.
-r	Hängt das Dateisystem schreibgeschützt ein. (Auf der Manpage finden Sie noch einige Hinweise dazu.)

umount   stdin **stdout** -datei **--opt** **--help** **--version**

umount [*optionen*] [*gerät* | *verzeichnis*]

umount macht genau das Gegenteil von mount: Es sorgt dafür, dass eine Festplattenpartition über das Dateisystem nicht mehr erreichbar ist.[16] Falls Sie z. B. eine DVD eingehängt haben, können Sie sie erst wieder auswerfen, wenn sie mit umount vom Dateisystem getrennt wurde:

```
→ umount "/media/smith/Meine Urlaubsfotos"
```

Sie müssen ein Wechselmedium immer aushängen, bevor Sie es auswerfen, da Sie sonst Schäden an dessen Dateisystem riskieren – insbesondere bei beschreibbaren Medien. Um alle eingehängten Geräte auszuhängen, schreiben Sie:

```
→ sudo umount -a
```

Hängen Sie kein Dateisystem aus, das in Benutzung ist; aus Sicherheitsgründen wird der Befehl umount sogar seine Mitarbeit verweigern.

---

fsck

stdin **stdout** -datei **--opt** --help --version

fsck [*optionen*] [*geräte*]

Der Befehl fsck (filesystem check) überprüft die Gültigkeit einer Linux-Festplattenpartition und repariert auf Anfrage gefundene Fehler. fsck wird beim Systemstart automatisch ausgeführt, Sie können es aber bei Bedarf auch manuell ausführen. Im Allgemeinen sollten Sie ein Gerät aushängen, bevor Sie es überprüfen, damit keine anderen Programme zur selben Zeit darauf arbeiten:

```
→ sudo umount /dev/sda10
→ sudo fsck -f /dev/sda10
Pass 1: Checking inodes, blocks, and sizes
Pass 2: Checking directory structure
Pass 3: Checking directory connectivity
Pass 4: Checking reference counts
Pass 5: Checking group summary information
/home: 172/1281696 files (11.6% non-contiguous), ...
```

Sie können Ihr Root-Dateisystem nicht mit fsck korrigieren, während Ihr System normal läuft. Sie müssen erst von einer Linux-CD, -DVD oder von einem anderen Rettungsmedium booten.

16 Beachten Sie: Der Befehl heißt umount, nicht unmount.

`fsck` ist das Frontend für eine Gruppe von Programmen zur Überprüfung von Dateisystemen, die man in */sbin* findet und deren Namen mit »fsck« beginnen. Es werden nur bestimmte Arten von Dateisystemen unterstützt. Sie können sie mit diesem Befehl auflisten:

```
→ ls /sbin/fsck.* | cut -d. -f2
```

Nützliche Optionen

`-A` Überprüft der Reihe nach alle Festplatten, die in */etc/fstab* aufgeführt sind.

`-N` Gibt eine Beschreibung der Überprüfung aus, die erfolgen würde, beendet sich aber, ohne tatsächlich eine Überprüfung durchzuführen.

`-r` Behebt interaktiv Fehler, d. h., fragt vor jeder Reparatur nach.

`-a` Behebt Fehler automatisch. (Benutzen Sie das nur, wenn Sie wirklich wissen, was Sie tun; ansonsten könnten Sie ein Dateisystem ernsthaft schädigen.)

eject

stdin stdout -datei --opt --help --version

`eject [`*optionen*`] [`*geraetename*`]`

Der `eject`-Befehl wirft wie der Druck auf die Öffnen/Schließen-Taste eines CD-ROM- oder DVD-Laufwerks ein Medium aus. Das ist praktisch, wenn Sie eine Disc auswerfen wollen, sich aber nicht direkt vor dem Computer befinden. Natürlich muss sich das Medium in einem Zustand befinden, in dem das Auswerfen möglich ist.

```
→ eject
```

Nützliche Optionen

`-h` Die Hilfe anzeigen.

`-n` Wirft nichts aus, sagt aber, was passieren würde. Kombinieren Sie diese Option mit `-v`, um noch mehr Informationen zu erhalten.

`-v` Gibt mehr Informationen aus.

`-d` Gibt den Namen des standardmäßig auszuwerfenden Device an, wie zum Beispiel `/dev/cdrom`, um beendet sich dann.

`-c` *N* Wirft bei einem Mehrfachwechsler die Disc *N* aus.

Backups und externe Speicherung

`rsync`	Kopiert einen Satz Dateien effizient, selbst über das Netzwerk.
`dd`	Low-Level-Kopieren von Daten.
`growisofs`	Brennt eine DVD oder Blu-Ray-Disc.

Es gibt verschiedene Methoden, um Ihre wertvollen Linux-Dateien zu sichern:

- Kopieren Sie sie auf ein Sicherungsmedium wie etwa eine externe Festplatte.
- Brennen Sie sie auf eine beschreibbare CD, DVD oder Blu-Ray-Disc.
- Spiegeln Sie sie auf einen externen Rechner.

Wir stellen nicht jeden verfügbaren Linux-Befehl für Backups vor. Manche Benutzer bevorzugen `cpio` aufgrund seiner Flexibilität, langjährige Administratoren schwören vielleicht eher auf `dump` und `restore` als einzig zuverlässige Möglichkeit, jede Art von Datei zu sichern. Lesen Sie die Manpages dieser Programme, falls Sie an ihnen interessiert sind.

rsync

stdin **stdout** -datei **--opt** **--help** **--version**

`rsync [`*`optionen`*`]` *`quelle ziel`*

Der `rsync`-Befehl kopiert eine Gruppe von Dateien. Er kann eine exakte Kopie herstellen, einschließlich der Dateiberechtigungen und anderer Attribute (sogenanntes **Spiegeln** oder **Mirroring**), oder er kann nur die Daten kopieren. Er kann über ein Netzwerk oder auf einem einzelnen Rechner ausgeführt werden. Es gibt für `rsync` viele Anwendungsfälle und über 50 Optionen; wir stellen nur ein paar gebräuchliche Fälle im Zusammenhang mit Backups vor.

Um auf einem einzelnen Rechner das Verzeichnis *meinverz1* und seinen Inhalt in ein anderes Verzeichnis *meinverz2* zu spiegeln, schreiben Sie:

```
→ rsync -a meinverz1 meinverz2
```

rsync ist bei der Angabe des ersten Verzeichnisses ziemlich penibel. Schreiben Sie wie im Beispiel `meinverz1`, wird dieses in *meinverz2* kopiert, und damit wird *meinverz2/meinverz1* erzeugt. Das ist aber vermutlich gar nicht das, was Sie wollen. Möchten Sie den Inhalt von *meinverz1* nach *meinverz2* kopieren, fügen Sie an `meinverz1` noch einen Schrägstrich an:

```
→ rsync -a meinverz1/ meinverz2
```

Um das Verzeichnis *meinverz1* über das Netzwerk auf einem anderen Host namens *server.example.com* zu spiegeln, wo Sie einen Zugang mit dem Benutzernamen »smith« haben, sichern Sie die Verbindung mit SSH. Damit wird ein Abhören der Verbindung verhindert:

```
→ rsync -a -e ssh meinverz1 smith@server.example.com:meinverz2
```

Möchten Sie mit `rsync` arbeiten, aber inkrementelle Backups verwenden und effizient mit diesen arbeiten, schauen Sie sich `rsnapshot` an (*(http://rsnapshot.org/)*).

Nützliche Optionen

`-o`	Kopiert die Eigentümerschaft der Dateien. (Wahrscheinlich brauchen Sie Administratorrechte auf dem entfernten Host.)
`-g`	Kopiert die Gruppeneigentümerschaft der Dateien. (Wahrscheinlich brauchen Sie Administratorrechte auf dem entfernten Host.)
`-p`	Kopiert die Dateiberechtigungen.
`-t`	Kopiert die Zeitstempel der Datei.
`-r`	Kopiert rekursiv die Verzeichnisse, d. h. einschließlich deren Inhalt.
`-l`	Erlaubt das Kopieren symbolischer Links (nicht der Dateien, auf die sie verweisen).
`-D`	Erlaubt das Kopieren von Geräten (nur für Administratoren).
`-a`	Spiegeln: Kopiert alle Attribute der Originaldateien. Dies impliziert alle Optionen `-ogptrlDa`.
`-x`	Wenn Sie einen Dateibaum kopieren, bleiben Sie im aktuellen Dateisystem – gemountete Dateisysteme werden ignoriert.
`-n`	Trockenübung: Es wird nichts kopiert, sondern es wird nur angezeigt, was passieren *würde*.
`-v`	Ausführlicher Modus: Gibt Informationen darüber aus, was während des Kopierens passiert. Fügen Sie `--progress` hinzu, um beim Kopieren der Dateien eine numerische Fortschrittsanzeige einzublenden.

dd

stdin stdout -datei --opt **--help --version**

dd [*optionen*]

dd ist ein Low-Level-Kopiertool auf Bit- und Byte-Ebene. Es kann Daten von einer Datei in eine andere kopieren, zum Beispiel von *datei1* nach *datei2*:

```
→ dd if=datei1 of=datei2
7+1 records in
7+1 records out
3816 bytes (3.8 kB) copied, 0.000356028 s, 10.7 MB/s
```

Beim Kopieren können die Daten sogar umgewandelt werden. So ist es zum Beispiel möglich, alle Zeichen in Großbuchstaben zu verwandeln:

```
→ dd if=datei1 of=datei2 conv=ucase
7+1 records in
7+1 records out
3816 bytes (3.8 kB) copied, 0.000389499 s, 9.8 MB/s
```

dd kann aber noch mehr, als nur Dateien zu kopieren. Sie können damit eine Festplatte klonen, indem Sie von einem Gerät auf ein anderes kopieren (*Achtung! Damit werden alle Daten auf dem Zielgerät zerstört!*):

```
→ sudo dd if=/dev/geraet1 of=/dev/geraet2 bs=512 \
conv=noerror,sync
```

dd ist einerseits sehr einfach – es ist sehr gut darin, Bits hin- und herzuschieben –, aber es ist andererseits auch sehr komplex, denn wenn Sie nicht aufpassen, haben Sie Ihre Festplatte in wenigen Sekunden überschrieben. Machen Sie eine Sicherheitskopie Ihres Rechners und halten Sie eine Linux-Live-DVD bereit (siehe »Was erwartet Sie in diesem Buch?« auf Seite 7), bevor Sie als Administrator mit dd herumspielen.

Unter *https://wiki.archlinux.org/index.php/Disk_cloning* finden Sie einige sehr interessante Anwendungsmöglichkeiten für dd. Mein Favorit ist das Kopieren des *Master Boot Record* (MBR) mit einer Größe von 512 Byte von einer Festplatte in eine Datei namens *mybootrecord*:

```
→ sudo dd if=/dev/geraet of=mybootrecord bs=512 \
count=1
```

Nützliche Optionen

`if=`*datei*	Definiert eine Quelldatei oder ein Quellgerät.
`of=`*datei*	Definiert eine Zieldatei oder ein Zielgerät.
`bs=`*N*	Kopiert *N* Bytes auf einmal – auch als »Blockgröße« bekannt. (Um die Blockgröße für Quelle und Ziel getrennt zu setzen, verwenden Sie `ibs` und `obs`.)
`skip=`*N*	Überspringt die *N* ersten Blöcke der Quelle, bevor mit dem Kopieren begonnen wird.
`seek=`*N*	Verwirft *N* Blöcke beim Ziel, bevor mit dem Kopieren begonnen wird.
`conv=`*spec*	Wandelt die Daten beim Kopieren um. Bei *spec* kann es sich um `ucase` (Umwandeln in Großbuchstaben), `lcase` (Umwandeln in Kleinbuchstaben), `ascii` (Umwandeln von EBDIC nach ASCII) und viele weitere Optionen handeln, die alle auf der Manpage aufgeführt sind.

growisofs

stdin stdout **-datei** **--opt** **--help** **--version**

`growisofs [`*optionen*`]` *einträge*

Mit `growisofs` brennen Sie eine CD, DVD oder Blu-Ray-Disc. Um den Inhalt eines Linux-Verzeichnisses auf eine Disc zu schreiben, die für Linux, Windows und Mac OS X lesbar sein soll, gehen Sie wie folgt vor:

1. Finden Sie die auf Ihrem System vorhandenen beschreibbaren Disc-Laufwerke:

```
→ more /proc/sys/dev/cdrom/info
CD-ROM information, Id: cdrom.c 3.20 2003/12/17
drive name:              sr1     sr0
drive speed:             48      12
drive # of slots:        1       1
Can close tray:          1       1
Can open tray:           1       1
...
```

   Die verfügbaren Geräte sind hier */dev/sr1* und */dev/sr0*.

2. Fassen Sie die zu brennenden Dateien in einem Verzeichnis zusammen, zum Beispiel *verz*. Ordnen Sie sie genau so an, wie sie auf der Disc liegen sollen. Das Verzeichnis *verz* selbst wird nicht kopiert, sondern lediglich sein Inhalt.

3. Verwenden Sie den Befehl mkisofs, um eine ISO-Image-Datei zu erzeugen, und brennen Sie diese mit growisofs auf eine Disc, zum Beispiel (das Gerät sei hier */dev/sr1*):

```
→ mkisofs -R -l -o $HOME/meinedisk.iso verz
→ growisofs -dvd-compat -Z /dev/sr1=$HOME/meinedisk.iso
→ rm $HOME/meinedisk.iso
```

   Wollen Sie Audio-CDs brennen, empfiehlt sich eher ein benutzerfreundlicheres grafisches Programm wie k3b.

Prozesse betrachten

ps	Listet einen Prozess auf.
uptime	Betrachtet die Systemlast.
w	Listet aktive Prozesse für alle Benutzer auf.
top	Überwacht interaktiv ressourcenintensive Prozesse.
free	Zeigt freien Speicher an.

Ein **Prozess** ist eine Arbeitseinheit auf einem Linux-System. Jedes Programm, das Sie ausführen, repräsentiert einen oder mehrere Prozesse. Linux bietet Befehle zum Betrachten und Manipulieren dieser Prozesse. Jeder Prozess wird durch eine numerische **Prozess-ID** bzw. PID gekennzeichnet.

Prozesse sind nicht dasselbe wie Jobs (siehe »Jobkontrolle mit der Shell« auf Seite 46): Prozesse sind Teil des Betriebssystems, während Jobs Konstrukte auf einer höheren Ebene sind, die nur der Shell bekannt sind, in der sie laufen. Ein laufendes Programm besteht aus einem oder mehreren Prozessen, ein Job besteht dagegen aus einem oder mehreren Programmen, die als Shell-Befehl ausgeführt werden.

---

ps stdin **stdout** -datei --opt **--help** **--version**

ps [*optionen*]

Der ps-Befehl zeigt Informationen über Ihre laufenden Prozesse an, optional auch über die Prozesse anderer Benutzer.

```
→ ps
  PID TTY          TIME CMD
 4706 pts/2    00:00:01 bash
15007 pts/2    00:00:00 emacs
16729 pts/2    00:00:00 ps
```

ps besitzt wenigstens 80 Optionen; wir werden hier nur einige nützliche Kombinationen behandeln. Falls die Optionen willkürlich oder inkonsistent erscheinen, liegt das daran, dass der angegebene ps-Befehl (GNU ps) die Eigenschaften mehrerer anderer Unix-ps-Befehle verkörpert, weil er versucht, mit ihnen allen kompatibel zu sein.

Um Ihre Prozesse zu betrachten, geben Sie Folgendes ein:

→ **ps -ux**

Alle Prozesse des Benutzers smith:

→ **ps -U smith**

Alle Vorkommen eines Programms:

→ **ps -C** *programmname*

Prozesse an Terminal *N*:

→ **ps -t***N*

Die speziellen Prozesse 1, 2 und 3505:

→ **ps -p1,2,3505**

Alle Prozesse mit Befehlszeichen, die auf Bildschirmbreite beschnitten wurden:

→ **ps -ef**

Alle Prozesse mit kompletten Befehlszeilen:

→ **ps -efww**

Alle Prozesse in einer Thread-Ansicht, wobei Kindprozesse unter ihren Eltern eingerückt sind:

→ **ps -efH**

Denken Sie daran, dass Sie Informationen aus der Ausgabe von ps viel feiner extrahieren können, wenn Sie grep und andere Filterprogramme benutzen:

```
→ ps -ux | grep meinprogramm
```

uptime

stdin **stdout** -datei --opt --help --version

```
uptime
```

Der uptime-Befehl verrät Ihnen, wie lange das System seit dem letzten Booten schon läuft.

```
→ uptime
 10:54pm  up 8 days,  3:44,  3 users,
 load average: 0.89, 1.00, 2.15
```

Diese Information gibt von links nach rechts Folgendes an: die aktuelle Zeit (10:54pm), die System-Laufzeit (8 Tage, 3 Stunden, 44 Minuten), die Anzahl der angemeldeten Benutzer (3) und die durchschnittliche Systemlast für drei Zeiträume: eine Minute (0.89), fünf Minuten (1.00) und 15 Minuten (2.15). Der Lastdurchschnitt ist die durchschnittliche Anzahl der Prozesse, die in diesem Zeitintervall laufbereit sind.

w

stdin **stdout** -datei **--opt** --help --version

```
w [benutzername]
```

Der w-Befehl zeigt den aktuellen Prozess, der gerade für alle angemeldeten Benutzer in den jeweiligen Shells läuft:

```
→ w
 10:51pm  up 8 days,  3:42,  8 users,
 load average: 2.02, 3.79, 5.44
USER    TTY   FROM  LOGIN@  IDLE   JCPU   PCPU  WHAT
barrett pts/0 :0    Sat 2pm 27:13m 0.07s  0.07s emacs
jones   pts/1 host1 6Sep03   2:33m 0.74s  0.21s bash
smith   pts/2 host2 6Sep03   0.00s 13.35s 0.04s w
```

Die oberste Zeile ist identisch mit der Ausgabe bei `uptime`. Die Spalten zeigen das Terminal des Benutzers an, den Ursprungshost oder das X-Display (gegebenenfalls), die Log-in-Zeit, die Idle-Zeit, zwei Maße für die CPU-Zeit (Näheres finden Sie unter `man w`) und den aktuellen Prozess. Geben Sie einen Benutzernamen an, um nur die Informationen dieses Benutzers zu sehen.

Um eine ganz kurze Ausgabe zu erhalten, probieren Sie `w -hfs` aus.

Nützliche Optionen

`-h`	Gibt die Kopfzeile nicht mit aus.
`-f`	Gibt die FROM-Spalte nicht mit aus.
`-s`	Gibt die JCPU- und PCPU-Spalten nicht mit aus.

---

top

stdin **stdout** -datei --opt **--help** **--version**

`top` [*optionen*]

Der `top`-Befehl erlaubt es Ihnen, die aktivsten Prozesse zu überwachen, wobei die Anzeige regelmäßig aktualisiert wird (etwa jede Sekunde). Es ist ein bildschirmbasiertes Programm, das die vorhandene Anzeige interaktiv aktualisiert.

```
→ top
94 processes: 81 sleeping, 1 running, 0 zombie, 11 stopped
CPU states: 1.1% user, 0.5% system, 0.0% nice, 4.5% idle
Mem: 523812K av, 502328K used, 21484K free, ...
Swap:  530104K av,  0K used, 530104K free  115300K cached

PID   USER PRI NI SIZE SHARE STAT %CPU %MEM TIME CMD
26265 smith 10 0  1092  840  R    4.7  0.2  0:00 top
    1 root   0 0   540  472  S    0.0  0.1  0:07 init
  914 www    0 0     0    0  SW   0.0  0.0  0:00 httpd
...
```

Während `top` läuft, können Sie Tasten drücken, um sein Verhalten zu ändern, etwa um die Update-Geschwindigkeit einzustellen (`s`), untätige (idle) Prozesse zu verbergen (`i`) oder Prozesse zu beenden (`k`). Mit `h` erhalten Sie eine komplette Liste, mit `q` beenden Sie das

Programm. Ähnliche Programme zum Überwachen der I/O-Last und der Netzwerkbandbreite Ihres Systems sind `iotop` und `iftop`.

Nützliche Optionen

`-n`*N*	Führt *N* Updates durch und beendet sich dann.
`-d`*N*	Aktualisiert die Anzeige alle *N* Sekunden.
`-p`*N* `-p`*M* `...`	Zeigt nur die Prozesse mit der PID *N*, *M* ... an, bis zu 20 Prozesse.
`-c`	Zeigt die Kommandozeilenargumente von Prozessen an.
`-b`	Gibt nicht interaktiv auf der Standardausgabe aus, ohne Bildschirmtricks zu nutzen. `top -b -n1 > ausgabedatei` sichert einen Schnappschuss in einer Datei.

free

stdin **stdout** -datei --opt **--help** **--version**

`free [`*optionen*`]`

Der Befehl `free` zeigt die Speicherauslastung in Kilobyte an:

```
→ free
            total       used       free  shared buffers cached
Mem:       523812     491944      31868       0   67856 199276
-/+ buffers/cache:    224812     299000
Swap:      530104          0     530104
```

Der Linux-Kernel reserviert für Caching-Zwecke so viel Speicher wie möglich. Deshalb befindet sich Ihre beste Schätzung für freien RAM in der oben stehenden Ausgabe in der `buffers/cache`-Reihe und dort in der `free`-Spalte (also 299000K).

Nützliche Optionen

`-s` *N*	Läuft kontinuierlich und aktualisiert die Anzeige alle *N* Sekunden.
`-b`	Zeigt die Menge in Byte an.
`-m`	Zeigt die Menge in Megabyte an.
`-t`	Fügt am Ende eine Zeile für den Gesamtwert hinzu.
`-o`	Lässt die `buffers/cache`-Zeile weg.

Prozesse steuern

`kill`	Beendet einen Prozess (oder sendet ein Signal).
`timeout`	Beendet ein Programm, das zu lange läuft.
`nice`	Ruft ein Programm mit einer bestimmten Priorität auf.
`renice`	Ändert die Priorität eines Prozesses während der Ausführung.
`flock`	Stellt mithilfe von Locks sicher, dass nur eine Kopie eines Prozesses gleichzeitig läuft.

Sobald Prozesse gestartet werden, kann man sie stoppen, neu starten, beenden und mit einer neuen Priorität versehen. Wir haben einige dieser Operationen, die von der Shell erledigt werden, in »Jobkontrolle mit der Shell« auf Seite 46 besprochen. Jetzt behandeln wir das Beenden und das Ändern von Prioritäten.

kill

stdin **stdout** -datei --opt --help --version

kill [*optionen*] [*prozess_ids*]

Der `kill`-Befehl sendet ein Signal an einen Prozess. Dieses kann einen Prozess beenden (Standardaktion), unterbrechen, suspendieren, zum Absturz bringen usw. Sie müssen den Prozess besitzen oder Administrator sein, um ihn zu beeinflussen. Um z. B. den Prozess 13243 zu beenden, führen Sie Folgendes aus:

```
→ kill 13243
```

Klappt das nicht – manche Programme fangen dieses Signal ab, ohne sich zu beenden –, fügen Sie die Option `-KILL` oder (äquivalent) `-9` hinzu:

```
→ kill -KILL 13243
```

die eigentlich immer funktioniert. Das ist allerdings kein sauberer Abgang für das Programm, das bei seinem Tod noch Ressourcen belegt haben (oder andere Inkonsistenzen verursachen) könnte.

Falls Ihnen die PID eines Prozesses nicht bekannt ist, führen Sie `ps` aus und untersuchen die Ausgabe:

```
→ ps -uax | grep emacs
```

Oder, noch besser, Sie probieren den Befehl `pidof`, der die PID eines Prozesses anhand seines Namens nachschlägt und ausgibt:

```
→ pidof emacs
8374
```

Jetzt können Sie den Prozess beenden, obwohl Sie nur den Namen seines Programms kennen. Setzen Sie ihn in Shell-Backquotes bei der Ausführung von `pidof`:

```
→ kill `pidof emacs`
```

Sie können auch den Befehl `killall` verwenden, um alle Prozesse eines bestimmten Programms zu beenden:

```
→ killall emacs
```

Zusätzlich zum `kill`-Programm des Dateisystems (meist */bin/kill*) sind in die meisten Shells `kill`-Befehle eingebaut. Deren Syntax und Verhalten können aber unterschiedlich sein. Sie alle unterstützen jedoch Folgendes:

```
→ kill -N PID
→ kill -NAME PID
```

Dabei ist *N* eine Signalnummer und *NAME* ein Signalname ohne sein führendes `SIG` (benutzen Sie z. B. `-HUP`, um das Signal `SIGHUP` zu senden). Für eine vollständige Liste der Signale, die von `kill` übermittelt werden, führen Sie `kill -l` aus, obwohl seine Ausgabe davon abhängt, welches `kill` Sie ausführen. Beschreibungen der Signale erhalten Sie, wenn Sie `man 7 signal` aufrufen.

timeout

stdin stdout -file --opt **--help** **--version**

`timeout [`*`optionen`*`]` *`sekunden befehl ...`*

Der Befehl `timeout` setzt ein Zeitlimit in Sekunden für das Ausführen eines anderen Programms. Läuft dieses länger, wird es durch `timeout` beendet. Als Beispiel dient ein `sleep`-Befehl, der eine Minute laufen sollte, aber nach drei Sekunden beendet wird:

```
→ sleep 60              Läuft 60 Sekunden.
→ timeout 3 sleep 60    Nach 3 Sekunden beendet.
```

Ein etwas realistischeres Beispiel: Sie wollen für eine Stunde Musik aus Ihrer MP3-Sammlung hören:

```
→ timeout 3600 mplayer *.mp3
```

Nützliche Optionen

`-s` *signal*	Schickt ein anderes als das Standardsignal TERM. Die Möglichkeiten entsprechen denen von `kill -l`.
`-k` *sekunden*	Wenn das Programm nach dem ersten Signal nicht beendet wird, warte so viele weitere Sekunden und schicke dann ein endgültiges KILL-Signal.

nice

stdin **stdout** -datei --opt **--help** **--version**

`nice [-n` *level*`]` *kommandozeile*

Wenn man ein systemintensives Programm aufruft, kann man »nett« zu den anderen Prozessen (und Benutzern) sein, indem man dessen Priorität absenkt. Dafür wird der `nice`-Befehl benutzt: Er stellt ein »nettes Level« für einen Prozess ein, damit dieser weniger Aufmerksamkeit beim Linux-Prozess-Scheduler erregt.[17] Hier ist ein Beispiel dafür, wie ein großer Job auf das Nice-Level 7 gesetzt wird:

```
→ nice -n 7 sort SehrGrosseDatei > ausgabedatei
```

Wenn Sie `nice` ohne Level aufrufen, wird 10 benutzt. Normale Prozesse (die ohne `nice` aufgerufen werden) laufen auf Level null, was Sie sehen können, wenn Sie `nice` ohne Argumente aufrufen:

```
→ nice
0
```

Der Administrator kann ebenfalls das Nice-Level senken und damit die Priorität eines Prozesses vergrößern:

17 Man nennt diesen Vorgang auch »Nicing«.

```
→ sudo nice -n -10 meinprogramm
```

Um die nice-Level Ihrer Jobs zu sehen, nutzen Sie ps und schauen in die Spalte »NI«:

```
→ ps -o pid,user,args,nice
```

renice

stdin **stdout** -datei --opt --help --version

`renice [-n N] [optionen] PID`

Während der Befehl nice ein Programm bei einem vorgegebenen Nice-Level aufrufen kann, ändert renice das Nice-Level eines bereits laufenden Prozesses. Hier erhöhen wir das nice-Level (verringern die Priorität) von Prozess 28734 um 5:

```
→ renice -n 5 -p 28734
```

Ein schneller (wenn auch trivialer) Test ist das Erstellen eines im Hintergrund laufenden Prozesses, der einfach für zwei Minuten schläft und dessen Priorität geändert wird:

```
→ sleep 120 &
→ pidof sleep
2673
→ renice -n 5 -p 2673
2673 (process ID) old priority 0, new priority 5
```

Normale Benutzer können das Nice-Level ihrer eigenen Prozesse erhöhen, während der Administrator es auch verringern (und damit die Priorität erhöhen) und außerdem auf jedem Prozess arbeiten kann. Der gültige Bereich ist 20 bis +20, allerdings sollten Sie hohe negative Werte vermeiden, da Sie ansonsten wichtigen Systemprozessen in die Quere kommen.

Nützliche Optionen

-p *pid*	Beeinflusst die angegebene Prozess-ID. Sie können -p auch weglassen und nur eine PID angeben (renice -n 5 28734).
-u *benutzername*	Beeinflusst alle Prozesse, die dem angegebenen Benutzer gehören.

flock

stdin stdout -file --opt **--help --version**

`flock [optionen] sperrdatei befehl ...`

Mussten Sie jemals sicherstellen, dass ein Programm immer nur einmal zur selben Zeit auf Ihrem Computer läuft? Führen Sie zum Beispiel jede Stunde automatische Backups mit einem Befehl wie `rsync` durch, kann es gelegentlich vorkommen, dass das vorige Backup noch läuft, wenn das nächste gestartet wird. Der Befehl `flock` löst solche Probleme. Er verhindert, dass ein Befehl, wie zum Beispiel ein Backup-Skript, parallel zu sich selbst läuft. Versuchen Sie, einen Befehl zweimal gleichzeitig zu starten, wird der zweite Aufruf fehlschlagen. So wird zum Beispiel dieser `rsync`-Befehl bei der Ausführung mit `flock` fehlschlagen, wenn schon eine andere Instanz des gleichen Befehls läuft:

```
→ flock -n /tmp/meinesperre rsync ...
```

Um `flock` auszuprobieren, öffnen Sie zwei Shell-Fenster und lassen den folgenden Befehl in beiden laufen (wir verwenden hier zu Demonstrationszwecken den `sleep`-Befehl, der nichts tut, außer die angegebenen Sekunden zu warten):

```
→ flock -n /tmp/meinesperre sleep 60
```

Der erste Aufruf wird funktionieren, der zweite wird hingegen sofort wieder beendet. Die beiden Befehle müssen dabei nicht identisch sein, sich aber auf die gleiche *Sperrdatei* im ersten Argument beziehen. Das kann der Name einer beliebigen Datei oder eines Verzeichnisses sein. `flock` behandelt sie als eindeutigen Marker, der verhindert, dass ein anderer Befehl ausgeführt wird. Lassen Sie zum Beispiel in der einen Shell den Befehl `sleep` laufen, nutzen in der zweiten aber einen anderen wie `ls`, allerdings mit der gleichen Sperrdatei:

```
→ flock -n /tmp/meinesperre ls
```

wird der zweite Aufruf trotzdem fehlschlagen. Geben Sie unterschiedliche Sperrdateien mit, werden sich beide Befehle ausführen lassen.

Nützliche Optionen

`-n`	Schlägt sofort fehl, wenn ein anderer Befehl schon läuft.
`-w` *N*	Schlägt nach *N* Sekunden des Wartens fehl, wenn schon ein anderer Befehl läuft.
`-s`	Nutzt eine gemeinsame (shared) Sperre statt einer exklusiven Sperre. Sie können mit dieser Option mehrere Befehle parallel laufen lassen, und `flock` schlägt nur dann fehl, wenn Sie sie weglassen. Das ist nützlich, wenn Sie eine begrenzte Zahl von Befehlen parallel laufen lassen wollen.

Jobs zeitlich planen

`sleep`	Wartet eine bestimmte Anzahl von Sekunden, tut nichts.
`watch`	Führt ein Programm in festgesetzten Intervallen aus.
`at`	Startet einen Job für einen bestimmten Zeitpunkt in der Zukunft.
`crontab`	Startet Jobs für bestimmte Zeitpunkte.

Falls Sie Programme zu bestimmten Zeiten oder in regelmäßigen Intervallen starten müssen, hilft Ihnen Linux mit verschiedenen Scheduling-Werkzeugen unterschiedlicher Komplexität.

sleep

stdin stdout -datei --opt **--help** **--version**

`sleep` *`zeitangabe`*

Der `sleep`-Befehl wartet einfach eine festgesetzte Zeit ab. Bei der angegebenen Zeit kann es sich um einen Integerwert handeln (das bedeutet Sekunden) oder um einen Integerwert, gefolgt von dem Buchstaben `s` (ebenfalls Sekunden), `m` (Minuten), `h` (Stunden) oder `d` (Tage), zum Beispiel:

→ **`sleep 5m`** *Mache fünf Minuten lang nichts.*

`sleep` ist sinnvoll, wenn man einen Befehl eine bestimmte Zeit lang verzögern möchte:

```
→ sleep 10 && echo 'Zehn Sekunden sind vergangen.'
(10 Sekunden verstreichen.)
Zehn Sekunden sind vergangen.
```

watch

stdin **stdout** -datei **--opt** **--help** **--version**

`watch [optionen] befehl`

Das `watch`-Programm führt einen bestimmten Befehl in regelmäßigen Zeitabständen aus, standardmäßig alle zwei Sekunden. Der Befehl wird an die Shell übergeben (schützen Sie deshalb Sonderzeichen), und die Ergebnisse werden im Vollbildmodus angezeigt, sodass Sie die Ausgabe bequem begutachten können und sehen, was sich geändert hat. So führt z. B. `watch -n 60 date` einmal pro Minute den `date`-Befehl aus. Tippen Sie zum Beenden `^C`.

Nützliche Optionen

`-n` *sekunden*	Setzt – in Sekunden – die Zeit zwischen den Ausführungen.
`-d`	Hebt Unterschiede in der Ausgabe hervor und betont auf diese Weise, was sich von einer Ausführung zur nächsten geändert hat.
`-g`	Beendet den Befehl, wenn sich die Ausgabe des Programms von seinem vorigen Durchlauf unterscheidet.

at

stdin **stdout** -datei **--opt** --help --version

`at [optionen] zeitangabe`

Der `at`-Befehl führt zu einem angegebenen Zeitpunkt einmal einen Shell-Befehl aus:

```
→ at 7am next sunday
at> echo Denk ans Einkaufen | mail smith
at> lpr $HOME/einkaufszettel
at> ^D
<EOT>
job 559 at 2015-09-14 21:30
```

Die Zeitangaben, die `at` versteht, sind ausgesprochen flexibel. Im Allgemeinen können Sie Folgendes festlegen:

- eine Zeit, gefolgt von einem Datum (nicht ein Datum, gefolgt von einer Zeit)
- nur ein Datum (nimmt Ihre aktuelle Uhrzeit an)

- nur eine Zeit (nimmt das nächste Auftreten dieser Zeit an, ob heute oder morgen)
- ein besonderes Wort, wie `now`, `midnight` oder `teatime` (16:00)
- einen der genannten Werte, gefolgt von einem Offset, wie etwa »+ 3 days«

Daten sind in vielen Formen akzeptabel: `december 25 20125`, `25 december 2015`, `december 25`, `25 december`, `12/25/2015`, `25.12.2015`, `20151225`, `today`, `thursday`, `next thursday`, `next month`, `next year` und mehr. Monatsnamen können auf drei Buchstaben abgekürzt werden (`jan`, `feb`, `mar` ...). Zeiten sind ebenfalls flexibel: `8pm`, `8 pm`, `8:00pm`, `8:00 pm`, `20:00` und `2000` sind äquivalent. Offsets sind Plus- oder Minuszeichen, gefolgt von Whitespace und einer Zeitdauer: `+ 3 seconds`, `+ 2 weeks`, `- 1 hour` usw.[18]

Falls Sie einen Teil des Datums oder der Zeit nicht angeben, kopiert at die fehlenden Informationen aus dem Systemdatum und der Systemzeit. `next year` bedeutet also ein Jahr von genau jetzt an, `thursday` bedeutet den nächsten Donnerstag genau zu dieser Zeit, `december 25` bedeutet den kommenden 25. Dezember, und `4:30pm` bedeutet das nächste 16.30 Uhr, das auftreten wird.

Der Befehl, den Sie an at übergeben, wird von der Shell erst zum Zeitpunkt der Ausführung ausgewertet, weshalb Wildcards, Variablen und andere Shell-Konstrukte auch erst dann erweitert werden. Außerdem bleibt Ihre aktuelle Umgebung (siehe `printenv`) innerhalb des Jobs erhalten, sodass dieser genau so ausgeführt wird, als wären Sie angemeldet. Aliase jedoch stehen für at-Jobs nicht zur Verfügung, Sie sollten sie deshalb auch nicht benutzen.

Um Ihre at-Jobs aufzulisten, benutzen Sie `atq` (at queue):

```
→ atq
559  2015-09-14 07:00 a smith
```

Um einen Job zu löschen, rufen Sie `atrm` (at remove) zusammen mit der Jobnummer auf:

```
→ atrm 559
```

18 Programmierer können die genaue Syntax in */usr/share/doc/at/timespec* nachlesen.

Nützliche Optionen

`-f` *dateiname*	Liest die Befehle aus der angegebenen Datei anstatt von der Standardeingabe.
`-c` *jobnummer*	Gibt die Jobbefehle auf der Standardausgabe aus.

crontab

stdin **stdout** **-datei** **--opt** --help --version

`crontab` [*optionen*] [*datei*]

Der `crontab`-Befehl plant genau wie `at` Jobs für bestimmte Zeitpunkte ein. Allerdings wird `crontab` für wiederholt durchgeführte Jobs verwendet, wie etwa »Führe diesen Befehl am zweiten Dienstag jedes Monats um Mitternacht durch«. Damit das funktioniert, können Sie eine Datei bearbeiten und speichern (die sogenannte **crontab-Datei**), die autmatisch in einem Systemverzeichnis installiert wurde (*/var/spool/cron*). Einmal pro Minute wacht ein Linux-Prozess namens `cron` auf, prüft die crontab-Datei und führt alle Jobs aus, die fällig werden.

`$ crontab -e`
: Bearbeitet Ihre crontab-Datei in Ihrem Standardeditor (`$VISUAL`).

`$ crontab -l`
: Gibt die crontab-Datei auf der Standardausgabe aus.

`$ crontab -r`
: Löscht die crontab-Datei.

`$ crontab meinedatei`
: Installiert die Datei *meinedatei* als Ihre crontab-Datei.

Der Administrator kann die Option `-u` *benutzername* hinzufügen, um mit den crontab-Dateien anderer Benutzer zu arbeiten.

Crontab-Dateien können einen Job pro Zeile enthalten. (Leere Zeilen und Kommentarzeilen, die mit # beginnen, werden ignoriert.) Jede Zeile enthält sechs Felder, die durch Whitespace getrennt sind.

Die ersten fünf Felder geben die Zeit an, zu der der Job ausgeführt werden soll, das letzte Feld enthält den Jobbefehl selbst.

Minuten der Stunde
: Ein Integer zwischen 0 und 59. Das kann eine einzelne Zahl sein (`30`), eine Folge von Zahlen, getrennt durch Kommata (`0,15,30,45`), ein Bereich (`20-30`), eine Folge von Bereichen (`0-15,50-59`) oder ein Sternchen, das »alles« bedeutet. Sie können mit dem Suffix `/n` »jedes *n*te Mal« angeben, sodass z. B. `*/12` und `0-59/12` bedeuten: `0,12,24,36,48` (d. h. alle 12 Minuten).

Stunden des Tages
: Gleiche Syntax wie bei den Minuten.

Tage des Monats
: Integer zwischen 1 und 31; auch hier können Sie Folgen, Bereiche, Folgen von Bereichen oder ein Sternchen benutzen.

Monate des Jahres
: Integer zwischen 1 und 12; hier können Sie ebenfalls Folgen, Bereiche, Folgen von Bereichen oder ein Sternchen benutzen. Außerdem sind dreibuchstabige Abkürzungen möglich (`jan`, `feb`, `mar` ...), allerdings nicht in Bereichen oder Folgen.

Tage der Woche
: Integer zwischen 0 (Sonntag) und 6 (Sonnabend); hier können Sie wieder Folgen, Bereiche, Folgen von Bereichen oder ein Sternchen benutzen. Außerdem sind dreibuchstabige Abkürzungen möglich (`sun`, `mon`, `tue` ...), allerdings nicht in Bereichen oder Folgen.

Auszuführender Befehl
: Jeder Shell-Befehl, der dann in Ihrer Log-in-Umgebung ausgeführt wird, sodass Sie sich auch auf Umgebungsvariablen wie `$HOME` beziehen und damit rechnen können, dass sie funktionieren. Als allgemeine Regel gilt, dass Sie nur absolute Pfade zu Ihren Befehlen (z. B. */usr/bin/who* anstelle von `who`) verwenden sollten, um sicherzustellen, dass der richtige Befehl durch `cron` ausgeführt wird – es kann schließlich mehrere Programme mit dem gleichen Namen geben.

Hier sind einige Beispiele:

*	*	*	*	*	jede Minute
45	*	*	*	*	45 Minuten nach jeder vollen Stunde (1:45, 2:45 usw.)
45	9	*	*	*	täglich um 9:45 Uhr
45	9	8	*	*	am achten Tag jedes Monats um 9:45 Uhr
45	9	8	12	*	immer am 8. Dezember um 9:45 Uhr
45	9	8	dec	*	immer am 8. Dezember um 9:45 Uhr
45	9	*	*	6	jeden Sonnabend um 9:45 Uhr
45	9	*	*	sat	jeden Sonnabend um 9:45 Uhr
45	9	*	12	6	jeden Sonnabend im Dezember um 9:45 Uhr
45	9	8	12	6	jeden Sonnabend im Dezember sowie am 8. Dezember um 9:45 Uhr

Wenn der Befehl bei der Ausführung eine Ausgabe erzeugt, sendet `cron` Ihnen diese per E-Mail zu (genauer: dem Benutzer, dem diese crontab-Datei gehört – siehe die Manpage für `cron`).

Anmelden, abmelden und herunterfahren

Wir gehen davon aus, dass Sie wissen, wie Sie sich an Ihrem Linux-Account anmelden. Um sich mit GNOME oder KDE abzumelden, wählen Sie *Abmelden* aus dem Hauptmenü. Um sich von einer externen Shell aus abzumelden, schließen Sie einfach die Shell (tippen Sie `exit` oder `logout`).

Schalten Sie ein Linux-System niemals einfach so aus: Es muss vorsichtig heruntergefahren werden. Um unter GNOME oder KDE herunterzufahren, benutzen Sie das Hauptmenü. Um aus einer Shell herunterzufahren, führen Sie als Administrator den `shutdown`- oder `systemctl`-Befehl aus (siehe unten).

shutdown

stdin **stdout** -datei --opt --help --version

`shutdown [`*optionen*`]` *zeit* `[`*nachricht*`]`

Der shutdown-Befehl hält ein Linux-System an oder startet es neu; nur der Administrator darf ihn ausführen. Hier ist ein Befehl, der das System in 10 Minuten anhält, wobei er allen Benutzern, die gerade angemeldet sind, die Meldung »Turnusmäßige Wartung« schickt:

```
→ sudo shutdown -h +10 "Turnusmäßige Wartung"
```

Die *zeit* kann eine Anzahl von Minuten sein, denen ein Pluszeichen vorangestellt ist, also etwa +10, eine absolute Zeit in Stunden und Minuten, wie etwa 16:25, oder das now für sofortiges Herunterfahren.

Ohne Optionen bringt shutdown das System in den Single-User-Modus, einen speziellen Wartungsmodus, in dem nur eine Person angemeldet ist (an der Systemkonsole) und alle unwichtigen Dienste ausgeschaltet sind. Um den Single-User-Modus zu verlassen, führen Sie entweder einen weiteren shutdown zum Anhalten oder Neustarten aus oder tippen ^D, um das System in den normalen Multi-User-Modus zurückzubringen.

Nützliche Optionen

- `-r` Neustart des Systems.
- `-h` Anhalten des Systems.
- `-k` Fährt das System nicht wirklich herunter, sondern sendet nur Warnungen an alle Benutzer, so als würde das System herunterfahren.
- `-c` Bricht das Herunterfahren ab. (Lassen Sie das *Zeit*-Argument weg.)
- `-f` Überspringt beim Neustart die übliche Überprüfung des Dateisystems, die vom fsck-Programm durchgeführt wird (beschrieben in »Festplatten und Dateisysteme« auf Seite 132).
- `-F` Fordert beim Neustart die übliche Überprüfung des Dateisystems.

Für technische Informationen zum Herunterfahren, den Single-User-Modus und verschiedene Systemzustände lesen Sie die Manpages für init und inittab.

systemctl

stdin **stdout** -datei --opt **--help** **--version**

```
systemctl [optionen] befehl [argumente]
```

In manchen Linux-Distributionen ist der `shutdown`-Befehl ein symbolischer Link auf `systemctl`. Dabei handelt es sich um ein Universaltool für das Starten und Stoppen von Diensten – einschließlich des gesamten Hosts. `systemctl` ist Teil eines Servicemanagers namens `systemd`. Eine vollständige Abhandlung würde den Rahmen dieses Buchs sprengen, daher werden wir nur ein paar grundlegende Anwendungsfälle vorstellen. (Mit `man systemd` erhalten Sie mehr Informationen.)

`sudo systemctl poweroff`	Das System herunterfahren.
`sudo systemctl reboot`	Das System neu starten.
`sudo systemctl suspend`	Das System schlafen legen.

Benutzer und deren Umgebung

`logname`	Gibt Ihren Log-in-Namen aus.
`whoami`	Gibt Ihren aktuellen, effektiven Benutzernamen aus.
`id`	Gibt die Benutzer-ID und die Gruppenmitgliedschaft eines Benutzers aus.
`who`	Listet angemeldete Benutzer auf; lange Ausgabe.
`users`	Listet angemeldete Benutzer auf; kurze Ausgabe.
`finger`	Gibt Informationen über Benutzer aus.
`last`	Stellt fest, wann jemand zuletzt angemeldet war.
`printenv`	Gibt Ihre Umgebung aus.

Wer sind Sie? Nur das System weiß das genau. Diese Ansammlung von Programmen verrät Ihnen alles über **Benutzer**: ihre Log-in-Namen, die Log-in-Zeiten und die Eigenschaften von deren Umgebung.

logname

stdin **stdout** -datei --opt **--help** **--version**

```
logname
```

Der Befehl `logname` gibt Ihren Log-in-Namen aus. Das mag trivial erscheinen, ist aber in Shell-Skripten ganz nützlich.

```
→ logname
smith
```

Wenn dieser Befehl auf Ihrem System nicht funktioniert, versuchen Sie es stattdessen wie folgt:

```
→ echo $LOGNAME
```

whoami

stdin **stdout** -datei --opt **--help** **--version**

```
whoami
```

Der `whoami`-Befehl gibt den Namen des aktuellen, effektiven Benutzers aus. Dieser kann sich von Ihrem Log-in-Namen unterscheiden (der Ausgabe von `logname`), falls Sie den `sudo`-Befehl benutzt haben. Dieses Beispiel unterscheidet `whoami` von `logname`:

```
→ logname
smith
→ sudo logname
smith
→ whoami
smith
→ sudo whoami
root
```

id

stdin **stdout** -datei **--opt** **--help** **--version**

id [*optionen*] [*benutzername*]

Jeder Benutzer besitzt eine einmalige, numerische **Benutzer-ID** sowie eine Standardgruppe mit einer einmaligen, numerischen **Gruppen-**

ID. Der id-Befehl gibt diese Werte zusammen mit ihren dazugehörenden Benutzer- und Gruppennamen aus:

```
→ id
uid=500(smith) gid=500(smith)
groups=500(smith),6(disk),490(src),501(cdwrite)
```

Nützliche Optionen

`-u`
: Gibt die effektive Benutzer-ID aus und beendet sich.

`-g`
: Gibt die effektive Gruppen-ID aus und beendet sich.

`-G`
: Gibt die IDs aller anderen Gruppen aus, zu denen der Benutzer gehört.

`-n`
: Gibt die Namen (für Benutzer und Gruppen) anstelle der numerischen IDs aus. Muss mit `-u`, `-g` oder `-G` kombiniert werden. Zum Beispiel erzeugt `id -Gn` die gleiche Ausgabe wie der Befehl `groups`.

`-r`
: Gibt Log-in-Werte anstelle von effektiven Werten aus. Muss mit `-u`, `-g` oder `-G` kombiniert werden.

who   stdin **stdout** -datei --opt **--help** **--version**

who [*optionen*] [*dateiname*]

Der who-Befehl listet alle angemeldeten Benutzer auf, und zwar eine Benutzer-Shell pro Zeile:

```
→ who
smith    pts/0    Sep  6 17:09 (:0)
barrett  pts/1    Sep  6 17:10 (10.24.19.240)
jones    pts/2    Sep  8 20:58 (192.168.13.7)
jones    pts/4    Sep  3 05:11 (192.168.13.7)
```

Normalerweise holt who seine Daten aus der Datei */var/run/utmp*. Mit dem *dateiname*-Argument kann man eine andere Datendatei angeben, also etwa */var/log/wtmp* für vergangene Log-ins oder */var/log/btmp* für fehlgeschlagene Log-ins.[19]

---

19 Falls Ihr System so konfiguriert ist, dass es diese Informationen protokolliert.

Nützliche Optionen

`-H`	Gibt als erste Zeile eine Reihe von Überschriften aus.
`--lookup`	Gibt für Benutzer, die von außen angemeldet sind, die Hostnamen ihrer Ursprungsrechner aus.
`-u`	Gibt die Idle-Zeit (untätig verbrachte Zeit) eines Benutzers an seinem Terminal aus.
`-T`	Zeigt auch an, ob das Terminal der Benutzer schreibbar ist (siehe `mesg` in »Instant-Messenger« auf Seite 195). Ein Pluszeichen bedeutet »Ja«, ein Minuszeichen bedeutet »Nein«, und ein Fragezeichen bedeutet, dass es unbekannt ist.
`-m`	Zeigt nur Informationen über Sie selbst an, d. h. über den Benutzer, der mit dem aktuellen Terminal verbunden ist.
`-q`	Schnelle Anzeige der Benutzernamen und der Anzahl der Benutzer. Fast wie der `users`-Befehl, gibt aber zusätzlich die Anzahl aus.

---

users

stdin **stdout** -datei --opt **--help** **--version**

`users [`*`dateiname`*`]`

Der users-Befehl gibt ein schnelles Listing der Benutzer aus, die Log-in-Sitzungen haben. Wenn ein Benutzer mehrere Shells ausführt, taucht er auch mehrfach auf.

```
→ users
barrett jones smith smith smith
```

Genau wie der `who`-Befehl liest `users` standardmäßig */var/log/utmp* aus, kann seine Daten aber auch einer anderen angegebenen Datei entnehmen.

---

finger

stdin **stdout** -datei **--opt** **--help** **--version**

`finger [`*`optionen`*`] [`*`benutzer`*`[`*`@host`*`]]`

Der `finger`-Befehl gibt Informationen zu den angemeldeten Benutzern aus, und zwar in Kurzform:

```
→ finger
Login     Name          Tty     Idle  Login Time
smith     Sandy Smith   :0            Sep  6 17:09
```

```
barrett   Daniel Barrett   :pts/1     24  Sep  6 17:10
jones     Jill Jones       :pts/2         Sep  8 20:58
```

Oder in einer langen Form:

```
→ finger smith
Login: smith                          Name: Sandy Smith
Directory: /home/smith                Shell: /bin/bash
On since Sat Sep  6 17:09 (EDT) on :0
Last login Mon Sep  8 21:07 (EDT) on pts/6 from web1
No mail.
Project:
Enhance world peace
Plan:
Mistrust first impulses; they are always right.
```

Das *benutzer*-Argument kann ein lokaler Benutzername oder ein entfernter Benutzer in der Form *benutzer@host* sein. Entfernte Hosts reagieren nur dann auf finger-Anfragen, wenn sie entsprechend konfiguriert sind.

Nützliche Optionen

- `-l` Aufgabe im langen Format.
- `-s` Ausgabe im kurzen Format.
- `-p` Zeigt die `Project-` und `Plan`-Abschnitte nicht an, die normalerweise aus den Dateien *~/.project* bzw. *~/.plan* des Benutzers ausgelesen werden.

last

stdin **stdout** -datei **--opt** --help --version

last [*optionen*] [*benutzer*] [*ttys*]

Der last-Befehl zeigt eine Historie der Log-ins in umgekehrt chronologischer Reihenfolge an.

```
→ last
barrett pts/3  localhost Mon Sep 8 21:07 - 21:08 (00:01)
smith   pts/6  :0        Mon Sep 8 20:25 - 20:56 (00:31)
barrett pts/4  myhost    Sun Sep 7 22:19 still logged in
...
```

Sie können Benutzernamen oder Terminals (tty-Namen) angeben, um die Ausgabe zu beschränken.

Nützliche Optionen

`-N`	Gibt nur die letzten *N* Zeilen der Ausgabe aus, wobei *N* ein positiver Integerwert ist.
`-i`	Zeigt IP-Adressen anstelle von Hostnamen an.
`-R`	Zeigt keine Hostnamen an.
`-x`	Zeigt auch, wann das System heruntergefahren oder der Runlevel geändert wurde (z. B. Wechsel vom Single-User- in den Multi-User-Modus).
`-f` *`dateiname`*	Liest aus einer anderen Datendatei als */var/run/wtmp* (siehe den `who`-Befehl für weitere Details).

printenv

stdin **stdout** -datei **--opt** **--help** **--version**

`printenv [`*`umgebungsvariablen`*`]`

Der `printenv`-Befehl gibt alle Umgebungsvariablen aus, die Ihrer Shell bekannt sind, sowie deren Werte:

```
→ printenv
HOME=/home/smith
MAIL=/var/spool/mail/smith
NAME=Sandy Smith
SHELL=/bin/bash
...
```

Oder nur angegebene Variablen:

```
→ printenv HOME SHELL
/home/smith
/bin/bash
```

Verwaltung der Benutzerzugänge

`useradd`	Erzeugt einen Zugang.
`userdel`	Löscht einen Zugang.
`usermod`	Modifiziert einen Zugang.
`passwd`	Ändert ein Passwort.
`chfn`	Ändert die persönlichen Informationen eines Benutzers.
`chsh`	Ändert die Shell eines Benutzers.

Der Installationsprozess für Ihre Linux-Distribution hat Sie zweifellos aufgefordert, einen Administratorzugang (root) und vermutlich auch einen normalen Benutzerzugang anzulegen (vorzugsweise für Sie selbst). Aber wahrscheinlich wollen Sie noch weitere Benutzerzugänge einrichten.

Das Anlegen von Benutzern ist eine wichtige Aufgabe, die man nicht auf die leichte Schulter nehmen darf. Jeder Zugang ist ein potenzielles Einfallstor für Eindringlinge, sodass jeder Benutzer ein starkes, schwer zu erratendes Passwort haben sollte.

---

useradd

stdin **stdout** -datei **--opt** --help --version

`useradd [`*`optionen`*`]` *`benutzername`*

Der Befehl `useradd` erlaubt dem Administrator, einen Benutzerzugang anzulegen.

```
→ sudo useradd smith
```

Seine Standardwerte sind nicht besonders nützlich (Sie sehen sie, wenn Sie `useradd -D` ausführen), sodass Sie darauf achten müssen, dass Sie alle erforderlichen Optionen angeben, zum Beispiel:

```
→ sudo useradd -d /home/smith -s /bin/bash \
-g users smith
```

Nützliche Optionen

`-d` *`verz`*	Setzt das Home-Verzeichnis des Benutzers auf *`verz`*.
`-s` *`shell`*	Setzt die Log-in-Shell des Benutzers auf *`shell`*.
`-u` *`uid`*	Setzt die ID des Benutzers auf *`uid`*. Wenn Sie nicht ganz genau wissen, was Sie tun, sollten Sie diese Option meiden und den Standardwert verwenden.
`-c` *`string`*	Setzt das Kommentarfeld des Benutzers (historisch als GECOS-Feld bezeichnet). Normalerweise ist das der vollständige Name des Benutzers, es kann aber auch ein beliebiger anderer String sein. Der Befehl `chfn` kann diese Information ebenfalls setzen.
`-g` *`gruppe`*	Setzt die Ausgangsgruppe (seine Standardgruppe) des Benutzers auf *`gruppe`*. Dabei kann es sich um eine numerische Gruppen-ID oder einen Gruppennamen handeln, die aber beide bereits existieren müssen.

`-G` *`gruppe1,gruppe2,...`*	Macht den Benutzer zu einem Mitglied der zusätzlichen bereits existierenden Gruppen *`gruppe1`*, *`gruppe2`* usw.
`-m`	Kopiert alle Dateien aus Ihrem System-»Skelett«- Verzeichnis, */etc/skel*, in das neu angelegte Home-Verzeichnis. Das Skelett-Verzeichnis enthält traditionell minimale Versionen der Initialisierungsdateien (quasi nur ein Skelett), wie *~/.bash_profile*, damit die neuen Benutzer erst einmal starten können. Wollen Sie von einem anderen Verzeichnis kopieren, fügen Sie die Option `-k` hinzu (`-k` *`verzname`*).

userdel

stdin **stdout** -datei **--opt** --help --version

`userdel [-r]` *`benutzername`*

Der `userdel`-Befehl löscht einen vorhandenen Benutzer.

→ **`sudo userdel smith`**

Die Dateien im Home-Verzeichnis des Benutzers werden hierbei nur gelöscht, wenn Sie auch die Option `-r` angeben. Denken Sie sorgfältig nach, bevor Sie einen Benutzer löschen; ziehen Sie stattdessen in Betracht, den Zugang zu deaktivieren (mit `usermod -L`). Und sorgen Sie dafür, dass Sie Backups aller Dateien des Benutzers haben, bevor Sie ihn löschen: Sie brauchen sie möglicherweise irgendwann noch einmal.

usermod

stdin **stdout** -datei **--opt** --help --version

`usermod [`*`optionen`*`]` *`benutzername`*

Der `usermod`-Befehl modifiziert den Zugang des angegebenen Benutzers auf verschiedene Weise, beispielsweise ändert er sein Home-Verzeichnis:

→ **`sudo usermod -d /home/another smith`**

Nützliche Optionen

`-d` *`verz`*	Ändert das Home-Verzeichnis des Benutzers auf *`verz`*.
`-l` *`benutzername`*	Ändert den Log-in-Namen des Benutzers auf *`benutzername`*. Denken Sie sorgfältig nach, bevor Sie das tun, denn es kann sein, dass irgendetwas auf Ihrem System von dem Originalnamen abhängt. Und ändern Sie Systemzugänge (root, daemon usw.) nur dann, wenn Sie wirklich wissen, was Sie tun!
`-s` *`shell`*	Ändert die Log-in-Shell des Benutzers auf *`shell`*.
`-g` *`gruppe`*	Ändert die Ausgangsgruppe des Benutzers (seine Standardgruppe) auf *`gruppe`*. Dabei kann es sich entweder um eine numerische Gruppen-ID oder um einen Gruppennamen handeln; beide müssen bereits existieren.
`-G` *`gruppe1,gruppe2,...`*	Macht den Benutzer zu einem Mitglied *nur* der zusätzlichen, bereits existierenden Gruppen *`gruppe1,gruppe2`* usw. Falls der Benutzer vorher zu anderen Gruppen gehört hat, die Sie hier aber nicht angegeben haben, gehört er ab sofort nicht mehr zu ihnen.
`-L`	Deaktiviert (blockiert) den Zugang, sodass sich der Benutzer nicht mehr anmelden kann.
`-U`	Entsperrt den Zugang nach einer Sperroperation (`-L`).

passwd

stdin **stdout** -datei **--opt** **--help** --version

`passwd [`*`optionen`*`] [`*`benutzername`*`]`

Der Befehl `passwd` ändert ein Log-in-Passwort, und zwar standardmäßig Ihres

```
→ passwd
```

oder das eines anderen Benutzers, falls der Befehl vom Administrator ausgeführt wird:

```
→ sudo passwd smith
```

`passwd` besitzt Optionen, von denen die meisten mit dem Verfall des Passworts zu tun haben. Benutzen Sie diese nur im Zusammenhang mit einer wohldurchdachten Sicherheitspolitik.

chfn

stdin **stdout** -datei **--opt** **--help** **--version**

`chfn [optionen] [benutzername]`

Der Befehl `chfn` (change finger) aktualisiert einige der persönlichen Informationen, die vom System vorgehalten werden: den realen Namen, die private Telefonnummer, die Diensttelefonnummer und die Büroadresse, wie sie vom `finger`-Befehl angezeigt werden. Aufgerufen ohne Benutzernamen, beeinflusst `chfn` Ihren Zugang; aufgerufen mit einem Benutzernamen (durch root), wird dieser Benutzer beeinflusst. Ohne Optionen aufgerufen, fragt `chfn` Sie nach den gewünschten Informationen.

```
→ chfn
Password: ********
Name [Shawn Smith]: Shawn E. Smith
Office [100 Barton Hall]:
Office Phone [212-555-1212]: 212-555-1234
Home Phone []:
```

Nützliche Optionen

`-f` *name*	Ändert den vollständigen Namen auf *name*.
`-h` *telefon*	Ändert die private Telefonnummer auf *telefon*.
`-p` *telefon*	Ändert die Diensttelefonnummer auf *telefon*.
`-o` *adresse*	Ändert die Büroadresse auf *adresse*.

chsh

stdin **stdout** -datei **--opt** **--help** **--version**

`chsh [optionen] [benutzername]`

Der Befehl `chsh` (change shell) stellt Ihr Log-in-Shell-Programm ein. Aufgerufen ohne einen Benutzernamen, beeinflusst `chsh` Ihren Zugang; aufgerufen mit einem Benutzernamen (durch root), wird dieser Benutzer beeinflusst. Ohne Optionen aufgerufen, fragt `chsh` Sie nach den gewünschten Informationen.

```
→ chsh
Changing shell for smith.
```

```
Password: *******
New shell [/bin/bash]: /bin/tcsh
```

Die neue Shell muss in der Datei */etc/shells* aufgeführt sein.

Nützliche Optionen

`-s` *`shell`*	Gibt die neue Shell an.
`-l`	Listet alle zulässigen Shells auf.

Administrator werden

Normale Benutzer können üblicherweise nur die Dateien modifizieren, die ihnen gehören. Ein besonderer Benutzer, der sogenannte *Administrator* (*Superuser* oder *Root*), hat kompletten Zugriff auf den Rechner und kann alles darauf machen. Sie sollten selten Administratorrechte benötigen – setzen Sie sie möglichst nur dann ein, wenn es sich nicht vermeiden lässt, denn bei zu großzügiger Verwendung könnten Sie Ihr Linux-System unabsichtlich beschädigen.

Sie können auf unterschiedlichen Wegen Administrator werden. Einer führt über den Befehl `sudo`, mit dem Sie die entsprechenden Berechtigungen für einen einzelnen Befehl erhalten. Geben Sie einfach `sudo` und dann den Befehl ein. Abhängig von der Konfiguration von `sudo` auf Ihrem Rechner werden Sie nach dem Passwort gefragt:

```
→ sudo rm protected_file
Password: ********              Ihr eigenes Passwort
```

Um für mehrere Befehle Administrator zu werden, können Sie eine Shell mit `sudo` ausführen:

```
→ sudo bash
```

Das ist zum Beispiel praktisch, wenn Sie mit `cd` viele geschützte Verzeichnisse durchsuchen wollen. Sind Sie mit den Befehlen als Administrator fertig, drücken Sie `^D` oder rufen `exit` auf, um die Administrator-Shell zu beenden und wieder Sie selbst zu werden. Haben Sie vergessen, ob Ihre Shell eine Administrator-Shell oder eine normale Shell ist, prüfen Sie Ihre Identität mit dem Befehl `whoami`. Als Administrator wird hier `root` angezeigt.

Eine andere Möglichkeit, Administrator zu werden, ist der Befehl su, der ebenfalls eine Administrator-Shell erzeugt. Sie benötigen hier aber ein anderes Passwort, das *Root-Passwort*. Kennen Sie es für das System nicht, können Sie su nicht einsetzen. (Haben Sie Linux selbst installiert, wurden Sie während der Installation aufgefordert, ein Root-Passwort auszuwählen):

```
→ su -l
Password: *******          root-Passwort
#
```

Ihr Shell-Prompt verwandelt sich wahrscheinlich – meist in ein Hash-Zeichen (#), um zu zeigen, dass Sie der Administrator sind.

Geben Sie su einen Benutzernamen mit:

```
→ su -l sophia
Password: *******          sophias Passwort
```

werden Sie dieser Benutzer (sofern Sie das richtige Passwort kennen).

sudo und su sind in einigen wichtigen Bereichen unterschiedlich. su ist auf jedem Linux-System vorhanden, aber Sie brauchen ein anderes Passwort, um es laufen zu lassen. sudo nutzt Ihr eigenes Passwort, aber es muss entsprechend konfiguriert sein. sudo ist besser auf Systemen, die mehrere Administratoren haben, da es eine detailliertere Kontrolle der Berechtigungen ermöglicht (in der Datei */etc/sudoers*) und die ausgeführten Befehle protokolliert. Eine vollständige Behandlung dieser Befehle würde den Rahmen dieses Buchs sprengen – über man sudo und *http://www.sudo.ws/* erhalten Sie weitere Informationen.

Gruppen verwalten

groups	Gibt die Gruppenzugehörigkeit eines Benutzers aus.
groupadd	Erzeugt eine Gruppe.
groupdel	Löscht eine Gruppe.
groupmod	Modifiziert eine Gruppe.

Eine **Gruppe** ist eine Menge von Zugängen, die als eine Einheit behandelt werden. Falls Sie einer Gruppe die Erlaubnis erteilen, eine bestimmte Aktion auszuführen (etwa eine Datei zu modifizieren), dürfen alle Mitglieder der Gruppe das tun. Sie können z.B. der Gruppe freunde die vollständige Berechtigung erteilen, die Datei */tmp/sample* zu lesen, zu schreiben und auszuführen:

```
→ groups
users smith freunde
→ chgrp freunde /tmp/beispiel
→ chmod 770 /tmp/beispiel
→ ls -l /tmp/beispiel
-rwxrwx---  1 smith freunde  2874 … /tmp/sample
```

Um Benutzer einer Gruppe hinzuzufügen, bearbeiten Sie als Root */etc/group*.[20] Um die Gruppeneigentümerschaft einer Datei zu ändern, sollten Sie die chgrp-Befehle aus »Dateieigenschaften« auf Seite 74 verwenden.

groups

stdin **stdout** -datei --opt **--help** **--version**

groups [*benutzernamen*]

Der groups-Befehl gibt die Linux-Gruppen aus, zu denen Sie oder andere Benutzer gehören:

```
→ whoami
smith
→ groups
smith users
→ groups jones root
jones : jones users
root : root bin daemon sys adm disk wheel src
```

20 Die Liste der Gruppenmitglieder kann auf den verschiedenen Systemen unterschiedlich gespeichert sein.

groupadd

stdin stdout -datei **--opt** --help --version

groupadd [*optionen*] *gruppe*

Der groupadd-Befehl erzeugt eine Gruppe. In den meisten Fällen sollten Sie die Option -f einsetzen, um zu verhindern, dass Gruppen doppelt angelegt werden:

```
→ sudo groupadd -f freunde
```

Nützliche Optionen

-g *gid*
: Geben Sie Ihre eigene numerische Gruppen-ID an, anstatt groupadd eine wählen zu lassen.

-f
: Falls die angegebene Gruppe bereits existiert, beschwert sich der Befehl und beendet sich dann.

groupdel

stdin stdout -datei **--opt** --help --version

groupdel *gruppe*

Der groupdel-Befehl löscht eine vorhandene Gruppe.

```
→ sudo groupdel freunde
```

Bevor Sie das tun, sollten Sie alle Dateien identifizieren, deren Gruppen-ID auf diese spezielle Gruppe gesetzt ist, damit Sie sich später damit befassen können:

```
→ sudo find / -group freunde -print
```

Das ist nötig, weil groupdel nicht die Gruppeneigentümerschaft von Dateien ändert. Es entfernt lediglich den Gruppennamen aus den Aufzeichnungen des Systems. Falls Sie solche Dateien auflisten, sehen Sie anstelle des Gruppennamens eine numerische Gruppen-ID.

groupmod

stdin **stdout** -datei **--opt** --help --version

groupmod [*optionen*] *gruppe*

Der Befehl groupmod modifiziert die angegebene Gruppe, indem er ihren Namen oder ihre Gruppen-ID ändert.

```
→ sudo groupmod -n newname freunde
```

groupmod beeinflusst keine Dateien, die dieser Gruppe gehören: Es ändert lediglich die ID oder den Namen in den Aufzeichnungen des Systems. Seien Sie vorsichtig, wenn Sie die ID ändern, sonst gehören diese Dateien auf einmal zu einer Gruppe, die gar nicht existiert.

Nützliche Optionen

-n *name*	Ändert den Namen der Gruppe auf *name* (sicher).
-g *gid*	Ändert die ID der Gruppe auf *gid* (riskant).

Informationen über Ihren Rechner

uname	Gibt grundlegende Systeminformationen aus.
hostname	Gibt den Hostnamen des Systems aus.
domainname	Wie hostname -y.
ip	Setzt Informationen zur Netzwerkschnittstelle und zeigt sie an.
ifconfig	Älterer Befehl zum Setzen und Anzeigen von Informationen zur Netzwerkschnittstelle.

Jeder Linux-Rechner (auch **Host**) besitzt einen Namen, eine Netzwerk-IP-Adresse und andere Eigenschaften. Und so zeigen Sie diese Informationen an:

uname

stdin **stdout** -datei **--opt** **--help** **--version**

uname [*optionen*]

Der Befehl uname gibt grundlegende Informationen über Ihren Computer aus:

```
→ uname -a
Linux server.example.com 4.2.0-17-generic
 #21-Ubuntu SMP Fri Oct 23 19:56:16
 UTC 2015 x86_64 … GNU/Linux
```

Dazu gehören der Kernelname (`Linux`), der Hostname (`server.example.com`), das Kernel-Release (`4.2.0-17-generic`), die Kernelversion (`#21-Ubuntu SMP Fri Oct 23 19:56:16 UTC 2015`), der Hardwarename (`x86_64`) und der Betriebssystemname (`GNU/Linux`). Jeder dieser Werte kann mithilfe von Optionen auch einzeln ausgegeben werden.

Nützliche Optionen

`-a`	alle Informationen
`-s`	nur der Kernelname (Standard)
`-n`	nur der Hostname, wie mit dem Befehl `hostname`
`-r`	nur das Kernel-Release
`-v`	nur die Kernelversion
`-m`	nur der Hardwarename
`-p`	nur der Prozessortyp
`-i`	nur die Hardwareplattform
`-o`	nur der Betriebssystemname

hostname

stdin **stdout** -datei **--opt** **--help** **--version**

`hostname [`*`optionen`*`] [`*`name`*`]`

Der `hostname`-Befehl gibt den Namen Ihres Computers aus. Je nachdem, wie Sie die Dinge eingerichtet haben, kann das der vollqualifizierte Hostname sein:

```
→ hostname
meinhost.beispiel.com
```

oder der kurze Hostname:

```
→ hostname
deinhost
```

Sie können Ihren Hostnamen als Root auch setzen:[21]

```
→ sudo hostname orange
```

Allerdings sind Hostnamen und Nameserver komplizierte Themen, die den Umfang dieses Buchs sprengen würden. Fangen Sie nicht einfach blind an, Hostnamen zu setzen!

Nützliche Optionen

`-i`	Gibt die IP-Adresse Ihres Hosts aus.
`-a`	Gibt den Aliasnamen Ihres Hosts aus.
`-s`	Gibt den Kurznamen Ihres Hosts aus.
`-f`	Gibt den vollqualifizierten Namen Ihres Hosts aus.
`-d`	Gibt den DNS-Domainnamen Ihres Hosts aus.
`-y`	Gibt den NIS- oder YP-Domainnamen Ihres Hosts aus.
`-F` *hostdatei*	Setzt Ihren Hostnamen, indem der Name aus der Datei *hostdatei* gelesen wird.

ip

stdin **stdout** -datei --opt **--help** --version

ip [*optionen*] *objekt befehl...*

Der ip-Befehl zeigt und setzt verschiedene Aspekte der Netzwerkschnittstelle Ihres Computers. Dieses Thema umfassend zu behandeln, würde den Rahmen unseres Buchs sprengen, aber einige Tricks wollen wir Ihnen hier dennoch zeigen.

Sie können Informationen über die Standardnetzwerkschnittstelle bekommen (diese wird normalerweise als *eth0* bezeichnet):

```
→ ip addr show eth0
2: eth0: <BROADCAST,MULTICAST,UP,LOWER_UP> ...
```

21 Diese Änderung überlebt möglicherweise einen Neustart nicht. Manche Linux-Distributionen erfordern zusätzliche Schritte, wie etwa das Platzieren des Hostnamens in eine Konfigurationsdatei, die zum Zeitpunkt des Bootens gelesen wird. Schauen Sie dazu in die Dokumentation Ihrer Distribution.

```
link/ether 00:50:ba:48:4f:ba brd ff:ff:ff: ...
inet 192.168.0.21/24 brd 192.168.0.255 scope ...
inet6 fe80::21e:8cff:fe53:41e4/64 ...
```

Dies schließt Ihre MAC-Adresse (`00:50:ba:48:4f:ba`), Ihre IP-Adresse (`192.168.0.21`) und verschiedene andere Informationen ein. Um alle geladenen Netzwerkschnittstellen zu sehen, rufen Sie Folgendes auf:

```
→ ip addr show
```

Hier sind einige weitere nützliche Befehle zum Anzeigen von Netzwerkinformationen:

`ip help`
: Zeigt Informationen zur Benutzung dieser Befehle.

`ip addr`
: Zeigt die IP-Adressen Ihrer Netzwerkgeräte an.

`ip maddr`
: Zeigt die Multicast-Adressen Ihrer Netzwerkgeräte an.

`ip link`
: Zeigt die Attribute Ihrer Netzwerkgeräte an.

`ip route`
: Zeigt Ihre Routing-Tabelle an.

`ip monitor`
: Startet die Überwachung Ihrer Netzwerkgeräte; tippen Sie zum Stoppen `^C`.

All diese Befehle besitzen verschiedene Optionen: Fügen Sie am Ende `help` hinzu (z. B. `ip link help`), um Informationen zu erhalten. Darüber hinaus kann `ip` Ihr Netzwerk modifizieren, wenn es als Administrator aufgerufen wird: Ihre Netzwerkgeräte konfigurieren, die Routing-Tabellen und Routing-Regeln verwalten, Tunnel erzeugen usw. Der Befehl ist Teil einer Sammlung von Werkzeugen namens **iproute2**. Sie brauchen Erfahrung mit Netzwerken, um diesen komplexen Befehl zu verstehen; lesen Sie als Einstieg die `ip`-Manpage oder besuchen Sie *http://lartc.org*.

ifconfig

stdin **stdout** -datei --opt **--help** **--version**

`ifconfig [`*optionen*`]` *schnittstelle*

Der `ifconfig`-Befehl ist der Vorfahr von `ip`. Man findet ihn immer noch auf vielen Linux-Systemen, aber er ist weniger mächtig (manche würden ihn als veraltet und überholt bezeichnen). Wir werden hier einige einfache Befehle behandeln, allerdings sollten Sie stattdessen besser `ip` benutzen.

Um Informationen über die Standardnetzwerkschnittstelle anzuzeigen (üblicherweise als *eth0* bezeichnet), schreiben Sie:

```
→ ifconfig eth0
eth0  Link encap:Ethernet  HWaddr 00:50:BA:48:4F:BA
      inet addr:192.168.0.10  Bcast:192.168.0.255 ...
      UP BROADCAST RUNNING MULTICAST  MTU:1500 ...
      RX packets:1955231 errors:0 dropped:0 overruns:0 ...
      TX packets:1314765 errors:0 dropped:0 overruns:0 ...
      collisions:0 txqueuelen:100
      ...
```

Dies schließt Ihre MAC-Adresse (`00:50:BA:48:4F:BA`), Ihre IP-Adresse (`192.168.0.21`), Ihre Netzmaske (`255.255.255.0`) und verschiedene andere Informationen ein. Um alle geladenen Netzwerkschnittstellen zu betrachten, rufen Sie Folgendes auf:

```
→ ifconfig -a
```

Hostpositionen

`host`	Schlägt Hostnamen, IP-Adressen und DNS-Informationen nach.
`whois`	Schlägt die Registrierungsdaten von Internetdomains nach.
`ping`	Überprüft, ob ein entfernter Host erreichbar ist.
`traceroute`	Betrachtet den Netzwerkpfad zu einem entfernten Host.

Beim Umgang mit entfernten Computern wollen Sie an irgendeiner Stelle vermutlich mehr über diese erfahren. Wem gehören sie? Wie lauten ihre IP-Adressen? Wo befinden sie sich im Netzwerk?

host

stdin **stdout** -datei **--opt** --help --version

```
host [optionen] name [server]
```

Der host-Befehl schlägt den Hostnamen oder die IP-Adresse eines entfernten Rechners nach, indem er das DNS abfragt.

```
→ host www.ubuntu.org
www.ubuntu.com has address 91.189.90.41
→ host 91.189.90.41
41.90.189.91.in-addr.arpa domain name pointer
 jujube.canonical.com.
```

Er kann aber noch viel mehr herausfinden:

```
→ host -a www.ubuntu.org
Trying "www.ubuntu.org"
;; ->>HEADER<<- opcode: QUERY, status: NOERROR, id: 16652
;; flags: qr rd ra; QUERY: 1, ANSWER: 1, AUTHORITY: 0, …
;; QUESTION SECTION:
;www.ubuntu.org.                    IN      ANY
;; ANSWER SECTION:
www.ubuntu.org.     60      IN      CNAME   ubuntu.org.
```

Eine vollständige Diskussion dieser Ausgabe würde den Rahmen dieses Buchs sprengen. Der letzte, optionale »Serverparameter« gibt einen bestimmten Nameserver für die Abfrage an:

```
→ host www.ubuntu.org ns2.dondominio.com
Using domain server:
Name: ns2.dondominio.com
Address: 93.93.67.2#53
Aliases:

www.ubuntu.org is an alias for ubuntu.org.
ubuntu.org has address 147.83.195.55
ubuntu.org mail is handled by 10 mx2.upc.es.
ubuntu.org mail is handled by 10 mx1.upc.es.
```

Um alle Optionen zu sehen, tippen Sie host für sich allein ein.

Nützliche Optionen

-a Zeigt alle verfügbaren Informationen an.

-t Wählt die Art der Nameserver-Abfrage: A, AXFR, CNAME, HINFO, KEY, MX, NS, PTR, SIG, SOA usw.

Hier ist ein Beispiel für die Option -t zum Finden von MX-Records:

```
→ host -t MX redhat.com
redhat.com mail is handled by 5 mx1.redhat.com.
redhat.com mail is handled by 10 mx2.redhat.com.
```

Wenn der host-Befehl nicht das macht, was Sie wollen, probieren Sie es mit dig, einem weiteren mächtigen Werkzeug zur DNS-Abfrage. Sie werden möglicherweise auch über den nslookup-Befehl stolpern, der im Prinzip veraltet ist, aber immer noch auf manchen Linux- und Unix-Systemen auftaucht.

whois

stdin **stdout** -datei **--opt** **--help** **--version**

whois [*optionen*] *domainname*

Der whois-Befehl schlägt die Registrierungsdaten einer Internetdomain nach:

```
→ whois linuxmint.com
...
Domain name: LINUXMINT.COM
Registrar: TUCOWS DOMAINS INC.
...
 Administrative Contact:
    Lefebvre, Clement
...
 Technical Contact:
    Hostmaster, Servage
...
Creation Date: 07-jun-2006
Expiration Date: 07-jun-2016
...
```

Außerdem liefert er einige Bildschirme mit Rechtsinformationen der Registrierungsstelle.

Nützliche Optionen

-h *registrierungsstelle*	Führt die Abfrage auf dem Server der angegebenen Registrierungsstelle durch, zum Beispiel whois -h whois.networksolutions.com yahoo.com.
-p *port*	Fragt den angegebenen TCP-Port anstelle des Standardports 43 (des whois-Diensts) ab.

ping

stdin **stdout** -datei **--opt** --help --version

```
ping [optionen] host
```

Der ping-Befehl verrät Ihnen, ob ein entfernter Host erreichbar ist. Er sendet kleine Pakete (ICMP-Pakete, um genau zu sein) an einen entfernten Host und wartet auf Antworten.

```
→ ping google.com
PING google.com (74.125.226.144) from 192.168.0.10 :
56(84) bytes of data.
64 bytes from www.google.com (74.125.226.144): icmp_seq=0
  ttl=49 time=32.390 msec
64 bytes from www.google.com (74.125.226.144): icmp_seq=1
  ttl=49 time=24.208 msec
^C
--- google.com ping statistics ---
2 packets transmitted, 2 packets received, 0% packet loss
round-trip min/avg/max/mdev = 24.208/28.299/32.390/4.091 ms
```

Nützliche Optionen

`-c` *N*	»Pingt« höchstens *N*-mal.
`-i` *N*	Wartet *N* Sekunden (Standard 1) zwischen Pings.
`-n`	Gibt statt der Hostnamen in der Ausgabe IP-Adressen aus.

traceroute

stdin **stdout** -datei **--opt** **--help** **--version**

```
traceroute [optionen] host [paketlänge]
```

Der traceroute-Befehl gibt den Netzwerkpfad von Ihrem lokalen Host zu einem entfernten Host aus sowie die Zeit, die erforderlich ist, damit Pakete diesen Pfad durchlaufen.

```
→ traceroute yahoo.com
 1 server.mydomain.com (192.168.0.20) 1.397 ms ...
 2  10.221.16.1 (10.221.16.1) 15.397 ms ...
 3  router.example.com (92.242.140.21) 4.952 ms ...
...
...
16  p6.www.dcn.yahoo.com (216.109.118.69)  * ...
```

Jedem Host auf diesem Pfad werden drei »Proben« geschickt. Die Rücklaufzeiten werden ausgegeben. Vergehen fünf Sekunden ohne Antwort, gibt `traceroute` ein Sternchen aus. `traceroute` kann von Firewalls blockiert werden oder aus verschiedenen anderen Gründen nicht in der Lage sein, eine Antwort zu liefern. In diesem Fall würde es ein Symbol ausgeben:

Symbol	Bedeutung
`!F`	Fragmentierung erforderlich.
`!H`	Host unerreichbar.
`!N`	Netzwerk unerreichbar.
`!P`	Protokoll unerreichbar.
`!S`	Quellroute fehlgeschlagen.
`!X`	Kommunikation ist administrativ verboten.
`!`*N*	ICMP-unerreichbar-Code *N*.

Die Standardpaketgröße beträgt 40 Byte, Sie können sie allerdings mit dem letzten, optionalen *paketlänge*-Parameter ändern (z. B. `traceroute meinhost 120`).

Nützliche Optionen

`-n`	Numerischer Modus: Gibt IP-Adressen anstelle von Hostnamen aus.
`-w` *N*	Ändert den Timeout von fünf Sekunden auf *N* Sekunden.

Netzwerkverbindungen

`ssh`	Sicheres Anmelden oder Ausführen von Befehlen auf einem entfernten Host.
`scp`	Sicheres Kopieren von Dateien zu/von einem entfernten Host (Stapelverarbeitung).
`sftp`	Sicheres Kopieren von Dateien zu/von einem entfernten Host (interaktiv).
`ftp`	Kopiert Dateien zu/von einem entfernten Host (interaktiv, unsicher!).
`netcat`	Definiert Netzwerkverbindungen.

Mit Linux ist es ganz leicht, eine Netzwerkverbindung von einem Rechner zu einem anderen aufzubauen, um sich von außen anzumelden und Dateien zu übertragen. Sorgen Sie einfach für die entsprechende Sicherheit.

ssh

stdin **stdout** -datei --opt --help --version

`ssh [optionen] host [befehl]`

Das Programm `ssh` (Secure Shell) meldet Sie sicher auf einem entfernten Rechner an, auf dem Sie bereits einen Zugang haben:

```
→ ssh remote.example.com
```

Alternativ kann es ein Programm auf diesem entfernten Rechner aufrufen, ohne dass Sie sich anmelden müssen:

```
→ ssh remote.example.com who
```

`ssh` verschlüsselt alle Daten, die über seine Verbindung reisen, einschließlich Ihres Benutzernamens und Ihres Passworts (die Sie beide brauchen, um auf den entfernten Rechner zuzugreifen). Das SSH-Protokoll unterstützt außerdem andere Authentifizierungsmethoden, wie etwa öffentliche Schlüssel und Host-IDs. Näheres erfahren Sie unter `man sshd`.

Nützliche Optionen

`-l` *benutzer*	Gibt Ihren entfernten Benutzernamen an; ansonsten nimmt `ssh` einfach Ihren lokalen Benutzernamen an. Sie können auch die Syntax *username@host* benutzen: → **ssh smith@server.example.com**
`-p` *port*	Verwendet eine andere *port*-Nummer als den Standardwert (22).
`-t`	Weist dem entfernten System ein Terminal zu; nützlich, wenn Sie versuchen, einen entfernten Befehl mit einer interaktiven Benutzerschnittstelle zu verwenden, etwa einen Texteditor.
`-v`	Erzeugt eine ausführliche Ausgabe, nützlich für das Debugging.

scp

stdin **stdout** -datei --opt **--help** **--version**

scp *lokale_spezifikationen entfernte_spezifikationen*

Der scp-Befehl (secure copy) kopiert Dateien und Verzeichnisse stapelweise von einem Computer zu einem anderen. (Eine interaktive Schnittstelle erhalten Sie mit sftp.) Er verschlüsselt die gesamte Kommunikation zwischen den beiden Rechnern. Als einfaches Beispiel kann scp eine lokale Datei an einen entfernten Rechner kopieren:

```
→ scp meinedatei remote.example.com:neuedatei
```

rekursiv ein Verzeichnis an einen entfernten Rechner kopieren:

```
→ scp -r meinverz remote.example.com:
```

eine entfernte Datei auf Ihren lokalen Rechner kopieren:

```
→ scp remote.example.com:meinedatei .
```

oder rekursiv ein entferntes Verzeichnis auf Ihren lokalen Rechner kopieren:

```
→ scp -r remote.example.com:meinverz .
```

Um einen alternativen Benutzernamen auf dem entfernten System festzulegen, benutzen Sie die Syntax *benutzername@host*:

```
→ scp meinedatei smith@remote.example.com:
```

Nützliche Optionen

-p	Dupliziert beim Kopieren alle Dateiattribute (Berechtigungen, Zeitstempel).
-r	Kopiert rekursiv ein Verzeichnis und dessen Inhalt.
-v	Erzeugt eine ausführliche Ausgabe, nützlich beim Debugging.

sftp

stdin **stdout** -datei **--opt** **--help** **--version**

sftp (*host benutzername@host*)

Das sftp-Programm kopiert Dateien interaktiv und sicher zwischen zwei Computern (im Gegensatz zu scp, das Dateien als Stapel kopiert). Die Benutzerschnittstelle ähnelt der von `ftp`, allerdings ist `ftp` nicht sicher.

```
→ sftp remote.example.com
Password: ********
sftp> cd MeineDateien
sftp> ls
README
datei1
datei2
datei3
sftp> get datei2
Fetching /home/smith/MeineDateien/datei2 to datei2
sftp> quit
```

Falls Sie auf dem entfernten System einen anderen Benutzernamen haben als auf dem lokalen System, benutzen Sie das Argument *benutzername@host*:

```
→ sftp smith@remote.example.com
```

Befehl	Bedeutung
`help`	Zeigt eine Liste aller verfügbaren Befehle.
`ls`	Listet die Dateien im aktuellen entfernten Verzeichnis auf.
`lls`	Listet die Dateien im aktuellen lokalen Verzeichnis auf.
`pwd`	Gibt das entfernte Arbeitsverzeichnis aus.
`lpwd`	Gibt das lokale Arbeitsverzeichnis aus.
`cd` *verz*	Ändert das entfernte Verzeichnis auf *verz*.
`lcd` *verz*	Ändert Ihr lokales Verzeichnis auf *verz*.
`get` *datei1* [*datei2*]	Kopiert die entfernte *datei1* auf den lokalen Rechner, benennt sie optional in *datei2* um.
`put` *datei1* [*datei2*]	Kopiert die lokale*datei1* auf den entfernten Rechner, benennt sie optional in *datei2* um.
`mget` *datei**	Kopiert mithilfe der Wildcards * und ? mehrere entfernte Dateien auf den lokalen Rechner.
`mput` *datei**	Kopiert mithilfe der Wildcards * und ? mehrere lokale Dateien auf den entfernten Rechner.
`quit`	Beendet `sftp`.

ftp

stdin **stdout** -datei --opt --help --version

`ftp [optionen] host`

Das beliebte Programm `ftp` (File Transfer Protocol) kopiert Dateien zwischen Computern, allerdings nicht auf sichere Weise: Ihr Benutzername und Ihr Passwort reisen im Klartext über das Netzwerk. Benutzen Sie stattdessen `sftp`, falls Ihr entfernter Server das unterstützt.

Die Befehle, die wir für `sftp` aufgeführt haben, funktionieren auch mit `ftp`. (Die beiden Programme unterstützen aber auch noch andere Befehle.)

netcat

stdin **stdout** - file --opt --help --version

`netcat [optionen] [ziel] [port]`

`nc [optionen] [ziel] [port]`

`netcat`, auch als `nc` aufrufbar, ist ein universelles Tool, um Netzwerkverbindungen einzurichten. Mit ihm lassen sich Netzwerke debuggen, analysieren und viele andere Dinge erledigen. So kann `netcat` zum Beispiel direkt mit einem beliebigen TCP- oder UDP-Gerät kommunizieren, etwa einem SSH-Server an Ihrem lokalen TCP-Port 22:

```
→ netcat localhost 22
SSH-2.0-OpenSSH_6.9p1 Ubuntu-2ubuntu0.1
^C
```

Dieses Feature ist sehr praktisch, um herauszufinden, ob ein bestimmter Dienst läuft oder nicht, und es läuft auch mit den in */etc/services* aufgeführten Servicenamen. So können Sie sich zum Beispiel mit Googles Webservice (Port 80) verbinden:

```
→ netcat www.google.com http
xxx              Geben Sie irgendetwas ein und drücken Sie die Enter-Taste.
HTTP/1.0 400 Bad Request
Content-Type: text/html; charset=UTF-8
Content-Length: 1555
Date: Fri, 04 Mar 2016 02:17:37 GMT
...
```

Wenn Sie noch ein Linux-Anwender der alten Schule sind, nutzen Sie vielleicht `telnet`, um sich mit beliebigen TCP-Ports zu verbinden. `netcat` ist viel flexibler. So können Sie zum Beispiel mit zwei Shells einen Client und einen Service erzeugen und sie miteinander reden lassen. Starten Sie einen Service, der an Port 55555 lauscht:

```
→ netcat -l 55555
```

Jetzt rufen Sie in einem anderen Fenster einen Client auf, der mit dem gleichen Port spricht, und geben eine Nachricht ein:

```
→ netcat localhost 55555
Hallo Welt, wie geht es dir?
```

Ihre Nachricht wird an Ihren Service geschickt, der nun »Hallo Welt, wie geht es dir?« und auch weitere Zeilen ausgibt. Mit `^D` schließen Sie die Verbindung.

Nützliche Optionen

`-u`	Erzeugt eine UDP- statt einer TCP-Verbindung.
`-l`	Lauscht auf Verbindungen über den angegebenen Port.
`-p` *N*	Nutzt *N* als Quellport.
`-w` *N*	Timeout nach *N* Sekunden.
`-h`	Hilfe.

E-Mail

`mutt`	Textbasierter Mailclient.
`mail`	Minimaler textbasierter Mailclient.
`mailq`	Dient dem Betrachten der ausgehenden Mailwarteschlange auf Ihrem System.

Linux enthält eine ganze Reihe von textbasierten Mailprogrammen. Wir schauen uns mehrere mit unterschiedlichen Aufgaben und Stärken an. (Für Linux gibt es auch grafische Mailprogramme wie Thunderbird, Evolution und KMail.)

mutt

stdin **stdout** -datei --opt --help --version

`mutt [optionen]`

mutt ist ein textbasierter Mailer, der in einem normalen Terminal (oder Terminalfenster) läuft, sodass er sowohl lokal (z. B. in einem X-Terminal-Fenster) als auch entfernt über eine SSH-Verbindung betrieben werden kann. Er ist sehr leistungsstark und besitzt viele Befehle und Optionen. Um ihn aufzurufen, tippen Sie:

→ **`mutt`**

Wenn der Hauptbildschirm erscheint, werden zeilenweise alle Nachrichten aus Ihrer Mailbox aufgelistet. Ihnen stehen folgende Befehle zur Verfügung:

Tastenkürzel	Bedeutung
Pfeil nach oben	Zur vorhergehenden Nachricht gehen.
Pfeil nach unten	Zur nächsten Nachricht gehen.
Seite nach oben	Eine ganze Seite voller Nachrichten nach oben scrollen.
Seite nach unten	Eine ganze Seite voller Nachrichten nach unten scrollen.
Home	Zur ersten Nachricht gehen.
End	Zur letzten Nachricht gehen.
m	Eine neue Nachricht aufsetzen. Dabei wird Ihr bevorzugter Texteditor gestartet. Nach dem Bearbeiten der Nachricht und dem Beenden des Editors tippen Sie y, um die Nachricht zu senden, oder q, um das Versenden zu verschieben.
`r`	Auf aktuelle Nachricht antworten. Funktioniert wie m.
`f`	Die aktuelle Nachricht an eine dritte Person weiterleiten. Funktioniert wie m.
`i`	Den Inhalt Ihrer Mailbox betrachten.
`C`	Die aktuelle Nachricht in eine andere Mailbox kopieren.
`d`	Die aktuelle Nachricht löschen.

Nachdem Sie Ihren Texteditor verlassen haben, stehen die folgenden Befehle zu Ihrer Verfügung:

Tastenkürzel	Bedeutung
a	Eine Datei an die Nachricht anhängen (den Anhang oder das Attachment).
c	Die CC-Liste einrichten.
b	Die BCC-Liste einrichten.
e	Die Nachricht noch einmal bearbeiten.
r	Das Reply-To-Feld bearbeiten.
s	Die Subject-Zeile bearbeiten.
y	Die Nachricht senden.
C	Die Nachricht in eine Datei kopieren.
q	Die Nachricht zurückstellen, ohne sie zu senden.

Es gibt immer auch zusätzliche Befehle:

Tastenkürzel	Bedeutung
?	Zeigt eine Liste aller Befehle. (Drücken Sie die Leertaste, um nach unten zu scrollen, und `q`, um die Anzeige zu beenden.)
^G	Bricht den gerade ausgeführten Befehl ab.
q	Beenden.

Die offizielle mutt-Site ist *http://www.mutt.org*. Ein weiteres textbasiertes Mailprogramm ist `alpine` (*http://patches.freeiz.com/*).

mail

stdin **stdout** -datei --opt --help --version

`mail [`*`optionen`*`]` *`empfänger`*

Das `mail`-Programm ist ein schneller, einfacher E-Mail-Client. Die meisten Menschen werden für die regelmäßige Benutzung ein leistungsfähigeres Programm einsetzen wollen, aber um schnell einmal eine Nachricht von der Kommandozeile oder aus Skripten heraus zu verschicken, ist `mail` wirklich ganz praktisch.

Um eine schnelle Nachricht zu versenden, schreiben Sie:

```
→ mail smith@example.com
Subject: mein Betreff
Ich tippe eine Nachricht.
Um sie zu beenden, tippe ich einen Punkt einzeln auf eine Zeile.
.
Cc: jones@example.com
→
```

Um mit einem einzigen Befehl schnell eine Nachricht zu versenden, nehmen Sie eine Pipeline:

```
→ echo "Hey!" | mail -s "Betreff" smith@example.com
```

Um mit einem einzigen Befehl eine Datei zu versenden, können Sie eine Umleitung oder eine Pipeline benutzen:

```
→ mail -s "mein Betreff" smith@example.com < dateiname
→ cat dateiname | mail -s "mein Betreff" smith@example.com
```

Sie sehen, wie einfach es ist, die Ausgabe einer Pipeline als E-Mail zu verschicken. Das ist für Skripte ganz nützlich.

Nützliche Optionen

`-s` *betreff*	Setzt die Betreffzeile einer ausgehenden Nachricht.
`-v`	Ausführlicher Modus: Gibt Meldungen über die Auslieferung der E-Mails aus.
`-c` *adressen*	Kopie (CC) der Nachricht an die angegebenen Adressen, eine kommaseparierte Liste.
`-b` *adressen*	Blindkopie (BCC) der Nachricht an die angegebenen Adressen, eine kommaseparierte Liste.

mailq

stdin **stdout** -datei --opt --help --version

```
mailq
```

Der Befehl `mailq` listet alle ausgehenden E-Mail-Nachrichten auf, die auf die Auslieferung warten (die Zustellung ist allerdings meist so schnell, dass `mailq` keine Ausgabe liefert).

```
→ mailq
…Size-- ----Arrival Time--   -Sender/Recipient---
    333 Tue Jan 10 21:17:14 smith@example.com
                            jones@elsewhere.org
```

Gesendete E-Mails werden ebenfalls in einer Datei aufgezeichnet, z. B. in */var/log/maillog*; der Name kann von Distribution zu Distribution anders ausfallen. Um sich die letzten Aktivitäten rund um die Mailzustellung anzeigen zu lassen, schauen Sie sich die letzten Zeilen mit `tail` an:

```
→ tail /var/log/mail.log
```

Mehr als Mailreader

E-Mail ist auf Linux »transparenter« als auf anderen Plattformen, die lediglich Ihre Mailbox anzeigen und Nachrichten senden und empfangen. Die Fähigkeit, ausgehende E-Mail-Nachrichten mit `mailq` aufzulisten, ist nur ein Beispiel. Hier sind weitere Optionen, die Ihren Appetit anregen und Sie ermutigen sollen, E-Mails zu erkunden.

- Sie können Ihre Mailboxen mit Kommandozeilenwerkzeugen wie grep untersuchen, da die Maildateien einfacher Text sind.
- Sie können Nachrichten manuell von Ihrem Mailserver beziehen. Dazu benutzen Sie den `fetchmail`-Befehl auf der Kommandozeile. Mithilfe einer einfachen Konfigurationsdatei kann dieser Befehl auf IMAP- und POP-Server zugreifen und Mail gleich als Stapel herunterladen (siehe `man fetchmail`).
- Ihr System kann einen Mailserver betreiben, wie `postfix` oder `sendmail`, um die kompliziertesten Aufgaben rund um den Mailversand zu erledigen.
- Sie können die Auslieferung lokaler Mails auf raffinierte Weise mit dem `procmail`-Befehl kontrollieren, der ankommende E-Mail-Nachrichten durch ein beliebiges Programm filtert (siehe `man procmail`).
- Die Spam-Filterung ist unter Linux sehr ausgefeilt: Schauen Sie sich das SpamAssassin-Programmpaket an. Sie können es selbst auf Ihre eingehenden E-Mails loslassen oder es im großen Stil (also für alle Benutzer) auf dem Server ausführen.

Kurz gesagt, E-Mail ist nicht auf die Funktionen Ihres E-Mail-Betrachters beschränkt. Schauen und probieren Sie selbst!

Im Internet surfen

`lynx`	Rein textbasierter Webbrowser.
`wget`	Lädt Webseiten und Dateien herunter.

Neben den üblichen Webbrowsern wie Chrome und Firefox bietet Linux auch noch viele andere Wege, das World Wide Web über die Kommandozeile zu erkunden.

lynx

stdin stdout -datei --opt --help --version

`lynx [optionen] [URL]`

Lynx ist ein abgespeckter textbasierter Webbrowser. Er zeigt keine Bilder an, spielt keine Audio- oder Videodateien ab und reagiert auch nicht auf Ihre Maus. Er ist aber unglaublich nützlich, wenn Sie nur schnell einmal einen Blick auf eine Seite werfen wollen, wenn das Netzwerk langsam ist oder wenn Sie den HTML-Code einer Website herunterladen wollen. Besonders gut ist er, wenn Sie eine verdächtige URL überprüfen wollen, da Lynx kein JavaScript ausführt und nicht einmal ein Cookie akzeptiert, ohne Sie zuvor zu fragen.

```
→ lynx http://www.yahoo.com
```

Das Surfen erfolgt vollständig per Tastatur. Viele Seiten werden nicht richtig aussehen, vor allem wenn sie exzessiven Gebrauch von Tabellen oder Frames machen, aber normalerweise werden Sie Ihren Weg durch eine Site schon finden.

Tastenkürzel	Bedeutung
?	Holt Hilfe.
k	Listet alle Tastenkürzel und deren Bedeutung auf.
^G	Bricht einen Befehl ab, der gerade ausgeführt wird.
q	Beendet Lynx.

Tastenkürzel	Bedeutung
Enter	»Klickt« den aktuellen Link an oder schließt das aktuelle Formularfeld ab.
Pfeil nach links	Zurück zur vorherigen Seite.
Pfeil nach rechts	Vorwärts zur nächsten Seite oder »Anklicken« des aktuellen Links.
g	Geht zu einer URL. (Sie werden aufgefordert, sie einzugeben.)
p	Die aktuelle Seite speichern, drucken oder per E-Mail verschicken.
Leertaste	Nach unten scrollen.
b	Nach oben scrollen.
Pfeil nach unten	Geht zum nächsten Link oder Formularfeld.
Pfeil nach oben	Geht zum vorhergehenden Link oder Formularfeld.
`^A`	Geht an den Seitenanfang.
`^E`	Geht an das Seitenende.
`m`	Kehrt auf die Hauptseite/Homepage zurück.
`/`	Sucht nach Text auf der Seite.
`a`	Markiert die aktuelle Seite als Lesezeichen.
`v`	Zeigt Ihre Lesezeichenliste.
`r`	Löscht ein Lesezeichen.
`=`	Zeigt die Eigenschaften der aktuellen Seite und des Links an.
`\`	Zeigt die HTML-Quelle. (Tippen Sie noch einmal, um zur normalen Ansicht zurückzukehren.)

Lynx besitzt mehr als 100 Kommandozeilenoptionen, sodass es sich lohnt, die Manpage zu lesen. Wenn Sie Gefallen am textbasierten Browsen gefunden haben, aber Lynx nicht so Ihr Ding ist, probieren Sie ähnliche Programme wie `w3m`, `links` oder `elinks` aus.

Nützliche Optionen

`-dump`	Gibt die gerenderte Seite auf der Standardausgabe aus und beendet sich. (Vergleichen Sie das mit der Option `-source`.)
`-source`	Gibt die HTML-Quelle auf der Standardausgabe aus und beendet sich. (Vergleichen Sie das mit dem `wget`-Befehl.)
`-emacskeys`	Lässt Lynx Tastenkürzeln folgen, die an den emacs-Editor erinnern.
`-vikeys`	Lässt Lynx Tastenkürzeln folgen, die an den vim- (oder vi-)Editor erinnern.

-homepage=*URL*	Setzt Ihre Homepage-URL auf *URL*.
-color	Schaltet den Farbiger-Text-Modus ein.
-nocolor	Schaltet den Farbiger-Text-Modus aus.

wget

stdin stdout -datei --opt --help --version

wget [*optionen*] *URL*

Der Befehl wget nimmt eine URL und lädt die Daten in eine Datei oder die Standardausgabe herunter. Er eignet sich großartig, um einzelne Webseiten zu erfassen, Dateien herunterzuladen oder eine ganze Website-Hierarchie bis zu einer beliebigen Tiefe zu duplizieren. Lassen Sie uns z. B. die Yahoo!-Homepage erfassen:

```
→ wget http://www.yahoo.com
23:19:51 (220.84 KB/s) - 'index.html' saved [31434]
```

Sie wird hier in eine Datei *index.html* im aktuellen Verzeichnis gespeichert. wget besitzt die zusätzliche Fähigkeit, einen Download wiederaufzunehmen, falls er, z. B. wegen eines Netzwerkausfalls, abgebrochen war: Führen Sie einfach wget -c mit derselben URL aus, und der Befehl fährt dort fort, wo er unterbrochen wurde.

Die vielleicht nützlichste Funktion von wget ist seine Fähigkeit, Dateien herunterzuladen, ohne dass ein Webbrowser nötig wäre:

```
→ wget http://www.linuxpocketguide.com/sample.pdf
```

Das eignet sich großartig für große Dateien wie Videos und ISO-Bilder. Sie können sogar Shell-Skripte schreiben, um Gruppen von Dateien herunterzuladen, falls Sie deren Namen kennen:

```
→ for i in 1 2 3
do
  wget http://example.com/$i.mpeg
done
```

Ein anderer ähnlicher Befehl ist curl, der standardmäßig auf die Standardausgabe schreibt – im Gegensatz zu wget, der standardmäßig die Originalseite und die Dateinamen dupliziert.

```
→ curl http://www.yahoo.com > meineseite.html
```

`wget` besitzt mehr als 70 Optionen, sodass wir hier nur einige der wichtigeren behandeln. (Bei `curl`finden Sie andere Optionen, wie auf dessen Manpage nachzulesen ist.)

Nützliche Optionen

`-i` *dateiname*	Liest URLs aus der angegebenen Datei und lädt sie anschließend herunter.
`-O` *dateiname*	Schreibt das ganze erfasste HTML seitenweise hintereinander in die angegebene Datei.
`-c`	Fortsetzungsmodus: Wenn ein vorangegangener Download unterbrochen wurde und als Ergebnis nur eine unvollständige Datei zurücklässt, setzt `wget` den Download fort. Das heißt, falls `wget` 100 K einer 150-K-Datei heruntergeladen hat, besagt die Option `-c`, dass nur die verbleibenden 50 K geholt und an die vorhandene Datei angehängt werden müssen. `wget` kann natürlich getäuscht werden, falls sich die entfernte Datei seit dem ersten (teilweisen) Download geändert hat. Benutzen Sie diese Option deshalb nur, wenn Sie wissen, dass die entfernte Datei nicht geändert wurde.
`-t` *N*	Versucht *N*-mal, bevor es aufgibt. *N* =0 bedeutet, dass unendlich oft versucht werden soll.
`--progress=dot`	Gibt Punkte aus, um den Fortschritt des Downloads anzuzeigen.
`--progress=bar`	Gibt Balken aus, um den Fortschritt des Downloads anzuzeigen.
`--spider`	Lädt nichts herunter, sondern testet nur, ob die entfernten Seiten vorhanden sind.
`-nd`	Holt alle Dateien in das aktuelle Verzeichnis, selbst wenn sie auf der anderen Seite in einem komplexen Verzeichnisbaum lagen. (Standardmäßig dupliziert `wget` die entfernte Verzeichnishierarchie.)
`-r`	Holt eine Seitenhierarchie rekursiv, also einschließlich der Unterverzeichnisse.
`-l` *N*	Holt Dateien höchstens *N* Ebenen tief (standardmäßig 5).
`-k`	Modifiziert innerhalb von heruntergeladenen Dateien die URLs derart, dass sie lokal in einem Webbrowser betrachtet werden können.
`-p`	Lädt alle Dateien herunter, die nötig sind, um eine Seite komplett anzuzeigen, also auch Stylesheets und Bilder.
`-L`	Folgt relativen Links (innerhalb einer Seite), aber nicht absoluten Links.
`-A` *muster*	Akzeptiermodus: Lädt nur Dateien herunter, deren Namen einem vorgegebenen Muster entsprechen. Die Muster können die gleichen Wildcards enthalten wie die Shell.

-R *muster*	Ablehnungsmodus: Lädt nur Dateien herunter, deren Namen nicht einem vorgegebenen Muster entsprechen.
-I *muster*	Verzeichnisse einbeziehen: Lädt Dateien nur aus Verzeichnissen herunter, die einem vorgegebenen Muster entsprechen.
-X *muster*	Verzeichnisse ausschließen: Lädt Dateien nur aus Verzeichnissen herunter, die nicht einem vorgegebenen Muster entsprechen.

Instant-Messenger

`write`	Sendet Nachrichten an ein Terminal.
`mesg`	Unterbindet `write`.
`tty`	Gibt den Namen Ihres Terminalgeräts aus.
`sendxmpp`	Verschickt Nachrichten über XMPP (Jabber).
`profanity`	Textbasierter XMPP-Client.
`irssi`	Textbasierter IRC-Client.

Linux bietet zwei Methoden des Instant-Messagings an. Die erste dient dem Kontaktieren von anderen Benutzern auf demselben Linux-Rechner, wofür das antike Programm `write` genutzt wird. Die zweite ist das moderne Instant-Messaging mit Befehlen wie sendxmpp. Im letzteren Fall ist es üblicher, eine grafische Benutzeroberfläche zu verwenden – zum Beispiel mit `pidgin` (*http://www.pidgin.im/*) –, aber die textbasierten Tools sind sehr hilfreich, wenn Sie keine grafische Oberfläche zur Verfügung haben.

write

stdin **stdout** -datei --opt --help --version

`write` *benutzer* [*tty*]

Das `write`-Programm sendet Textzeilen von einem angemeldeten Benutzer zu einem anderen auf demselben Linux-Rechner.

```
→ write smith
Hi, wie geht es dir?
Bis bald.
^D
```

^D beendet die Verbindung. write eignet sich für den Einsatz in Pipelines zum schnellen Versenden kurzer Nachrichten:

```
→ echo 'Howdy!' | write smith
```

Der zugehörige Befehl wall schickt eine Nachricht an alle angemeldeten Benutzer gleichzeitig:

```
→ wall Das System wird in 1 Stunde neu gestartet
```

mesg

stdin stdout -datei --opt --help --version

mesg [y|n]

Das mesg-Programm steuert, ob write-Verbindungen Ihr Terminal erreichen können. mesg y erlaubt sie, mesg n verbietet sie, mesg gibt den aktuellen Status aus (y oder n). Standard ist y. mesg hat auf moderne Instant-Messaging-Programme keine Auswirkungen.

```
→ mesg
is y
→ mesg n
→ mesg
is n
```

tty

stdin stdout -datei --opt --help --version

tty

Das tty-Programm gibt den Namen des Terminalgeräts aus, das mit der aktuellen Shell verknüpft ist. (Eventuell braucht write diese Information, wenn Ihr Empfänger mehrfach angemeldet ist.)

```
→ tty
/dev/pts/4
```

sendxmpp

stdin stdout -datei --opt --help --version

sendxmpp [*optionen*] empfänger

Der Befehl sendxmpp stellt eine schnelle Möglichkeit zum Verschicken einer Instant-Message per XMPP-Protokoll (Jabber) bereit. Er ist praktisch, wenn Sie nur eine einzelne Nachricht verschicken wollen, zum Beispiel ein »Hallo« oder den Inhalt einer Textdatei, und Sie nicht auf eine Antwort warten.

Sie benötigen einen Jabber-Benutzernamen und das Passwort. Beides können Sie über eine Registrierung auf einem beliebigen Jabber-Server im Web erhalten. Unter *http://www.jabber.org* finden Sie eine Liste mit solchen Servern. Sind Sie registriert, tragen Sie Ihren Benutzernamen und das Passwort in die Datei *~/.sendxmpp* in Ihrem Home-Verzeichnis ein. Die verschiedenen Versionen von `sendxmpp` besitzen unterschiedliche Dateiformate. Ist Ihr Benutzername `smith`, Ihr Jabber-Server `jabber.example.com` und Ihr Passwort `wQVY6LC/8pCH`, sieht die Datei im älteren Format so aus:

```
smith@jabber.example.com  wQVY6LC/8pCH
```

Und im neueren Format:

```
username: smith
jserver: jabber.example.com
password: wQVY6LC/8pCH
```

Ist das eingerichtet, können Sie über Jabber eine Nachricht an einen Freund schicken:

```
→ echo "Hallo Welt" | sendxmpp benutzer@host
```

Viele Jabber-Server nutzen sichere Verbindungen, daher werden Sie vermutlich die Option `-t` (für TLS-Verbindungen) oder `-e` (für SSL-Verbindungen) mitgeben müssen. Hier ein Beispiel, bei dem die Verbindung per TLS gesichert ist und der Inhalt einer Textdatei *nachricht.txt* übermittelt wird:

```
→ sendxmpp -t benutzer@host < nachricht.txt
```

Nützliche Optionen

`-t`	Verbindung mit TLS absichern.
`-e`	Verbindung mit SSL absichern.
`-s` *`text`*	Ihre Nachricht mit einer Betreffzeile verschicken.
`-v`	Verbose-Modus: Debugging-Informationen mit ausgeben, hilfreich, wenn Ihre Verbindung fehlschlägt.

profanity

stdin **stdout** -datei --opt **--help** **--version**

`profanity [`*`optionen`*`]`

Der Befehl `profanity` startet einen umfassenden Instant-Messaging-Client für das XMPP-Protokoll (Jabber). Anders als Clients, die auf einer grafischen Benutzeroberfläche laufen, wird `profanity` in einem Shell-Fenster ausgeführt, sodass Sie es zum Beispiel über SSH nutzen können.

Sie benötigen wie bei `sendxmpp` einen Benutzernamen und ein Passwort von Jabber:

```
→ profanity -a benutzer@host
```

`profanity` erwartet dann die Eingabe von Befehlen, die immer mit einem Schrägstrich beginnen. So öffnen Sie zum Beispiel ein textbasiertes »Fenster« für die Kommunikation mit einem Freund:

```
/msg freund@jabber.example.com
```

Und so schicken Sie eine Nachricht an diesen Freund:

```
/msg Hey du!
```

Ausgewählte Befehle

`/help`	Hilfe zu allen verfügbaren Befehlen erhalten.
`/connect` *`Sie@host`*	Anmelden.
`/msg` *`benutzer@host`*	Ein Nachrichtenfenster öffnen, um mit *`benutzer@host`* zu kommunizieren.
`/msg` *`text`*	Eine Instant-Message in Ihrem aktuellen Nachrichtenfenster verschicken.
`/close`	Das aktuelle Nachrichtenfenster schließen.
`/wins`	Ihre Nachrichtenfenster auflisten.
`F1-F10`	Zwischen den Nachrichtenfenstern 1 bis 10 wechseln (funktioniert nicht über SSH).
`/disconnect`	Abmelden.
`/quit`	`profanity` beenden.

irssi

stdin **stdout** -datei --opt **--help** **--version**

`irssi [`*optionen*`]`

Der Befehl `irssi` startet einen umfassenden textbasierten IRC-Client (*Internet Relay Chat*), der in einem Shell-Fenster läuft. Ein Tutorial zum Chatten per IRC geht über den Rahmen dieses Buchs hinaus, sehen Sie sich dazu *https://irssi.org* und *http://irchelp.org* an. Zum Starten rufen Sie auf:

```
→ irssi
```

`irssi` bittet Sie dann, etwas einzugeben. Das kann ein Befehl sein, der mit einem Schrägstrich beginnt, oder beliebiger anderer Text, der als Nachricht an jeden geschickt wird, der gerade mit Ihrem aktuellen IRC-Kanal verbunden ist:

```
→ irssi
[[status]] /connect irc.example.com
... Irssi: Connection to irc.example.com established
[[status]] /nick zippy
You're now known as zippy
[[status]] /join test
Irssi: Join to #test was synced in 0 secs
<zerbina> Hallo, zippy!
<fuelrod> Willkommen zurück!
[#test] Und, habt ihr alle Spaß?
<zippy> Und, habt ihr alle Spaß?
<fuelrod> Total!
<zerbina> Jo!
[#test] /quit
```

Ausgewählte Befehle

`/help`	Gibt die möglichen Befehle aus. Um Hilfe zu einem bestimmten Befehl zu erhalten, geben Sie `/help /`*befehl* ein, zum Beispiel `/help /join`.
`/connect` *server*	Mit einem IRC-Server verbinden.
`/nick` *name*	Ihren IRC-Nickname setzen.
`/join` *kanal*	Einem IRC-Kanal beitreten.

`/names`	Die Benutzer ausgeben, die mit dem aktuellen Kanal verbunden sind.
`/disconnect`	Vom IRC-Server trennen.
`/quit`	`irssi` beenden.

Bildschirmausgabe

`echo`	Gibt einen einfachen Text auf der Standardausgabe aus.
`printf`	Gibt formatierten Text auf der Standardausgabe aus.
`yes`	Gibt wiederholten Text auf der Standardausgabe aus.
`seq`	Gibt eine Folge von Zahlen auf der Standardausgabe aus.
`clear`	Leert den Bildschirm oder das Fenster.

Linux bietet mehrere Befehle zum Ausgeben von Nachrichten auf der Standardausgabe, wie zum Beispiel `echo`:

```
→ echo hallo Welt
hallo Welt
```

Jeder Befehl hat unterschiedliche Stärken und beabsichtigte Einsatzzwecke. Diese Befehle sind unbezahlbar, wenn man mehr über Linux lernen, Probleme beheben, Shell-Skripte schreiben (siehe »Mit Shell-Skripten programmieren« auf Seite 231) oder einfach nur mit sich selbst reden möchte.

---

echo

stdin **stdout** -datei --opt --help --version

`echo [optionen] strings`

Der `echo`-Befehl gibt einfach nur seine Argumente aus:

```
→ echo Wir haben Spaß
Wir haben Spaß
```

Leider existieren mehrere verschiedene `echo`-Befehle mit leicht unterschiedlichem Verhalten. Es gibt */bin/echo*, allerdings übergehen Linux-Shells diesen typischerweise mit einem eingebauten

Befehl namens echo. Um festzustellen, welche Fassung Sie benutzen, führen Sie den Befehl type echo aus:

```
→ type echo
echo is a shell builtin
```

Nützliche Optionen

`-n`	Gibt das abschließende Newline-Zeichen nicht aus.
`-e`	Erkennt und interpretiert Escape-Zeichen. Probieren Sie z. B. `echo 'hello\a'` und `echo -e 'hello\a'`. Das erste gibt das Argument wörtlich aus, das zweite gibt ein akustisches Signal von sich aus.
`-E`	Escape-Zeichen werden nicht interpretiert: das Gegenteil von `-e`.

Verfügbare Escape-Zeichen sind:

`\a`	Alarm (akustisches Signal)
`\b`	Backspace
`\c`	gibt das abschließende Newline nicht aus (gleicher Effekt wie `-n`)
`\f`	Form Feed
`\n`	Line Feed (Newline)
`\r`	Carriage Return
`\t`	horizontaler Tab
`\v`	vertikaler Tab
`\\`	ein Backslash
`\'`	einfaches Anführungszeichen
`\"`	doppeltes Anführungszeichen
`\`*nnn*	das Zeichen mit dem ASCII-Wert *nnn* in oktal

printf

stdin **stdout** -datei **--opt** --help --version

`printf` *`formatstring`* `[`*`argumente`*`]`

Der Befehl `printf` ist eine Art verbessertes echo: Er gibt formatierte Strings auf der Standardausgabe aus. Er funktioniert im Großen und Ganzen wie die Funktion `printf( )` der Programmiersprache C, die einen Formatstring auf eine Folge von Argumenten anwendet, um eine besondere Ausgabe zu erzeugen, zum Beispiel:

```
→ printf "Benutzer %s ist %d Jahre alt.\n" sandy 29
Benutzer sandy ist 29 Jahre alt.
```

Das erste Argument ist der Formatstring, der in unserem Beispiel zwei Formatangaben enthält: `%s` und `%d`. Die nachfolgenden Argumente, `sandy` und `29`, werden durch `printf` in den Formatstring eingesetzt und dann ausgegeben. Formatangaben können mit Fließkommazahlen ziemlich aufwendig werden:

```
→ printf "Das sin\' dann $%0.2f, mein Herr.\n" 3
Das sin' dann $3.00, mein Herr.
```

In Linux stehen zwei `printf`-Befehle zur Verfügung: Einer ist in die bash eingebaut, und einen findet man in */usr/bin/printf*. Die zwei sind mit Ausnahme einer Formatspezifikation identisch: `%q` wird nur von der bash-Variante unterstützt; sie gibt Escape-Symbole (»\ «) aus, sodass ihre Ausgabe sicher als Shell-Eingabe benutzt werden kann. Beachten Sie den Unterschied:

```
→ printf "Dies ist ein Quotingzeichen: %s\n" "\""
Dies ist ein Quotingzeichen: "
→ printf "Dies ist ein Quotingzeichen: %q\n" "\""
Dies ist ein Quotingzeichen: \"
```

Sie sind dafür verantwortlich, dass die Anzahl der Formatangaben (`%`) gleich der Anzahl der Argumente ist, die an `printf` übergeben werden. Haben Sie zu viele Argumente, werden die überzähligen ignoriert, haben Sie zu wenige, nimmt `printf` Standardwerte an (0 für numerische Werte, einen leeren String für Stringformate). Dennoch sollten Sie solche Fehlzuordnungen als Fehler betrachten, auch wenn `printf` relativ großzügig ist. Wenn sie sich in Ihre Shell-Skripte einschleichen, wird es unweigerlich zu Problemen kommen.

Formatangaben werden detailliert auf der Manpage für die C-Funktion `printf` beschrieben (siehe `man 3 printf`). Hier sind einige nützliche:

`%d`	dezimales Integer
`%ld`	langes dezimales Integer
`%o`	oktales Integer
`%x`	hexadezimales Integer
`%f`	Gleitkomma
`%lf`	Gleitkomma mit doppelter Genauigkeit
`%c`	ein einzelnes Zeichen
`%s`	String
`%q`	String, bei dem Shell-Metazeichen geschützt sind
`%%`	ein Prozentzeichen für sich allein

Direkt nach dem führenden Prozentzeichen können Sie einen numerischen Ausdruck für die minimale Breite der Ausgabe einfügen. So bedeutet z. B. »%5d«, dass eine Dezimalzahl in ein fünf Zeichen breites Feld geschrieben wird, während »%6.2f« für eine Gleitkommazahl in einem sechs Zeichen breiten Feld mit zwei Stellen nach dem Dezimalpunkt steht. Hier sind einige nützliche numerische Ausdrücke:

n	minimale Breite *n*
`0`*n*	minimale Breite *n*, aufgefüllt mit führenden Nullen
n`.`*m*	minimale Breite *n* mit *m* Stellen nach dem Dezimalpunkt

`printf` interpretiert außerdem Escape-Zeichen wie `\n` (gibt ein Newline-Zeichen aus) und `\a` (akustisches Signal). Die vollständige Liste finden Sie beim echo-Befehl.

---

yes stdin **stdout** -datei --opt **--help** **--version**

`yes [`*`string`*`]`

Der yes-Befehl gibt den angegebenen String (oder standardmäßig »y«) unendlich oft aus, und zwar einen String pro Zeile.

```
→ yes noch mal
noch mal
noch mal
noch mal
...
```

Auf den ersten Blick mag das ein bisschen sinnlos erscheinen. Allerdings eignet sich yes perfekt dafür, interaktive Befehle in Stapelbefehle zu verwandeln. Sie wollen eine nervende »Sind Sie SICHER, dass Sie das tun wollen?«-Meldung loswerden? Leiten Sie die Ausgabe von yes per Pipeline in die Eingabe des Befehls zum Beantworten dieser Eingabeaufforderungen:

```
→ yes | mein_interaktiver_befehl
```

Wenn *mein_interaktiver_befehl* beendet wird, wird auch yes beendet.

---

seq

stdin **stdout** -datei --opt **--help** **--version**

seq [*optionen*] *spezifikation*

Der seq-Befehl gibt eine Folge von Integerwerten oder reellen Zahlen aus, die man dann in andere Befehle leiten kann. Es gibt drei Arten von Spezifikationsargumenten:

Eine einzelne Zahl: eine obere Grenze
: seq beginnt bei 1 und zählt bis zu dieser Zahl.

```
→ seq 3
1
2
3
```

Zwei Zahlen: untere und obere Grenze
: seq beginnt bei der ersten Zahl und zählt so weit es kann, ohne die obere Zahl zu überschreiten.

```
→ seq 2 5
2
3
4
5
```

Drei Zahlen: untere Grenze, Schrittweite und obere Grenze

seq beginnt bei der ersten Zahl, erhöht um die zweite Zahl und stoppt bei (oder vor) der dritten Zahl.

```
→ seq 1 .3 2
1
1.3
1.6
1.9
```

Mit einer negativen Schrittweite können Sie auch rückwärtsgehen:

```
→ seq 5 -1 2
5
4
3
2
```

Nützliche Optionen

`-w`
: Gibt führende Nullen aus, die unter Umständen nötig sind, damit alle Zeilen gleich breit sind:

```
→ seq -w 8 10
08
09
10
```

`-f` *format*
: Formatiert die Ausgabezeilen mit einem `printf`-artigen Formatstring, der entweder %g (Standard), %e oder %f enthalten muss:

```
→ seq -f '**%g**' 3
**1**
**2**
**3**
```

`-s` *string*
: Benutzt den angegebenen String als Trennzeichen zwischen den Zahlen. Standardmäßig wird ein Newline ausgegeben (d. h., pro Zeile erscheint eine Zahl):

```
→ seq -s ':' 10
1:2:3:4:5:6:7:8:9:10
```

clear

stdin **stdout** -datei --opt --help --version

```
clear
```

Dieser Befehl leert einfach Ihre Anzeige oder Ihr Shell-Fenster.

Kopieren und Einfügen

`xclip`	Kopieren und Einfügen zwischen Shell und Zwischenablage.
`xsel`	Zwischenablage von der Shell aus bearbeiten.

Linux besitzt eine Zwischenablage, um zwischen Anwendungen mit grafischer Benutzeroberfläche Daten zu kopieren. Tatsächlich gibt es sogar drei verschiedene Zwischenablagen, die als **Selections** bezeichnet werden. Sie erreichen diese auch von der Befehlszeile aus, indem Sie zum Beispiel das Ergebnis eines Shell-Befehls dorthin schicken oder den Inhalt der Selection wie die Standardeingabe behandeln können. Beachten Sie, dass diese Befehle nur dann funktionieren, wenn Ihre Shell in einer grafischen Umgebung wie GNOME oder KDE läuft – ansonsten gibt es keine Selection.

xclip

stdin **stdout** -datei --opt **-help** **-version**

xclip [*optionen*]

`xclip` kann lesend und schreibend auf die drei Linux-Selections (Zwischenablagen) zugreifen, sodass Sie Text zwischen der Shell und Anwendungen mit grafischer Oberfläche kopieren und einfügen können. Zum Ausprobieren nutzen Sie Ihre Maus, um Text in eine Selection zu kopieren – zum Beispiel per Doppelklick auf ein Wort in Ihrem Terminalfenster –, und führen dann diesen Befehl aus:

```
→ xclip -o
```

Der kopierte Text wird nun an die Standardausgabe geschrieben. Als weiteres Beispiel können Sie den Inhalt einer Datei an eine Selection schicken und diese dann ausgeben:

```
→ cat gedicht                    Dateiinhalt anzeigen
Es war einmal ein kleines
Betriebssystem namens Linux,
das jeder mochte.
→ cat gedicht | xclip -i         Datei an Selection pipen
→ xclip -o                       Selection ausgeben
```

```
Es war einmal ein kleines
Betriebssystem namens Linux,
das jeder mochte.
```

Alle Befehlszeilenoptionen für `xclip` verwenden einfache Bindestriche, auch `-help` und `-version`.

Nützliche Optionen

`-selection` *name*	Wählt eine Selection über ihren Namen aus: `primary`, `secondary` oder `clipboard`. Standardwert ist `primary`. In meinem Terminalfenster fügt die mittlere Maustaste aus `primary` ein, während die rechte `clipboard` nutzt.
`-i`	Liest den Selection-Inhalt von der Standardeingabe. Sie können diese Option weglassen.
`-o`	Schreibt den Selection-Inhalt an die Standardausgabe.

xsel

stdin **stdout** -datei --opt **--help** **--version**

`xsel [`*optionen*`]`

`xsel` ist eine mächtigere Version von `xclip`. Neben dem Lesen und Schreiben der drei Selections (Zwischenablagen) kann es auch an sie anfügen, sie austauschen und löschen:

```
→ echo Hallo | xsel -i
→ xsel -o
Hallo
→ echo Welt | xsel -a        Anfügen
→ xsel -o
Hallo
Welt
```

Nützliche Optionen

`-p`	Die Primary-Selection verwenden (Standard).
`-s`	Die Secondary-Selection verwenden.
`-b`	Die Clipboard-Selection verwenden.
`-i`	Den Selection-Inhalt von der Standardeingabe lesen. Dies ist das Standardverhalten.
`-a`	An die Selection anhängen.

-o	Den Selection-Inhalt an die Standardausgabe schreiben.
-c	Den Selection-Inhalt löschen.
-x	Den Inhalt von Primary- und Secondary-Selection vertauschen.

Mathematik und Berechnungen

expr	Führt einfache Berechnungen auf der Kommandozeile aus.
bc	Textbasierter Rechner.
dc	Textbasierter UPN-Rechner

Sie brauchen einen Rechner? Linux bietet Ihnen einige Kommandozeilenprogramme, mit denen man mathematische Wahrheiten ermitteln kann.

expr   stdin **stdout** -datei --opt **--help** **--version**

expr *ausdruck*

Der expr-Befehl führt auf der Kommandozeile einfache Berechnungen (und andere Auswertungen von Ausdrücken) aus:

```
→ expr 7 + 3
10
→ expr '(' 7 + 3 ')' '*' 14     Shell-Zeichen stehen in Anführungsstrichen.
140
→ expr length ABCDEFG
7
→ expr 15 '>' 16
0                               Bedeutet false.
```

Die einzelnen Argumente müssen durch Whitespace getrennt werden. Beachten Sie, dass wir alle Zeichen, die eine besondere Bedeutung für die Shell besitzen, geschützt oder quotiert haben. Klammern (geschützt) kann man benutzen, um Ausdrücke zu gruppieren. Zu den Operatoren für expr gehören:

Operator	Numerische Operation	Stringoperation
+, -, *, /	Addition, Subtraktion, Multiplikation, Division.	
%	Rest (Mod).	
<	Kleiner als.	Weiter vorn im Wörterbuch.
<=	Kleiner als oder gleich.	Weiter vorn im Wörterbuch oder gleich.
>	Größer als.	Weiter hinten im Wörterbuch.
>=	Größer als oder gleich.	Weiter hinten im Wörterbuch oder gleich.
=	Gleichheit.	Gleichheit.
!=	Ungleichheit.	Ungleichheit.
|	Boolesches »Oder«.	Boolesches »Oder«.
&	Boolesches »Und«.	Boolesches »Und«.
`s` : *`regulärer_ausdruck`*		Entspricht der *`reguläre_ausdruck`* dem String *s*?
`substr` *`s p n`*		Gibt *n* Zeichen des Strings *s* aus, beginnend an der Position *p* (*p* = 1 ist das erste Zeichen).
`index` *`s zeichen`*		Liefert den Index der ersten Position in String *s* zurück, die ein Zeichen aus dem String *`zeichen`* enthält. Liefert 0 zurück, falls nichts gefunden wurde. (Das Verhalten ist identisch mit dem der C-Funktion `index( )`.)

Für boolesche Ausdrücke werden die Zahl 0 und der leere String als falsch angesehen; alle anderen Werte sind wahr. Für boolesche Ergebnisse ist 0 falsch und 1 wahr.

bc

stdin stdout -datei **--opt --help --version**

`bc` [*`optionen`*] [*`dateien`*]

`bc` ist ein textbasierter Rechner, der arithmetische Ausdrücke einliest – jeweils einen pro Zeile – und die Ergebnisse ausgibt. Anders als die meisten anderen Rechner kann `bc` mit unbegrenzt großen Zahlen und beliebig vielen Dezimalstellen arbeiten:

```
→ bc
1+2+3+4+5
15
scale=2
(1 + 2 * 3 / 4) - 5
-2.50
2^100
1267650600228229401496703205376
^D
```

Programmierer freuen sich sicherlich über die Fähigkeit, die Basis zu wechseln, um Berechnungen in binärer, oktaler, hexadezimaler oder einer anderen beliebigen Basis durchzuführen:

```
→ bc
obase=2          Ergebnisse zur Basis 2
999
1111100111
obase=16         oder Basis 16
999
3E7
```

Aber bc kann noch mehr. Es ist zudem ein programmierbarer Rechner, in dem Sie Ihre eigenen Funktionen definieren können. Hier ein Beispiel für eine Funktion, die die Lösungen für eine quadratische Gleichung berechnet. Sie ist in einer Datei *quadratisch.txt* abgelegt:[22]

```
→ cat quadratisch.txt
scale=2
define quadform ( a, b, c ) {
 root1 = (-b + sqrt(b^2 - 4*a*c)) / (2*a)
 root2 = (-b - sqrt(b^2 - 4*a*c)) / (2*a)
 print root1, "  ", root2, "\n"
}
quadform(1, 7, 12)       löst x^2 + 7x + 12 = 0
```

Leiten Sie diese Datei nach bc um, erhalten Sie folgendes Ergebnis:

```
→ bc < quadratisch.txt
          -3.00  -4.00
```

In seiner mächtigsten Form ist bc eine Programmiersprache für mathematische Probleme. Sie können Variablen Werte zuweisen,

22 Dieses Beispiel schlägt fehl, wenn die Wurzeln imaginär sind.

Arrays bearbeiten, bedingte Ausdrücke und Schleifen nutzen und sogar Skripte schreiben, die den Benutzer nach Werten fragen und mathematische Operationen damit ausführen. Einen vollständigen Überblick erhalten Sie über die Manpage.

Nützliche arithmetische Operationen

`+, -, *, /`	Addition, Subtraktion, Multiplikation und Division. Die Ergebnisse der Division werden anhand des aktuellen `scale` abgeschnitten (siehe unten).
`%`	Teilungsrest (Mod).
`^`	Potenzieren, zum Beispiel `10^5` für »zehn hoch fünf«.
`sqrt(`*N*`)`	Wurzel von *N*.
`ibase=`*N*	Alle Eingabewerte auf der Basis von *N* behandeln.
`obase=`*N*	Alle Werte zur Basis *N* ausgeben.
`scale=`*N*	Die Anzahl der signifikanten Nachkommastellen auf *N* setzen.
`( ... )`	Klammern.
name=value	Der Variablen *name* einen Wert zuweisen.

dc

stdin stdout -datei --opt --help --version

`dc [`*optionen*`] [`*dateien*`]`

Der Befehl `dc` (desk calculator) ist ein Stack-basierter Rechner mit umgekehrt polnischer Notation, der Ausdrücke von der Standardeingabe liest und die Ergebnisse auf die Standardausgabe schreibt. Wenn Sie wissen, wie man einen UPN-Rechner von Hewlett-Packard benutzt, ist für Sie `dc` relativ leicht einzusetzen, sobald Sie seine Syntax verstanden haben. Sollten Sie allerdings an traditionellere Rechner gewöhnt sein, ist `dc` möglicherweise undurchschaubar. Wir behandeln hier nur ein paar einfache Befehle.

Für Stack- und Rechneroperationen:

`q`	Beendet `dc`.
`f`	Gibt den gesamten Stack aus.
`c`	Löscht (leert) den gesamten Stack.
`p`	Gibt den obersten Wert auf dem Stack aus.

P Entfernt den obersten Wert aus dem Stack.

n k Setzt die Genauigkeit künftiger Operationen auf *n* Dezimalstellen (Standard ist 0: Integeroperationen).

Um die obersten beiden Werte aus dem Stack zu holen, führen Sie eine angeforderte Operation aus und schieben das Ergebnis:

+, -, *, / Addition, Subtraktion, Multiplikation und Division.

% Rest (Mod).

^ Potenzierung (der zweite Wert von oben ist die Basis, der oberste Wert ist der Exponent).

Um den obersten Wert aus dem Stack zu holen, führen Sie eine angeforderte Operation durch und schieben das Ergebnis:

v Quadratwurzel.

Beispiele:

```
$ dc
4 5 + p   Gibt die Summe aus 4 und 5 aus.
9
2 3 ^ p   Rechnet 2 hoch 3 und gibt das Ergebnis aus.
8
10 * p    Multipliziert den obersten Wert des Stacks mit 10
          und gibt das Ergebnis aus.
80
f         Gibt den Stack aus.
80
9
+p        Holt die obersten beiden Stack-Werte und gibt ihre Summe aus.
89
```

Daten und Zeiten

`cal` Gibt einen Kalender aus.

`date` Gibt Datum und Uhrzeit aus oder setzt sie.

`ntpdate` Setzt die Systemzeit mithilfe eines entfernten Timeservers.

Sie brauchen ein Datum? Wie wäre es mit einer guten Zeit? Probieren Sie diese Programme aus, um Daten und Uhrzeiten auf Ihrem System zu setzen und anzuzeigen.

cal

stdin **stdout** -datei --opt --help --version

`cal [optionen] [monat [jahr]]`

Der cal-Befehl gibt einen Kalender aus – standardmäßig wird der aktuelle Monat gezeigt:

```
→ cal
   November 2015
   Su Mo Tu We Th Fr Sa
    1  2  3  4  5  6  7
    8  9 10 11 12 13 14
   15 16 17 18 19 20 21
   22 23 24 25 26 27 28
   29 30
```

Um einen anderen Kalender anzuzeigen, geben Sie einen Monat und eine vierstellige Jahresangabe an: `cal 8 2016`. Wenn Sie den Monat weglassen (`cal 2016`), wird das gesamte Jahr ausgegeben.

Nützliche Optionen

`-y`	Gibt den Kalender des aktuellen Jahres aus.
`-3`	Dreimonatsansicht: Gibt auch noch den vorhergehenden und den nächsten Monat aus.
`-j`	Nummeriert jeden Tag anhand seiner Position im Jahr; in unserem Beispiel würde der 1. Februar als 32 angezeigt werden, der 2. Februar als 33 usw.

date

stdin **stdout** -datei --opt **--help** **--version**

`date [optionen] [format]`

Der date-Befehl gibt Daten und Uhrzeiten aus. Die Ergebnisse hängen von Ihren Lokalisierungseinstellungen (für Sprache und Land) ab. Hier gehen wir von einer US-basierten englischsprachigen Lokalisierung aus.

Standardmäßig gibt date das Systemdatum und die Systemzeit in der lokalen Zeitzone aus:

```
→ date
Fri Mar 18 22:32:04 EDT 2016
```

Sie können die Ausgabe anders formatieren, indem Sie einen Formatstring ausgeben, der mit einem Pluszeichen beginnt:

```
→ date '+%D'
03/18/16
→ date '+The time is %l:%M %p on a lovely %A in %B'
The time is 10:32 PM on a lovely Friday in March
```

Hier ist ein Auszug aus den vielen Formaten des date-Befehls:

Format	Bedeutung	Beispiel (US-Englisch)
Ganze Daten und Uhrzeiten:		
%c	vollständiges Datum und Uhrzeit, 12-Stunden-Uhr	Sun 28 Sep 2003, 09:01:25 PM EDT
%D	numerisches Datum, zweistelliges Jahr	09/28/03
%x	numerisches Datum, vierstelliges Jahr	09/28/2003
%T	Zeit, 24-Stunden-Uhr	21:01:25
%X	Zeit, 12-Stunden-Uhr	09:01:25 PM
Wörter:		
%a	Wochentag (abgekürzt)	Sun
%A	Wochentag (komplett)	Sunday
%b	Monatsname (abgekürzt)	Sep
%B	Monatsname (komplett)	September
%Z	Zeitzone	EDT
%p	vormittags oder nachmittags (AM oder PM)	PM
Zahlen:		
%w	Wochentag (0–6, 0 = Sonntag)	0
%u	Wochentag (1–7, 1 = Montag)	7
%d	Tag des Monats, führende Null	02

Format	Bedeutung	Beispiel (US-Englisch)
%e	Tag des Monats, führende Stelle leer	2
%j	Tag des Jahres, führende Nullen	005
%m	Monatsnummer, führende Null	09
%y	Jahr, 2 Stellen	03
%Y	Jahr, 4 Stellen	2003
%M	Minute, führende Null	09
%S	Sekunden, führende Null	05
%l	Stunde, 12-Stunden-Uhr, führende Stelle leer	9
%I	Stunde, 12-Stunden-Uhr, führende Null	09
%k	Stunde, 24-Stunden-Uhr, führende Stelle leer	9
%H	Stunde, 24-Stunden-Uhr, führende Null	09
%N	Nanosekunden	737418000
%s	Sekunden seit Beginn der Linux-Zeit: 1. Januar 1970, Mitternacht	1068583983
Andere:		
%n	Newline-Zeichen	
%t	Tab-Zeichen	
%%	Prozentzeichen	%

Durch seine Optionen kann date auch andere Daten und Uhrzeiten anzeigen.

Nützliche Optionen

`-d` *`string`*	Zeigt den angegebenen Datums- und Zeit-*`string`* an, formatiert nach Ihren Wünschen.
`-r` *`dateiname`*	Zeigt den zuletzt geänderten Zeitstempel der angegebenen Datei an, formatiert nach Ihren Wünschen.
`-s` *`string`*	Setzt das Systemdatum und/oder die Zeit; das darf nur der Administrator.

ntpdate

stdin **stdout** -datei **--opt** --help --version

```
ntpdate timeserver
```

Der ntpdate-Befehl setzt die aktuelle Systemzeit, indem er einen Timeserver im Netzwerk kontaktiert. Sie müssen Root sein, um die Systemzeit einzustellen.

```
→ sudo /usr/sbin/ntpdate timeserver.someplace.edu
7 Sep 21:01:25 ntpdate[2399]: step time server
  178.99.1.8
offset 0.51 sec
```

Damit Ihr System auch über lange Zeiträume synchron mit einem Timeserver bleibt, nutzen Sie stattdessen den ntpd-Daemon (siehe *http://www.ntp.org*). Sollten Sie keinen lokalen Timeserver kennen, suchen Sie im Internet nach »public ntp time server«.

Grafiken

display	Eine Grafikdatei anzeigen.
convert	Dateien aus einem Grafikformat in ein anderes umwandeln.
mogrify	Eine Grafikdatei bearbeiten.
montage	Grafikdateien kombinieren.

Zum Betrachten oder Bearbeiten von Grafiken bietet Linux praktische Tools mit Bergen von Optionen. Wir werden uns auf Kommandozeilentools aus einem Paket namens ImageMagick konzentrieren (*http://imagemagick.org*). Deren Tools werden alle ähnlich angewendet, eine vollständige Erläuterung finden Sie unter *http://imagemagick.org/script/command-line-processing.php*.

display

stdin **stdout** **-datei** **--opt** **--help** **--version**

```
display [optionen] dateien
```

Der Befehl `display` ermöglicht es Ihnen, Bilder in einer Reihe von Formaten anzuzeigen: JPEG, PNG, GIF, BMP und mehr. Es ist zudem ein kleiner Satz Bearbeitungstools enthalten, die erscheinen, wenn Sie mit der linken Maustaste auf das angezeigte Bild klicken. Mit einem Druck auf q beenden Sie das Programm.

```
→ display foto.jpg
```

Der Befehl ist sehr mächtig, er bietet mehr als 100 Optionen, die auf seiner Manpage aufgeführt sind.

Nützliche Optionen

`-resize` *größe*	Das Bild in eine neue Größe umrechnen. Die Werte in *größe* sind ausgesprochen flexibel – Sie können unter anderem die Breite (800), die Höhe (x600), Breite und Höhe (800x600), eine Prozentzahl zum Vergrößern oder Verkleinern (50%), eine Fläche in Pixeln (480000@) und andere Daten nutzen.
`-flip`	Das Bild vertikal spiegeln.
`-flop`	Das Bild horizontal spiegeln.
`-rotate` *N*	Das Bild um *N* Grad drehen.
`-backdrop`	Das Bild auf einem einfarbigen Hintergrund anzeigen.
`-fill`	Die Farbe für die Option `-backdrop` setzen.
`-delay` *N*	Das Bild *N* Sekunden anzeigen, dann beenden. Geben Sie mehrere Bilder an, erhalten Sie eine Diashow, bei der jedes Bild für *N* Sekunden gezeigt wird.
`-identify`	Gibt Informationen über das Bildformat, die Größe und andere Daten an der Standardausgabe aus.

convert

stdin stdout -datei --opt --help --version

`convert` [*quelloptionen*] *quelldatei* [*zieloptionen*] *zieldatei*

Der Befehl `convert` erzeugt eine Kopie eines Bilds, wandelt dabei aber in ein anderes Grafikformat um. Wenn Sie zum Beispiel eine JPEG-Datei haben, können Sie eine PNG-Datei des gleichen Bilds mit dieser Anweisung erstellen:

```
→ convert photo.jpg newphoto.png
```

Gleichzeitig können Sie auch noch Modifikationen beim Kopieren anwenden, etwa die Größe anpassen oder das Bild spiegeln:

```
→ convert photo.jpg -resize 50% -flip newphoto.png
```

`convert` kann mehr oder weniger die gleichen Optionen wie `display` verwenden.

mogrify   stdin stdout -datei --opt --help --version

`mogrify [`*`optionen`*`]`*`datei`*

Der Befehl `mogrify` wandelt ein Bild wie `convert` um, nimmt diese Änderungen aber direkt an der Quelldatei vor und nicht an einer Kopie. (Daher ist `convert` ein sichererer Befehl, wenn Sie mit einem Lieblingsfoto experimentieren.) Es werden mehr oder weniger die gleichen Optionen wie bei `convert` genutzt:

```
→ mogrify -resize 25% photo.jpg
```

montage   stdin stdout -datei --opt --help --version

`montage `*`quelldateien`*` [`*`optionen`*`] `*`zieldatei`*

`montage` erstellt aus mehreren Eingabedateien eine einzelne Bilddatei. So können Sie zum Beispiel in einem Bild einen ganzen Satz Thumbnails zusammenfassen, bei denen jeder mit dem ursprünglichen Dateinamen beschriftet ist:

```
→ montage foto.jpg foto2.png foto3.gif \
-geometry 120x176+10+10 -label '%f' zieldatei.jpg
```

`montage` bietet diverse Steuerungsmöglichkeiten zum Anordnen und Darstellen der Bilder. Im vorigen Befehl haben die Thumbnails zum Beispiel eine Größe von 120 x 176 Pixeln, und es befinden sich horizontal und vertikal 10 Pixel Abstand zwischen ihnen. Zudem werden sie mit ihrem Dateinamen beschriftet.

Nützliche Optionen

`-geometry` *breitexhöhe*`[+-]`*x*`[+-]`*y*	Definiert Breite, Höhe und *(x,y)*-Abstand der Bilder.
`-frame` *N*	Versieht jedes Bild mit einem Rahmen mit *N* Pixeln Breite.
`-label` *string*	Beschriftet jedes Bild mit einem *string*, der besondere Zeichen enthalten kann: `%f` steht für die Dateinamen, %h und %w für Höhe und Breite, %m für das Dateiformat. Dazu gibt es ungefähr 40 weitere Möglichkeiten.

Audio und Video

`cdparanoia`	Wandelt Audio von CDs in WAV-Dateien um.
`lame`	Konvertiert aus WAV in MP3.
`id3info`	Zeigt ID3-Tags einer MP3-Datei an.
`id3tag`	Bearbeitet ID3-Tags einer MP3-Datei.
`ogginfo`	Zeigt Informationen zu einer OGG-Datei an.
`metaflac`	Informationen zu einer FLAC-Datei anzeigen und bearbeiten.
`sox`	Zwischen Audiodateiformaten konvertieren.
`mplayer`	Eine Video- oder Audiodatei abspielen.

Es gibt diverse Linux-Programme mit einer grafischen Benutzeroberfläche, um Audio- und Videodateien abzuspielen und zu bearbeiten, aber wir werden uns hier wieder auf die Kommandozeilentools beschränken.

---

cdparanoia

stdin stdout -datei **--opt** **--help** **--version**

`cdparanoia` *[optionen]* *bereich* *[ausgabedatei]*

Der `cdparanoia`-Befehl liest (»rippt«) Audiodaten von einer CD und speichert sie in WAV-Dateien (oder in anderen Formaten, siehe Manpage) ab. Gebräuchliche Anwendungsfälle sind:

$ cdparanoia *N*
Liest Track *N* in eine Datei ein.

$ cdparanoia -B
Liest alle Tracks auf der CD in separate Dateien ein.

$ cdparanoia -B 2-4
Liest die Tracks 2, 3 und 4 in separate Dateien ein.

$ cdparanoia 2-4
Liest die Tracks 2, 3 und 4 in eine einzige Datei ein.

Falls Sie Probleme damit haben, auf Ihr Laufwerk zuzugreifen, probieren Sie es einmal mit `cdparanoia -Qvs` (»Suche nach CD-ROM-Laufwerken mit ausführlicher Ausgabe«), und suchen Sie nach Hinweisen.

---

lame

stdin stdout **-datei** --opt **--help** **--version**

`lame [optionen] datei.wav`

Der `lame`-Befehl konvertiert eine WAV-Audiodatei (z. B. *song.wav*) in eine MP3-Datei:

```
→ lame song.wav song.mp3
```

Er besitzt mehr als 100 Optionen zum Steuern der Bitrate, Konvertieren in andere Formate, Hinzufügen von ID3-Tags usw.

---

id3info

stdin stdout -dattei --opt **--help** **--version**

`id3info [optionen] [dateien]`

Der Befehl `id3info` zeigt Informationen über eine MP3-Audiodatei an, wie zum Beispiel den Liedtitel, den Interpreten, den Albumtitel und das Jahr. Dafür muss die Datei ID3-Tags enthalten. Der Befehl besitzt neben einem Hilfetext und Versionsinformationen keine Optionen:

```
→ id3info guitar.mp3
*** Tag information for guitar.mp3
```

```
=== TYER (Year): 2004
=== TCON (Content type): Sample File
=== TPE1 (Lead performer(s)/Soloist(s)): Gentle Giant
=== TIT2 (Title/songname): Guitar Solo
=== TALB (Album/Movie/Show title): Scraping the Barrel
*** mp3 info
MPEG1/layer III
Bitrate: 256KBps
Frequency: 44KHz
```

id3tag

stdin stdout **-datei** **--opt** **--help** **--version**

`id3tag [`*`optionen`*`]` *`dateien`*

Der `id3tag`-Befehl fügt ID3-Tags in eine MP3-Datei ein oder modifiziert die Tags. Um z. B. eine MP3-Datei mit einem neuen Titel und Interpreten zu versehen, rufen Sie Folgendes auf:

```
→ id3tag -A "Mein Album" -a "Loud Linux Squad" song.mp3
```

Nützliche Optionen

`-A` *`name`*	Setzt den Namen des Interpreten.
`-a` *`titel`*	Setzt den Albumtitel.
`-s` *`titel`*	Setzt den Songtitel.
`-y` *`jahr`*	Setzt das Jahr.
`-t` *`nummer`*	Setzt die Tracknummer.
`-g` *`nummer`*	Setzt die Genrenummer.

ogginfo

stdin stdout -datei **--opt** --help --version

`ogginfo [`*`optionen`*`] [`*`dateien`*`]`

`ogginfo` ist ein einfacher Befehl, der Informationen über eine OGG Vorbis-Audiodatei anzeigt:

```
→ ogginfo guitar.ogg
Processing file "guitar.ogg"...
...
Channels: 2
Rate: 44100
```

```
...
Nominal bitrate: 112.000000 kb/s
User comments section follows...
        Title=Guitar Solo
        Artist=Gentle Giant
        Album=Scraping the Barrel
        Year=2004
        Genre=Sample File
Vorbis stream 1:
        Total data length: 102390 bytes
        Playback length: 0m:09.952s
        Average bitrate: 82.301673 kb/s
```

Mit der Option -h erhalten Sie detailliertere Anwendungsinformationen.

metaflac

stdin stdout -datei **--opt** **--help** **--version**

metaflac [*optionen*] [*datei*]

Der Befehl metaflac ermöglicht das Anzeigen und Bearbeiten von Informationen in einer FLAC-Audiodatei. Zur Anzeige von Informationen geben Sie ein:

```
→ metaflac --list guitar.flac
...
  sample_rate: 44100 Hz
  channels: 2
  bits-per-sample: 16
  total samples: 438912
...
  comments: 5
    comment[0]: Title=Guitar Solo
    comment[1]: Artist=Gentle Giant
    comment[2]: Album=Scraping the Barrel
    comment[3]: Year=2004
    comment[4]: Genre=Sample File
```

Zum Ändern von Informationen wie dem Titel oder dem Interpreten ist es am einfachsten, sie in eine Textdatei zu exportieren, diese Datei zu bearbeiten und sie dann wieder zu importieren:

```
→ metaflac --export-tags-to info.txt guitar.flac
→ cat info.txt
Title=Guitar Solo
Artist=Gentle Giant
Album=Scraping the Barrel
```

```
Year=2004
Genre=Sample File
```
→ **nano info.txt** *Änderungen vornehmen und speichern*
→ **metaflac --import-tags-from info.txt guitar.flac**

Nützliche Optionen

`--show-tag` *name*	Zeigt den Wert für das angegebene Tag an, zum Beispiel `title`, `artist`, `album` oder `year`. Es gibt viele weitere show-Optionen, die Sie auf der Manpage finden.
`--remove-tag` *name*	Entfernt das angegebene Tag (`title`, `artist` usw.) aus der FLAC-Datei.

sox

stdin stdout **-datei --opt --help --version**

`sox` [*optionen*] *quelldatei zieldatei*

`sox` ist ein ganz einfacher Befehl, mit dem sich eine Audiodatei von einem in ein anderes Format umwandeln lässt. MP3, OGG, FLAC, WAV und Dutzende anderer Formate werden dabei unterstützt. (Mit `man soxformat` erhalten Sie eine Liste.) Geben Sie einfach das neue Format über die entsprechende Dateierweiterung an:

→ **sox guitar.mp3 guitar2.wav** *MP3 nach WAV*
→ **sox guitar.ogg guitar2.mp3** *OGG nach MP3*
→ **sox guitar.flac guitar2.ogg** *FLAC nach OGG...*
und so weiter ...

`sox` bietet jede Menge andere Anwendungsmöglichkeiten, zum Beispiel das Kombinieren von Audiodateien oder das Hinzufügen von Spezialeffekten. Es wird auch gern als »Schweizer Taschenmesser« für Audiodateien bezeichnet. Auf der Manpage finden Sie weitere Details.

Nützliche Optionen

`-S`	Zeigt einen Fortschrittsbalken an – nützlich für lange Umwandlungen.
`--no-clobber`	Überschreibt die Ausgabedatei nicht, wenn sie schon vorhanden ist.
`-t` *type*	Gibt den Typ der Quelldatei an, wenn `sox` sie nicht selbst ermitteln kann. Mit `man soxformat` erhalten Sie eine Liste der möglichen Formate.

mplayer **stdin stdout -datei --opt --help --version**

mplayer [*optionen*] *videodateien...*

Der mplayer-Befehl spielt Videodateien in vielen Formaten ab: MPEG, AVI, MOV und mehr:

```
→ mplayer meinedatei.avi
```

Drücken Sie bei der Wiedergabe des Videos die Leertaste, um anzuhalten und fortzufahren, die Cursortasten, um in der Zeit vorwärts- und rückwärtszuspringen, und Q, um das Programm zu beenden. mplayer kann auch Audiodateien abspielen. Auf seiner Manpage finden Sie Dutzende von Optionen für das Programm, und noch mehr erfahren Sie unter *http://www.mplayerhq.hu*.

Andere beliebte Videoplayer für Linux sind vlc (*(http://www.videolan.org/vlc/)*), kaffeine (*(http://kaffeine.kde.org/)*) und xine (*(http://sourceforge.net/projects/xine/)*).

Software installieren

Von Zeit zu Zeit werden Sie sicher Software Ihrem Linux-System hinzufügen wollen. Die Installationsmethode variiert jedoch, da Linux mehrere Standards für Software hat, die in Paketform vorliegt. Ihre Distribution kann aber sehr wahrscheinlich Installationen auf der Kommandozeile vornehmen, mit einem oder mehreren grafischen Werkzeugen, oder sie bietet beide Verfahren an. Die gebräuchlichsten Pakettypen sind:

**.deb-Dateien*
: Debian-Pakete werden von Debian, Ubuntu und anderen Distributionen genutzt. Wir behandeln die Paketmanager-Befehle aptitude, apt-get und dpkg zum Installieren von Software in diesem Format.

**.rpm-Dateien*
: Red Hat, Fedora, CentOS und andere Distributionen verwenden RPM-Paketmanager-Dateien. Diese werden von den Paketmanagern dnf, yum und rpm benutzt.

**.tar.gz-Dateien und *.tar.bz2-Dateien*
: Komprimierte *tar*-Dateien bilden keine installierbaren »Pakete«, sondern stellen eine Sammlung von Dateien dar, die mittels tar erzeugt und mit gzip (*.gz*) oder bzip2 (*.bz2*) komprimiert wurden. Während Debian- und RPM-Pakete mit einem einzigen Befehl installiert werden können, erfordern komprimierte *tar*-Dateien normalerweise mehrere manuelle Schritte.

Sie müssen herausfinden, welcher Pakettyp von Ihrem Linux-System benutzt wird! Im Allgemeinen können (oder sollten) Sie Pakettypen wie Debian und RPM nicht mischen. Zum Glück werden moderne Linux-Systeme normalerweise bei der ersten Installation mit einem Paketmanager ausgestattet, sodass Sie einfach diesen nehmen können.

Wenn Sie nicht sicher sind, welche Linux-Distribution Sie nutzen, sollte einer der folgenden Befehle Ihnen einen Hinweis geben:

```
→ cat /etc/issue
Ubuntu 15.10 \n \l
→ more /etc/*-release
NAME="Ubuntu"
VERSION="15.10 (Wily Werewolf)"
...
```

Die neue Software muss meistens vom Administrator installiert werden, sodass Sie vor der Installation den sudo-Befehl (oder ein Äquivalent) ausführen müssen, zum Beispiel:

```
→ sudo rpm -ivh mypackage.rpm
Password: ********
```

Ihre Linux-Distribution bringt mit ziemlicher Sicherheit Programme mit grafischer Benutzeroberfläche mit, um mit den Paketen zu arbeiten, aber die Befehlszeilenprogramme werden Ihnen vielleicht einfacher oder schneller vorkommen.

---

dnf

stdin **stdout** -datei --opt **--help** **--version**

dnf [*optionen*] [*pakete*]

dnf ist der neueste Paketmanager für RPM-Pakete (*.rpm*-Dateien).

Die folgende Tabelle führt die gebräuchlichsten Optionen von dnf auf:

Aktion	dnf-Befehl
Nach einem Paket suchen, das Sie benötigen (unterstützt die Wildcards * und ?).	`dnf search` *befehlsname*
Prüfen, ob ein Paket installiert ist.	`dnf list installed` *paketname*
Ein Paket herunterladen, aber nicht installieren.	`dnf download` *paketname*
Ein Paket herunterladen und installieren.	`sudo dnf install` *paketname*
Eine Paketdatei installieren.	`sudo dnf install` *datei*`.rpm`
Sich über ein Paket informieren.	`dnf info` *paketname*
Den Inhalt eines Pakets aufführen.	`rpm -ql` *paketname*
Ermitteln, zu welchem Paket eine installierte Datei gehört.	`dnf provides` */pfad/zu/datei*
Ein installiertes Paket aktualisieren.	`sudo dnf upgrade` *paketname*
Ein installiertes Paket entfernen.	`sudo dnf remove` *paketname*
Alle auf dem System installierten Pakete aufführen.	`dnf list installed | less`
Für alle Pakete im System nach Updates suchen.	`dnf check-update`
Alle Pakete im System aktualisieren.	`sudo dnf upgrade`

yum

stdin **stdout** -datei --opt **--help** **--version**

`yum` [*optionen*] [*pakete*]

yum ist ein beliebter Paketmanager für RPM-Pakete (*.rpm*-Dateien), den man auf Distributionen wie Red Hat Enterprise Linux, Fedora, CentOS und anderen findet. Er ist im Prinzip ein Kommandozeilenwerkzeug, auch wenn es durchaus grafische Schnittstellen für yum gibt, wie etwa PackageKit auf Fedora Linux.

Die folgende Tabelle zeigt gebräuchliche Operationen mit yum. Für Operationen auf lokalen Dateien, die yum nicht bietet, benutzen wir direkt den rpm-Befehl.

Aktion	yum-Befehl
Sucht nach einem Paket, das Ihren Anforderungen entspricht (unterstützt die Wildcards * und ?).	`yum search befehlsname`
Prüft, ob ein Paket installiert ist.	`yum list installed` *`paketname`*
Lädt ein Paket herunter, installiert es aber nicht. Dies erfordert zuerst das Installieren des `downloadonly`-Plug-ins, indem Sie `sudo yum install \ yum-downloadonly` aufrufen.	`sudo yum --downloadonly install` *`paketname`*
Lädt ein Paket herunter und installiert es.	`sudo yum install` *`paketname`*
Installiert eine Paketdatei.	`rpm -ivh` *`paket`*`.rpm`
Holt Informationen über ein Paket.	`yum info` *`paketname`*
Listet den Inhalt eines Pakets auf.	`rpm -ql` *`paketname`*
Stellt fest, zu welchem Paket eine installierte Datei gehört.	`yum provides` *`/pfad/zu/datei`*
Aktualisiert ein installiertes Paket.	`sudo yum update` *`paketname`*
Entfernt ein installiertes Paket.	`sudo yum remove` *`paketname`*
Listet alle Pakete auf, die auf dem System installiert sind.	`yum list installed | less`
Sucht nach Updates für alle Pakete auf dem System.	`yum check-update`
Aktualisiert alle Pakete auf dem System.	`sudo yum update`

rpm

stdin **stdout** -datei --opt **--help** **--version**

`rpm` [*`optionen`*] [*`dateien`*]

Ziehen Sie es vor, RPM-Pakete von Hand herunterzuladen und zu installieren, benutzen Sie `rpm`, dasselbe Paketmanagementprogramm, das `yum` hinter den Kulissen benutzt. Im Gegensatz zu `yum` arbeitet `rpm` lokal auf Ihrem Computer: Es durchsucht nicht die Softwarearchive im Internet nach neuen Paketen.

rpm installiert nicht nur die Software, sondern sorgt auch dafür, dass Ihr System alle Voraussetzungen erfüllt. Falls z. B. Paket *superkram* das Paket *andererkram* verlangt, das Sie nicht installiert haben, installiert rpm *superkram* nicht für Sie. Besteht Ihr System den Test allerdings, installiert rpm das angeforderte Paket.

RPM-Dateinamen haben typischerweise die Form *name-version.architektur*.rpm. Zum Beispiel deutet *emacs-23.1-17.i386.rpm* auf das emacs-Paket, Version 23.1-17, für i386-Rechner (Intel 80386 und höher) hin. Denken Sie daran, dass rpm manchmal ein Dateinamensargument verlangt (wie *emacs-23.1-17.i386.rpm*) und manchmal nur den Paketnamen (wie *emacs*).

Aktion	**rpm-Befehl**
Prüft, ob ein Paket installiert ist.	rpm -q *paketname*
Installiert eine Paketdatei.	sudo rpm -ivh *paketdatei*.rpm
Sucht Informationen über ein Paket.	rpm -qi *paketname*
Listet den Inhalt eines Pakets auf.	rpm -ql *paketname*
Stellt fest, zu welchem Paket eine installierte Datei gehört.	rpm -qf */pfad/zu/datei*
Aktualisiert ein installiertes Paket.	sudo rpm -Uvh *paketdatei*.rpm
Entfernt ein installiertes Paket.	sudo rpm -e *paketname*
Listet alle Pakete auf, die auf dem System installiert sind.	rpm -qa | less

APT

stdin **stdout** -datei --opt **--help** **--version**

apt-get [*optionen*] *pakete*

apt-file [*optionen*] *string*

apt-cache [*optionen*] *pakete*

dpkg [*optionen*] *pakete*

Die APT-Suite (*Advanced Packaging Tool*) kann mit ihren Befehlen Debian-Pakete (*.deb*) installieren, entfernen und bearbeiten.

Bevor Sie Pakete auf Ihrem System aktualisieren, führen Sie `sudo apt-get update` aus, um die neuesten Informationen zu den verfügbaren Paketen zu erhalten.

Aktion	APT-Befehl
Nach Paketen suchen, die Sie interessieren.	`apt-file search` *paketname*
Prüfen, ob ein Paket installiert ist.	`dpkg -s` *paketname*
Ein Paket herunterladen, aber nicht installieren.	`apt-get -d` *paketname*
Ein Paket herunterladen und installieren.	`sudo apt-get install` *paketname*
Eine Paketdatei installieren.	`dpkg -i` *paketdatei*`.deb`
Etwas über ein Paket erfahren.	`apt-cache show` *paketname*
Den Inhalt eines Pakets anzeigen.	`dpkg -L` *paketname*
Herausfinden, zu welchem Paket eine installierte Datei gehört.	`dpkg -S` */pfad/zu/datei*
Ein installiertes Paket aktualisieren.	`sudo apt-get upgrade` *paketname*
Ein installiertes Paket entfernen.	`sudo apt-get remove` *paketname*
Alle auf dem System installierten Pakete auflisten.	`dpkg -l`
Nach Updates für alle Pakete auf dem System suchen.	`sudo apt-get -u upgrade`
Alle Pakete auf dem System aktualisieren (um auch Kernel-Pakete zu berücksichtigen, ersetzen Sie `upgrade` durch `dist-upgrade`).	`sudo apt-get upgrade`

aptitude

stdin **stdout** -datei --opt **--help** **--version**

`aptitude [`*optionen*`] [`*pakete*`]`

`aptitude` ist ein weiterer Paketmanager für die Kommandozeile, der Debian-Pakete (*.deb*) manipuliert. Sie müssen auch `dpkg` für manche Aktionen kennen, zum Beispiel für die Arbeit mit lokalen *.deb*-Dateien, da `aptitude` das nicht kann.

Aktion	aptitude-Befehl
Sucht nach einem Paket, das Ihren Anforderungen entspricht.	`aptitude search` *paketname*
Prüft, ob ein Paket installiert ist (suchen Sie in der Ausgabe nach »State: not installed« oder »State: installed«).	`aptitude show` *paketname*
Lädt ein Paket herunter, installiert es aber nicht.	`aptitude download` *paketname*
Lädt ein Paket herunter und installiert es.	`sudo aptitude install` *paketname*
Installiert eine Paketdatei.	`dpkg -i` *paketdatei*`.deb`
Informationen über ein Paket.	`aptitude show` *paketname*
Listet den Inhalt eines Pakets auf.	`dpkg -L` *paketname*
Stellt fest, zu welchem Paket eine installierte Datei gehört.	`dpkg -S` */pfad/zu/datei*
Aktualisiert ein installiertes Paket.	`sudo aptitude safe-upgrade` *paketname*
Entfernt ein installiertes Paket.	`sudo aptitude remove` *paketname*
Listet alle Pakete auf, die auf dem System installiert sind.	`aptitude search '~i' | less`
Sucht nach Updates für alle Pakete auf dem System.	`aptitude --simulate full-upgrade`
Aktualisiert alle Pakete auf dem System.	`sudo aptitude full-upgrade`

tar.gz- und tar.bz2-Dateien

Verpackte Softwaredateien, deren Namen auf *.tar.gz* und *.tar.bz2* enden, enthalten typischerweise Quellcode, den Sie benötigen, um vor der Installation zu kompilieren (d. h. das System zusammenzubauen). Übliche Anweisungen sind:

1. Listen Sie den Paketinhalt auf, und zwar eine Datei pro Zeile. Stellen Sie sicher, dass eine Datei beim Extrahieren nicht verse-

hentlich oder böswillig etwas Wertvolles auf Ihrem System überschreibt:[23]

```
→ tar tvf paket.tar.gz | less     gzip
→ tar tvf paket.tar.bz2 | less    bzip2
```

2. Falls das zufriedenstellend verlaufen ist, extrahieren Sie die Dateien in ein neues Verzeichnis. Führen Sie diese Befehle aus Sicherheitsgründen als Sie selbst aus, nicht als Root:

```
→ mkdir neuesverz
→ cd neuesverz
→ tar xvf <pfad>paket.tar.gz     gzip
→ tar xvf <pfad>paket.tar.bz2    bzip2
```

3. Suchen Sie nach einer extrahierten Datei namens *INSTALL* oder *README*. Lesen Sie sie, um zu erfahren, wie Sie die Software zusammenbauen, zum Beispiel:

```
→ cd neuesverz
→ less INSTALL
```

4. Normalerweise weist die Datei *INSTALL* oder *README* Sie an, im aktuellen Verzeichnis ein Skript namens `configure` auszuführen, dann `make` aufzurufen und anschließend `make install`. Untersuchen Sie die Optionen, die Sie möglicherweise an das `configure`-Skript übergeben müssen:

```
→ ./configure --help
```

Nun installieren Sie die Software:

```
→ ./configure optionen
→ make
→ sudo make install
```

Mit Shell-Skripten programmieren

Als wir die Shell (bash) behandelt haben, erfuhren Sie, dass in sie eine Programmiersprache eingebaut ist. Damit können Sie Programme oder **Shell-Skripte** schreiben, um Aufgaben auszuführen,

23 Eine bösartig erstellte *tar*-Datei könnte einen absoluten Dateipfad wie */etc/passwd* enthalten, der dazu gedacht ist, die Passwortdatei Ihres Systems zu überschreiben.

für die ein einzelner Befehl nicht ausreicht. Der Befehl `reset-lpg`, der sich im Verzeichnis mit den Buchbeispielen befindet, ist ein Shell-Skript, das Sie sich gern anschauen können:

```
→ less ~/linuxpocketguide/reset-lpg
```

Genau wie jede gute Programmiersprache besitzt die Shell Variablen, Bedingungen (`if-then-else`), Schleifen, Eingaben, Ausgaben und mehr. Ganze Bücher wurden über das Shell-Skripting geschrieben, sodass wir hier nur das Minimum beschreiben, das Sie benötigen, um damit anzufangen. Für eine vollständige Dokumentation führen Sie `info bash` aus, suchen im Web oder besorgen sich ein passendes O'Reilly-Buch, wie *Learning the bash Shell (http://shop.oreilly.com/product/9780596009656.do)* oder *Bash – kurz & gut (http://www.oreilly.de/buecher/120057/9783955617646-bash---kurz-%26-gut.html)*.

Shell-Skripte erzeugen und ausführen

Um ein Shell-Skript zu erstellen, setzen Sie lediglich bash-Befehle in eine Datei, so wie Sie sie auch eintippen würden. Zum Ausführen des Skripts haben Sie drei Möglichkeiten:

`#!/bin/bash` *in die erste Zeile setzen und die Datei ausführbar machen*

Diese Methode ist am gebräuchlichsten. Fügen Sie ganz oben in der Skriptdatei die Zeile

```
#!/bin/bash
```

ein. Es muss die erste Zeile der Datei sein, linksbündig ausgerichtet. Anschließend machen Sie die Datei ausführbar:

```
→ chmod +x meinskript
```

Verschieben Sie das Skript optional in ein Verzeichnis Ihres Suchpfads. Führen Sie es dann wie jeden anderen Befehl aus:

```
→ meinskript
```

Falls sich das Skript in Ihrem aktuellen Verzeichnis befindet, aber das aktuelle Verzeichnis ».« nicht in Ihrem Suchpfad liegt, müssen Sie »./« voranstellen, damit die Shell das Skript findet:

```
→ ./meinskript
```

Das aktuelle Verzeichnis liegt aus Sicherheitsgründen im Allgemeinen nicht in Ihrem Suchpfad. (Sie würden es nicht gut finden, wenn z. B. eine lokale Datei namens *ls* den echten `ls`-Befehl aushebelt.)

An bash übergeben

bash interpretiert den Namen ihres Arguments als den Namen eines Skripts und führt es aus.

```
→ bash meinskript
```

In aktueller Shell ausführen mit ».« oder `source`

Die gezeigten Methoden führen Ihr Skript als eine unabhängige Einheit aus, die keine Wirkung auf Ihre aktuelle Shell hat.[24] Möchten Sie, dass Ihr Skript Änderungen an Ihrer aktuellen Shell vornimmt (Variablen setzen, Verzeichnis wechseln usw.), funktioniert das in der aktuellen Shell mit dem `source`- oder dem ».«-Befehl:

```
→ . meinskript
→ source meinskript
```

Whitespace und Zeilenumbrüche

bash-Shell-Skripte sind sehr empfindlich, was Whitespace und Zeilenumbrüche betrifft. Da die »Schlüsselwörter« dieser Programmiersprache eigentlich Befehle sind, die von der Shell ausgewertet werden, müssen Sie die Argumente mit Whitespace trennen. Genauso würde ein Zeilenumbruch in der Mitte eines Befehls die Shell dahin gehend in die Irre führen, dass sie glaubt, der Befehl wäre nicht vollständig. Folgen Sie den Konventionen, die wir hier präsentieren, und alles sollte gut werden.

Falls Sie einen langen Befehl in mehrere Zeilen aufteilen müssen, beenden Sie die einzelnen Zeilen (bis auf die letzte) mit einem einzelnen \-Zeichen, was »wird auf der nächsten Zeile fortgesetzt« bedeutet:

```
→ grep abcdefghijklmnopqrstuvwxyz datei1 datei2 \
datei3 datei4
```

---

24 Das liegt daran, dass das Skript in einer eigenen Shell läuft (einer Subshell oder Kind-Shell), die die Original-Shell nicht ändern kann.

Variablen

Wir haben Shell-Variablen bereits früher beschrieben:

```
→ MEINEVAR=6
→ echo $MEINEVAR
6
```

Alle Werte, die in Variablen stehen, sind Strings. Sind sie allerdings numerisch, behandelt die Shell sie als Zahlen, wenn das angemessen ist.

```
→ ZAHL="10"
→ expr $ZAHL + 5
15
```

Beziehen Sie sich in einem Shell-Skript auf den Wert einer Variablen, sollten Sie ihn mit doppelten Anführungszeichen umgeben, um bestimmte Laufzeitfehler zu vermeiden. Eine undefinierte Variable oder eine Variable mit Leerzeichen in ihrem Wert wird unvorhersehbar ausgewertet, wenn sie nicht von Anführungszeichen umgeben ist, und könnte eine Fehlfunktion Ihres Skripts zur Folge haben.

```
→ DATEINAME="Mein Dokument"                 Leerstellen im Namen
→ ls $DATEINAME                             Versuche, es aufzulisten
ls: Mein: No such file or directory         ls mit 2 Argumenten
ls: Document: No such file or directory
→ ls -l "$DATEINAME"                        so ist es richtig
Mein Dokument                               ls mit 1 Argument
```

Falls ein Variablenname neben einem anderen String stehend ausgewertet wird, umgeben Sie ihn mit geschweiften Klammern, um ein unerwartetes Verhalten zu vermeiden:

```
→ HAT="Fedora"
→ echo "Der Plural von $HAT ist $HATs"
Der Plural von Fedora ist               es gibt keine Variable "HATs"
→ echo "Der Plural von $HAT ist ${HAT}s"
Der Plural von Fedora ist Fedoras       so ist es richtig
```

Eingabe und Ausgabe

Die Skriptausgabe wird von den Befehlen echo und printf geliefert, die wir in »Bildschirmausgabe« auf Seite 200 beschrieben haben:

```
→ echo "Hallo Welt"
Hallo Welt
→ printf "Ich bin %d Jahre alt\n" `expr 20 + 20`
Ich bin 40 Jahre alt
```

Die Eingabe wird vom read-Befehl geliefert, der eine Zeile von der Standardeingabe liest und sie in einer Variablen speichert:

```
→ read name
Sandy Smith <ENTER>
→ echo "Ich lese den Namen $name"
Ich lese den Namen Sandy Smith
```

Werte und Rückgabecodes

Bevor wir weitere Bedingungskonstruktionen und Schleifen beschreiben können, müssen wir das Konzept eines booleschen Tests (wahr/falsch) erklären. Für die Shell bedeutet der Wert 0 »wahr« oder »Erfolg«, alles andere bedeutet »falsch« oder »Fehlschlag«. (Stellen Sie sich null als »kein Fehler« vor und alle anderen Werte als Fehlercodes.)

Darüber hinaus liefert jeder Linux-Befehl einen Integerwert an die Shell zurück, wenn der Befehl abgeschlossen wird, den sogenannten **Rückgabecode** oder **Exit-Status**.

Sie können diesen Wert in der besonderen Variablen $? sehen:

```
→ cat meinedatei
Mein Name ist Sandy Smith und
ich mag Ubuntu Linux
→ grep Smith meinedatei
Mein Name ist Sandy Smith und          ein Treffer wurde gefunden ...
→ echo $?
0                   ... deshalb bedeutet der Rückgabecode »Erfolg«
→ grep aardvark meinedatei
→ echo $?                                   kein Treffer gefunden ...
1                                    ... Rückgabecode ist »Fehler«
```

Die Rückgabecodes eines Befehls sind normalerweise auf seiner Manpage dokumentiert.

test und [

Der `test`-Befehl (in die Shell eingebaut) wertet einfache boolesche Ausdrücke aus, die Zahlen und Strings enthalten, und setzt seinen Exit-Status je nach Erfolg auf 0 (wahr) oder 1 (falsch):

```
→ test 10 -lt 5          Ist 10 kleiner als 5?
→ echo $?
1                        Nein, ist es nicht.
→ test -n "hallo"        Hat »hallo« eine Länge, die nicht null ist?
→ echo $?
0                        Ja, hat es.
```

Hier sind einige gebräuchliche `test`-Argumente zum Überprüfen der Eigenschaften von Integern, Strings und Dateien:

Dateitests	
`-d` *name*	Die Datei *name* ist ein Verzeichnis.
`-f` *name*	Die Datei *name* ist eine normale Datei.
`-L` *name*	Die Datei *name* ist ein symbolischer Link.
`-r` *name*	Die Datei *name* existiert und ist lesbar.
`-w` *name*	Die Datei *name* existiert und ist schreibbar.
`-x` *name*	Die Datei *name* existiert und ist ausführbar.
`-s` *name*	Die Datei *name* existiert, und ihre Größe ist nicht null.
f1 `-nt` *f2*	Die Datei *f1* ist neuer als Datei *f2*.
f1 `-ot` *f2*	Die Datei *f1* ist älter als Datei *f2*.
Stringtests	
s1 `=` *s2*	String *s1* ist gleich String *s2*.
s1 `!=` *s2*	String *s1* ist ungleich String *s2*.
`-z` *s1*	String *s1* hat eine Länge von null.
`-n` *s1*	String *s1* hat eine Länge, die nicht null ist.
Numerische Tests	
a `-eq` *b*	Integer *a* und *b* sind gleich.

a -ne *b*	Integer *a* und *b* sind nicht gleich.
a -gt *b*	Integer *a* ist größer als Integer *b*.
a -ge *b*	Integer *a* ist größer als oder gleich Integer *b*.
a -lt *b*	Integer *a* ist kleiner als Integer *b*.
a -le *b*	Integer *a* ist kleiner als oder gleich Integer *b*.
Tests kombinieren und negieren	
`t1 -a t2`	Und: Beide Tests `t1` und `t2` sind wahr.
`t1 -o t2`	Oder: Entweder Test `t1` oder `t2` ist wahr.
! *ihr_test*	Negiert den Test, d. h., `ihr_test` ist falsch.
\(*ihr_test* \)	Klammern werden zum Gruppieren benutzt, genau wie in der Mathematik.

`test` hat einen ungewöhnlichen Alias, [(linke eckige Klammer), als Kürzel zur Benutzung in Bedingungen und Schleifen. Wenn Sie dieses Kürzel verwenden, müssen Sie ein abschließendes Argument] (rechte eckige Klammer) angeben, um das Ende des Tests zu signalisieren. Die folgenden Tests sind identisch zu den vorherigen zwei:

```
→ [ 10 -lt 5 ]
→ echo $?
1
→ [ -n "hallo" ]
→ echo $?
0
```

Denken Sie daran, dass [ein Befehl wie jeder andere ist, d. h., ihm folgen *einzelne Argumente, die durch Whitespace getrennt sind*. Falls Sie also versehentlich den Whitespace vergessen wie bei:

```
→ [ 5 -lt 4]            kein Platz zwischen 4 und ]
bash: [: missing ']'
```

denkt `test`, dass das letzte Argument der String `4]` ist, und beschwert sich, dass die abschließende eckige Klammer fehlt.

Eine mächtigere – aber weniger portable – Syntax für boolesche Tests ist die doppelte eckige Klammer `[[`, die auch reguläre Ausdrücke ermöglicht und einige der Seltsamkeiten von `test` auslässt. In *http://mywiki.wooledge.org/BashFAQ/031* erfahren Sie mehr darüber.

Bedingungen

Die `if`-Aussage wählt zwischen Alternativen, die jeweils einen komplexen Test haben können. Die einfachste Form ist die `if-then`-Aussage:

```
if befehl              falls der Exit-Status des Befehls 0 ist
then
  body
fi
```

Hier ein Beispielskript mit einer `if`-Aussage:

```
→ cat skript-if
#!/bin/bash
if [ `whoami` = "root" ]
then
  echo "Sie sind der Administrator"
fi
```

Dann kommt die `if-then-else`-Aussage:

```
if befehl
then
  body1
else
  body2
fi
```

Zum Beispiel:

```
→ cat skript-else
#!/bin/bash
if [ `whoami` = "root" ]
then
  echo "Sie sind der Administrator"
else
  echo "Sie sind nur so ein normaler Heinzfred"
fi
→ ./skript-else
Sie sind nur so ein normaler Heinzfred
→ sudo ./skript-else
Password: *******
Sie sind der Administrator
```

Schließlich haben wir die Form `if-then-elif-else`, die so viele Tests haben kann, wie Sie wollen:

```
if befehl1
then
  body1
elif befehl2
then
  body2
elif ...
  ...
else
  bodyN
fi
```

Zum Beispiel:

```
→ cat skript-elif
#!/bin/bash
bestechungsgeld=20000
if [ `whoami` = "root" ]
then
  echo "Sie sind der Administrator"
elif [ "$USER" = "root" ]
then
  echo "Sie könnten der Administrator sein"
elif [ "$bestechungsgeld" -gt 10000 ]
then
  echo "Sie können bezahlen, um Administrator zu sein"
else
  echo "Sie sind immer noch nur ein normaler Heinzfred"
fi
→ ./skript-elif
Sie können bezahlen, um Administrator zu sein
```

Die case-Aussage wertet einen einzelnen Wert aus und verzweigt dann zu einem passenden Stück Code:

```
→ cat skript-case
#!/bin/bash
echo "Was würden Sie gern tun (essen, schlafen)?"
read antwort
case "$antwort" in
  essen)
    echo "OK, nimm einen Hamburger"
    ;;
  schlafen)
    echo "Gute Nacht"
    ;;
  *)
```

```
    echo "Ich bin nicht sicher, was du willst"
    echo "Ich schätze, wir sehen uns morgen"
    ;;
esac
→ ./skript-case
Was würden Sie gern tun (essen, schlafen)? schlafen
Gute Nacht
```

Die allgemeine Form lautet:

```
case string in
  ausdruck1)
    body1
    ;;
  ausdruck2)
    body2
    ;;
  ...
  ausdruckN)
    bodyN
    ;;
  *)
    bodyelse
    ;;
esac
```

wobei *String* ein beliebiger Wert ist, normalerweise ein Variablenwert wie `$meinevar`, und *ausdruck1* bis *ausdruckN* Muster sind (führen Sie für Details den Befehl `info bash` aus), mit dem letzten `*` als eine Art letztes »else«. Jede Gruppe von Befehlen muss mit `;;` abgeschlossen werden (wie gezeigt):

```
→ cat skript-case2
#!/bin/bash
echo -n "Geben Sie einen Buchstaben ein: "
read buchstabe
case $buchstabe in
  X)
    echo "$buchstabe ist ein X"
    ;;
  [aeiou])
    echo "$buchstabe ist ein Vokal"
    ;;
  [0-9])
    echo "$buchstabe ist eine Ziffer, Dummerchen"
    ;;
```

```
  *)
    echo "Der Buchstabe '$buchstabe' wird nicht unterstützt"
    ;;
esac
→ ./skript-case2
Geben Sie einen Buchstaben ein: e
e ist ein Vokal
```

Schleifen

Die `while`-Schleife wiederholt eine Gruppe von Befehlen, solange eine Bedingung erfüllt, also wahr ist.

```
while befehl                solange der Exit-Status des Befehls 0 ist
do
  body
done
```

Zum Beispiel:

```
→ cat skript-while
#!/bin/bash
i=0
while [ $i -lt 3 ]
do
  echo "$i"
  i=`expr $i + 1`
done
→ ./skript-while
0
1
2
```

Die `until`-Schleife wiederholt sich, bis eine Bedingung wahr wird:

```
until befehl                solange der Exit-Status des Befehls nicht 0 ist
do
  body
done
```

Zum Beispiel:

```
→ cat skript-until
#!/bin/bash
i=0
until [ $i -ge 3 ]
```

```
do
  echo "$i"
  i=`expr $i + 1`
done
→ ./skript-until
0
1
2
```

Achten Sie darauf, unendliche Schleifen zu vermeiden, bei denen `while` zusammen mit einer Bedingung genutzt wird, die immer zu 0 (true) ausgewertet wird, oder `until` mit einer Bedingung, die immer einen Nicht-null-Wert (false) liefert:

```
i=1
while [ $i -lt 10 ]    Variable i ändert sich nie. Unendlich!
do
  echo "für immer"
done
```

Eine andere Art von Schleife, die `for`-Schleife, iteriert über Werte aus einer Liste:

```
for variable in liste
do
  body
done
```

Zum Beispiel:

```
→ cat skript-for
#!/bin/bash
for name in Tom Jack Harry
do
  echo "$name ist mein Freund"
done
→ ./skript-for
Tom ist mein Freund
Jack ist mein Freund
Harry ist mein Freund
```

Die `for`-Schleife ist besonders praktisch, wenn man Listen mit Dateien verarbeiten möchte, z. B. alle Dateien mit einer bestimmten Endung im aktuellen Verzeichnis:

```
→ cat skript-for2
#!/bin/bash
for file in *.docx
do
  echo "$file ist eine stinkige Microsoft Word-Datei"
done
→ ./skript-for2
brief.docx ist eine stinkige Microsoft Word-Datei
```

Sie können auch den Befehl seq verwenden (siehe »seq« auf Seite 204), um eine Folge von Ganzzahlen zu erzeugen, und dann über diese Zahlen iterieren:

```
→ cat skript-seq
#!/bin/bash
for i in $(seq 1 20)    Erzeugt die Zahlen 1 2 3 … 20.
do
  echo "Iteration $i"
done
→ ./skript-seq
Iteration 1
Iteration 2
Iteration 3
…
Iteration 20
```

Kommandozeilenargumente

Shell-Skripte können genau wie andere Linux-Befehle Kommandozeilenargumente und Optionen akzeptieren. (Um genau zu sein, sind einige gebräuchliche Linux-Befehle *tatsächlich* Skripte.) Innerhalb Ihres Shell-Skripts können Sie auf diese Argumente als $1, $2, $3 usw. verweisen.

```
→ cat skript-args
#!/bin/bash
echo "Mein Name ist $1 und ich komme aus $2"

→ ./meinskript Johnson Wisconsin
Mein Name ist Johnson und ich komme aus Wisconsin
→ ./meinskript Bob
Mein Name ist Bob und ich komme aus
```

Ihr Skript kann die Anzahl der Argumente testen, die mit $# empfangen wurden:

```
→ cat skript-args2
#!/bin/bash
if [ $# -lt 2 ]
then
  echo "$0 Fehler: Sie müssen zwei Argumente angeben"
else
  echo "Mein Name ist $1 und ich komme aus $2"
fi
```

Der besondere Wert $0 enthält den Namen des Skripts und ist praktisch für Benutzungs- und Fehlermeldungen:

```
→ ./skript-args2 Bob
./skript-args2 Fehler: Sie müssen zwei Argumente angeben
```

Um über alle Kommandozeilenargumente zu iterieren, nutzen Sie eine for-Schleife mit der besonderen Variablen $@, die alle Argumente enthält:

```
→ cat skript-args3
#!/bin/bash
for arg in $@
do
  echo "Ich habe das Argument $arg gefunden"
done
→ ./skript-args Eins Zwei Drei
Ich habe das Argument Eins gefunden
Ich habe das Argument Zwei gefunden
Ich habe das Argument Drei gefunden
```

Mit einem Rückgabewert beenden

Der exit-Befehl beendet Ihr Skript und gibt einen Rückgabewert an die Shell zurück. Traditionell sollten Skripte 0 für Erfolg und 1 (oder einen anderen Wert, der nicht null ist) für Fehlschlag zurückgeben. Wenn Ihr Skript kein exit aufruft, wird der Rückgabewert automatisch 0.

```
→ cat skript-exit
#!/bin/bash
if [ $# -lt 2 ]
then
  echo "$0 Fehler: Sie müssen zwei Argumente angeben"
  exit 1
else
```

```
  echo "Mein Name ist $1 und ich komme aus $2"
fi
exit 0
→ ./skript-exit Bob
./skript-exit Fehler: Sie müssen zwei Argumente angeben
→ echo $?
1
```

In die bash pipen

Die bash ist nicht nur eine Shell, sondern auch ein Befehl `bash`, der von der Standardeingabe liest. Somit können Sie Befehle als Strings aufbauen und sie dann zur Ausführung an bash schicken:

```
→ echo wc -l meinedatei
wc -l meinedatei
→ echo wc -l meinedatei | bash
18 meinedatei
```

bash-Warnung

Das Pipen von Befehlen nach bash ist zwar sehr mächtig, kann aber auch gefährlich sein. Sie sollten sehr genau wissen, welche Befehle ausgeführt werden. Sie wollen doch kein unerwartetes `rm` an bash schicken und eine wertvolle Datei löschen (oder gar 1.000 wertvolle Dateien).

Wenn Sie jemand auffordert, eine Webseite herunterzuladen (zum Beispiel mit `curl`) und blind nach bash zu pipen, dann tun Sie das nicht! Sichern Sie die Webseite lieber als Datei (mit `curl` oder `wget`), schauen Sie sie sich genau an und entscheiden Sie dann, ob Sie sie mit bash ausführen wollen.

Diese Technik ist außerordentlich nützlich. Stellen Sie sich vor, Sie wollen die Dateien *foto1.jpg*, *foto2.jpg* und so weiter bis *foto100.jpg* von einer Website herunterladen. Statt 100 `wget`-Befehle per Hand zu tippen, bauen Sie sie in einer Schleife auf und verwenden dabei `seq`, um die Zahlen von 1 bis 100 zu erstellen:

```
→ for i in `seq 1 100`
do
  echo wget http://example.com/foto$i.jpgdone
```

```
wget http://example.com/foto1.jpg
wget http://example.com/foto2.jpg
...
wget http://example.com/foto100.jpg
```

Okay, Sie haben den Text der 100 Befehle erstellt. Jetzt pipen Sie ihn die Ausgabe an bash, die alle 100 Befehle so ausführt, als hätten Sie sie per Hand eingegeben:

```
→ for i in `seq 1 100`
do
  echo wget http://example.com/foto$i.jpg
done | bash
```

Hier eine komplexere, aber auch sinnvollere Anwendung. Stellen Sie sich vor, Sie haben einen Satz Dateien, die Sie umbenennen wollen. Tragen Sie die alten Namen in einer Datei *altenamen* zusammen, die neuen in *neuenamen*:

```
→ cat altenamen
altername1
altername2
altername3
→ cat neuenamen
neuername1
neuername2
neuername3
```

Jetzt nutzen Sie die Befehle paste und sed (siehe »Dateitextmanipulation« auf Seite 97), um die alten und neuen Namen nebeneinanderzustellen und davor jeweils das Wort »mv« zu schreiben – schon haben Sie eine Folge von mv-Befehlen:

```
→ cat altenamen | paste -d' ' altenamen neuenamen \
  | sed 's/^/mv /'
mv altername1 neuername1
mv altername2 neuername2
mv altername3 neuername3
```

Schließlich pipen Sie die Ausgabe an bash, und das Umbenennen ist erledigt!

```
→ cat altenamen | paste -d' ' altenamen neuenamen \
  | sed 's/^/mv /' \
  | bash
```

Mehr als Shell-Skripting

Shell-Skripte sind für viele Zwecke ausreichend und in Ordnung, doch Linux besitzt noch viel leistungsfähigere Skriptsprachen sowie kompilierte Programmiersprachen. Hier sind einige:

Sprache	Programm	Um zu beginnen ...
C, C++	`gcc`, `g++`	`man gcc` *https://gcc.gnu.org/*
.NET	`mono`	`man mono` *http://www.mono-project.com/*
Java	`javac`	*http://java.com/*
Perl	`perl`	`man perl` *http://www.perl.com/*
PHP	`php`	`man php` *http://php.net/*
Python	`python`	`man python` *https://www.python.org/*
Ruby	`ruby`	*http://www.ruby-lang.org/*

Abschließende Worte

Wir haben hier zwar viele Befehle und Fähigkeiten von Linux behandelt, sind aber dennoch nur an der Oberfläche entlanggeschrammt. Die meisten Distributionen enthalten *Tausende* anderer Programme. Wir ermutigen Sie, weiterzulesen, sich umzusehen und sich mit den Möglichkeiten Ihres Linux-Systems vertraut zu machen. Viel Glück!

Danksagungen

Ich bin den vielen Lesern, die die ersten beiden Ausgaben dieses Buchs gekauft haben, sehr dankbar, da dies die dritte Ausgabe erst ermöglicht hat. Mein tief empfundener Dank geht auch an meinen Lektor Nan Barber, an das Produktionsteam von O'Reilly, an das Team der Fachgutachter (Justin Karimi, Bill Ricker und Dan Ritter), an Jay Moran bei Cimpress und wie immer an meine wunderbare Familie, Lisa und Sophia.

Index

Symbole

A

B

E

M

N

R

S

T